●

식탁 위에 올려놓고 싶은 책이다. 빵, 와인, 치즈! 우리와 너무 친숙하지만 사실은 제대로 아는 것이 없는 서양의 대표 음식들이다. 저자는 이 세 가지 음식을 서양의 역사, 신화, 예술 이야기와 섞어 맛깔스럽게 비벼 놓았다. 게다가 생활 속에서 이를 제대로 즐길 수 있는 깨알정보까지 촘촘히 박혀 있다. 책을 읽다가 참을 수 없어서 와인과 치즈를 꺼내었다. 더 깊은 맛이 느껴진다. 우리는 맛을 혀로만 느낀다고 생각하지만 제대로 맛을 음미하려면 오감, 감정, 기억, 지식 등 뇌 전체가 필요하다. 책 덕분에 뇌가 더욱 확장된 느낌이다. 과하지만 않다면 음식만큼 우리를 위로할 수 있는 게 또 어디 있으랴.

문요한(정신건강의학과 전문의)

●

그리스인 조르바의 니코스 카잔자스키는 "포도 열매가 자연 상태에서 포도즙이 되는 것은 물리적 변화인 반면 포도즙이 포도주로 변하는 것은 화학적인 변화다. 한 단계 더 나아가 포도주가 사랑이 되는 과정을 메토이소노 즉 거룩하게 되는 길"이라고 말한다. 가만히 생각해보면 정말 어느 순간, 와인이 모든 것을 거룩한 상황으로 만들고 사라진 기억이 있을 것이다.

《인문학으로 맛보다 : 와인 치즈 빵》은 이런 거룩한 상황을 재미있고 이해하기 쉽게 풀어놓은 책이다. 요즘에는 책보다 OTT를 통해서 정보를 얻는 경우가 많지만 이 책을 가까이에 두고 문득 생기는 와인에 대한 궁금증을 풀며 이해하고 즐기면 좋겠다. 와인을 즐길 때 빠질 수 없는 치즈와 빵 역시 마찬가지! 역사 속 전설, 전쟁, 다양한 유래 등을 술술 재미있게 풀어 놓았다. 집밖의 모임이 점점 줄어드는 요즘, 이 책을 손에 쥐고 와인, 치즈, 빵을 늘어놓고 맘이 맞는 사람들과 먹고 마시며, 이야기를 나누어 본다면, 그 시간에 또 한 번의 기적 같은 거룩한 순간들을 마주할 수 있을 것이다.

이정은(전 와인리뷰 편집장)

●

낯선 나라 이탈리아로 한국 학생들을 보낼 때마다 당부하는 말이 있다. 우리들의 전공인 '음식'은 결국 그 나라의 언어와 문화, 사람과 역사를 알아야 제대로 배울 수 있다는 이야기다. 음식은 역사와 문화가 배경이 되어 만들어지는 결과물이기 때문이다. 유럽의 어느 지역을 가더라도 그곳에서 만들어진 와인과 치즈를 함께 먹어보면 절묘하고 아름다운 맛의 조화를 발견할 수 있다. 이 책은 그 조화가 이루어지기까지 변하고 변한 시대와 사람의 이야기를 재미있게 담고 있다. 책을 여는 순간 와인과 치즈, 빵이 걸어온 수많은 시간과 다양한 배경이 되는 오랜 이야기들이 머릿속에 펼쳐진다.

오현미(ICIF KOREA 대표)

인문학으로 맛보다. 와인 치즈 빵

이수정 지음

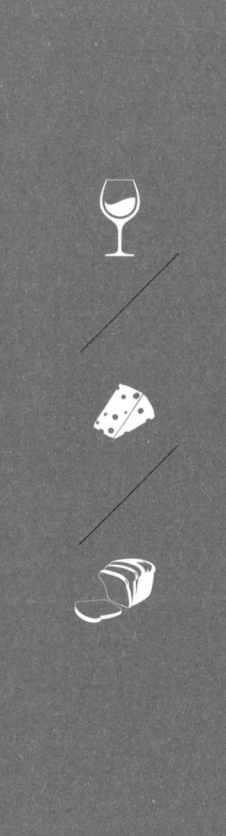

와인, 치즈, 빵. 왜 하필 이 세 가지였을까요?

와인은 특별한 날 마시는, 값비싼 술인 줄로만 알았습니다.

그런데 유럽에 가보니 수퍼마켓에서 1~2유로 정도에 살 수 있는 와인이 꽤 많더군요.

'프랑스 와인은 마케팅의 승리일 뿐, 이탈리아 와인이 최고'라던 이탈리아인 룸메이트도

늘 2유로 정도의 와인을 즐겨 마셨습니다. 와인을 마실 때면 늘 빵과 치즈를 곁들였고요.

치즈라고는 피자 위에 올라가는 모짜렐라와 네모반듯한 슬라이스 치즈만 알고 있던 제가

흰 곰팡이와 푸른곰팡이가 보송보송 피어 있는 치즈를 처음 먹던 날의 망설임은

지금도 잊을 수가 없습니다. 하지만 곰팡이의 충격은 오래가지 않았습니다.

매일같이 룸메이트와 함께 와인, 치즈, 빵으로의 즐거운 여정을 떠났기 때문이죠.

5

룸메이트의 개인적 취향인 줄만 알았던 빵, 치즈, 와인은

서양 음식의 기본이자, 셋이 함께 할 때 가장 맛있게 어울리는 음식입니다.

프랑스의 르네상스 문학 작가 프랑수아 라블레^{François Rabelais}는 이 셋을 가리켜

'식탁 위의 삼위일체'라고 불렀습니다.

우리가 밥, 국, 김치를 같이 먹듯이 서양인들에게 빵과 치즈, 와인은 일상 음식인 거죠.

멋진 레스토랑에서 데이트를 하거나, 친구의 집에서 간단한 파티를 할 때도

와인, 치즈, 빵은 빠지지 않았습니다.

자주, 많이 먹다 보니 나를 살찌우는 이 맛있는 음식들이 궁금해졌습니다.

음식을 공부하고 이해하다 보니 음식에 대해서 잘 알게 된 건 물론이고,

유럽 사람들의 문화와 삶이 다시 보이기 시작했습니다.

이탈리아 친구는 왜 그렇게 이탈리아 와인에 대한 자부심이 컸는지,

와인의 역사를 공부하다 보니 알겠더군요.

건강한 빵으로만 여겼던 '검은 빵'은 또 어떻고요.

어렸을 때 아무 생각 없이 재미있게 봤던

TV 애니메이션 〈알프스 소녀 하이디〉 속의 흰 빵과 검은 빵은

19세기말 유럽의 빈부격차와 계급 갈등 등 사회 문제를 고스란히 보여주는 메타포였습니다.

이탈리아 와인이 세계 최고의 와인처럼 느껴졌고,

아무 맛도 없었던 검은 빵이 새로운 풍미로 다가왔습니다.

**음식을 알게 되면서 사람에 대한 이해의 폭이 넓어지고,
인문학적 지식이 생기면서 음식을 더 맛있게 즐길 수 있게 되었지요.**

이 책은 와인과 치즈, 빵에 대한 전문 서적이 아닙니다.

이 책 안에는 보르도 와인 등급에 대한 상세한 설명이나 빵에 대한

식품영양학적 접근 혹은 수많은 치즈에 대한 친절한 설명은 없습니다.

대신 치즈와 와인 그리고 빵을 먹는 사람들의 삶과 이야기가 담겨 있습니다.

와인, 치즈, 빵에 대해 긴장감을 풀고 쉽고 재미있게 다가갈 수 있도록

신화와 문학, 영화, 음악 등을 통해 이들을 소개했습니다.

무엇보다도 자신의 취향에 맞고 서로 잘 어울리는 와인과 치즈, 빵을 찾을 수 있도록 우리가 흔히

접할 수 있는 대중적인 와인과 치즈, 빵의 특징과 역사 그리고 맛있게 먹는 법 등을 담고 있습니다.

와인과 치즈는 낯선 외국어 라벨을 외우고, 전문가가 평가한 맛을 확인하려고 먹는 음식이 아닙니다.

자신의 입맛에 맞는 와인, 그와 맛좋게 어울리는 치즈와 빵이면 충분히 행복합니다.

7

주말에 친구와 함께 와인 파티를 하려고 계획하시나요?

이 책을 읽고 나면 어느새 친구가 준비한다는 와인에 어울리는 치즈를

자연스럽게 떠올릴 수 있게 될 겁니다. 친구와 와인을 마시면서 이런 말을 하게 될지도 모르겠네요.

"까망베르는 말야,
브리의 손자쯤 되는 치즈인데,
나폴레옹이 가장 사랑했던 치즈래."

이 책에 있는 모든 그림, 사진, 영상 자료는 QR코드를 통해 볼 수 있습니다.

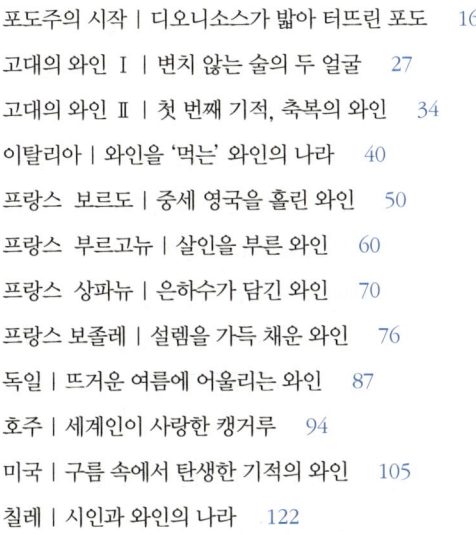

이야기꽃이 피어나는 와인 상식

이야기꽃이 피어나는 치즈 상식

이야기꽃이 피어나는 빵 상식

첫 번째 맛, 와인

미소로 시작해서

뉴욕의 세계적인 와인 판매상, 윌리엄 소콜린[William Sokolin]은 좋은 와인이란 무엇인가란 물음에

'미소로 시작해서 미소로 끝나는 것'이라 답했습니다.

세계적 와인 판매상이라니 로마네 콩티[1]나 샤토 라피트 로쉴드[2] 정도는 고를 줄 알았는데,

너무 싱거운가요?

기분 좋아지려고, 맛있어서 마시는 게 술인데 제게 유독 부담스러운 술이 있었습니다.

바로 와인입니다.

뭐라고 읽어야 할지 모르는, 발음도 어려운 프랑스어나 이탈리아어로 된 이름이 적힌 와인 메뉴를 보며

난감한 적이 많았죠. 값은 또 어찌나 비싸던지요. 레스토랑에서 와인을 마실 기회가 생길 때면

적당히 덜 비싼 와인을 손가락으로 가리키곤 했습니다.

가장 싼 것조차 부담스러울 때는 그냥 하우스 와인을 달라고 했지요.

맛을 본 후에는 어떤 향과 맛을 지녔는지 평가를 해야만 할 것 같았습니다.

맛과 향의 차이를 와인 종류별로 멋들어지게 표현하는 친구를 보면서 그저 부럽기만 했습니다.

친구가 맛있다고 하는 와인은 맛이 없어도 맛있다고 했고요.

싼 와인이라 맛도 별로라고 하면 제 입에는 맞아도 맛이 없는 척했습니다.

맛있다고 하면 왠지 와인을 잘 몰라서 입맛까지 값싼 사람이 되는 것 같아 부끄러웠거든요.

1
Romanée-Conti.
프랑스 부르고뉴 산 와인 중에도 최고급에 속하는 귀하고
값비싼 와인으로 피노누아로 만든다.

2
Château Lafite Rothschild.
프랑스 보르도 산 와인으로 매우 훌륭한 품질을 자랑하며
카베르네 소비뇽, 메를로, 카베르네 프랑 품종으로 만든다.

미소로 끝나는 것。

유럽에서 살며 와인을 마실 기회가 많아졌습니다.

마트에 가보니 1~2유로밖에 안 하는 와인도 많았습니다.

유럽 친구들은 저녁 식사와 함께 그런 값싼 와인을 나눠 마셨습니다.

아무도 와인의 향이 어떠하다거나 맛이 좋다, 나쁘다는 평가하지 않더군요.

그저 와인을 마시며 즐겁게 웃고 떠들 뿐이었습니다. 그렇다고 아무 와인이나 마시는 건 아니었습니다.

알고 보니 각자 좋아하는 취향이 있었고, 거기에 맞는 와인을 고르고 있었습니다.

당시 저는 '빨간 것은 레드 와인이요, 노르스름 투명한 것은 화이트 와인' 정도 밖에 몰랐는데요.

그렇기에 매번 비슷한 가격대에서 아무거나 골랐고, 맛은 늘 복불복이었습니다.

이쯤 되니 와인에 대한 배움의 욕구가 절로 샘솟았습니다.

자주 먹는 와인, 잘난 척하기 위해서가 아니라 정말로 맛있는 와인을 마시고 싶었기 때문인데요.

이후 포도의 종류와 맛의 특징, 라벨 읽기, 간단한 매너 등만 익혔는 데도

훨씬 풍요롭게 와인을 즐길 수 있게 됐습니다.

식당에서 잘 모르겠을 때는 눈치 보지 않고 물어보거나 추천을 부탁하기도 했고요.

자신의 취향을 알고 와인 앞에서 주눅들지 않았더니 와인이 훨씬 맛있어졌습니다.

그런데 우리에게만 와인이 어렵고 부담스러운 건 아닌가 봅니다.

다른 나라 사람들도, 다른 시대의 사람들도 와인 앞에서 기가 죽거나 허세를 부리는 모습들이

역사와 문학, 신화 등 인문학 곳곳에 등장하거든요.

인문학에는 와인에 대한 선조들의 고민과 지혜도 있습니다.

정말 좋은 와인을 찾는 방법, 즐거운 와인 생활을 위해 갖춰야 할 태도와 매너는 무엇인지

인문학을 통해 알아보도록 할까요.

포
도
주
의

시
작

◆

디오니소스가
밟아 터뜨린
포도。

파우누스[1]들이 젊은 디오니소스를 따라간다.

아폴론[2]처럼 이마가 높고, 영원한 젊음을 간직한 그 얼굴에는 담쟁이가 관처럼 자라 있다.

그의 주위에는 아름다운 신도들이 손에 손에 바라와 피리와 주신장을 들고, 낙소스 숲이나 자퀸토스 포도밭에서 미친 듯이 술잔치 노래를 부르고 있다.

〈술잔치 노래〉[3] 중.

치즈와 빵만큼이나 와인은 그리스 신화에 자주 등장합니다. 고대 그리스 시대부터 많이 먹었고, 중요한 음식이었다는 뜻이지요. 얼마나 중요했는지 와인을 만들고 관장하는 신도 있었습니다. 바로 디오니소스죠.

디오니소스는 제우스[4]와 세멜레[5] 사이에서 태어난 아들이다. 세멜레는 헤라[6]의 질투로 인해 임신한 채 죽었다. 제우스는 그녀의 여섯 달 된 태아를 꺼내 자신의 허벅지 속에 넣었는데, 그렇게 태어난 아들이 바로 디오니소스이다. 그는 열다섯 살이 되던 해에 포도 재배를 시작했다. 어느 날 지하 동굴을 걷다가 실수로 포도가 가득 담긴 함지박을 밟고 지나갔다. 며칠 뒤 함지박에서 향긋한 냄새가 나는 것을 발견하고 그것을 마셨는데, 그 맛이 상큼하고 달콤하며 기분도 좋아졌다.

〈그리스 로마 신화〉[7]

디오니소스의 여성 추종자들이 와인에 취해 디오니소스의 명을 거역한 오르페우스(그리스 신화 속의 음유시인이자 리라의 명수)를 죽이는 신화를 묘사한 그림 (유러피안 스쿨, 19세기).

1
Faunus.
고대 로마 신화에 등장하는
농업과 가축을 수호하는
숲의 신.

2
Apollon(Apollo).
그리스 신화의 올림포스
12신 중 한 명으로 태양, 음악,
시, 의술 등을 관장한다.

3
Drinking Song.
미국의 시인 헨리 워즈워스
롱펠로우Henry Wadsworth
Longfellow가 1845년에 쓴 시.

4
Zeus.
그리스 신화 속 최고의 신.

5
Semele.
그리스 신화에 등장하는
여인으로 제우스의 사랑을
받아 디오니소스를 임신한다.

6
Hera.
그리스 신화의 올림포스
12신 중 한 명으로
결혼생활의 수호신이며,
제우스의 부인이다.

7
토머스 불핀치Thomas
Bulfinch가 지은 책으로 원제는
《The Age of Fable》.
혜원출판사, 2011.

17

8
창세기 6~8장에 나오는
유명한 이야기.
'노아의 방주' 그 방주를 만든
노아.

9
노아가 500살에 얻은
아들 셋 중 하나로
현대 아프리카인의 조상으로
여겨진다.

10
함의 형제로 셈은
중동인의 조상,
야펫은 유럽인의 조상으로
여겨진다.

인 류 최 초 의 취 객 으 로 기 록 된 노 아

많은 음식의 기원이 그렇듯이 와인도 실수, 또는 우연히 발견되었다고 알려져 있습니다. 그리스 신화에서는 술과 풍요, 그리고 황홀경의 신인 디오니소스가 실수로 밟은 포도가 발효되어 최초의 포도주가 만들어졌다고 말합니다. 그렇다면 실제로 포도주는 언제, 어디에서, 누가, 어떻게 만들어 먹기 시작했을까요?

농부인 노아[8]는 포도밭을 가꾸는 첫 사람이 되었다. 그가 포도주를 마시고 취하여 벌거벗은 채 자기 천막 안에 누워 있었다. 그때 가나안의 조상 함[9]이 자기 아버지의 알몸을 보고 밖에 있는 두 형제에게 알렸다. 셈과 야펫[10]은 겉옷을 집어 둘이서 그것을 어깨에 걸치고 뒷걸음으로 들어가, 아버지의 알몸을 덮어 드렸다. 그들은 얼굴을 돌린 채 아버지의 알몸을 보지 않았다.

〈창세기 9장 20~24절〉

술에 취해 벌거벗은 채 잠이 든 노아와 그의 세 아들.
지오반니 벨리니(Giovanni Bellini, 이탈리아 화가, 1430~1516)
1551, 프랑스, 브장송(Besançon) 미술관 소장.

또 다른 '신의 이야기' 구약성경에 따르면 와인을 처음 만든 사람은 노아입니다. '노아의 방주'로 잘 알려진 바로 그 노아입니다. 노아는 와인을 만들었을 뿐 아니라, 많이 마셨고 취해서 벌거벗은 채로 잠들었다고 하니 인류 최초의 취객이기도 하겠네요.

18

대홍수가 끝나고 노아가 배에서 내려 정착한 곳은 터키 북동부에 위치한 아라라트 산Mount Ararat 근처로 알려져 있습니다. 실제로 인류가 최초로 포도를 재배한 흔적이 발견된 곳이 터키, 조지아, 아르메니아 사이에 위치한 코카서스 남부지역입니다. 기록으로 남아 있지는 않지만 고고학자들이 발견한 유적, 유물 등에 따르면 기원전 7,000년 전부터 재배했던 것으로 보인다고 합니다.[11] 우연일까요?

11
《그랑 라루스 와인백과》
그랑 라루스 지음,
윤화영 외 옮김,
시트롱 마카롱, 2020.

신의 선물 어쩌면 악마의 유혹

포도는 당도가 높고 껍질 속에 천연 효모가 있어서 자연적으로 발효되어 포도주가 됩니다. 포도주는 인류가 처음부터 '만들어' 먹었던 것은 아닙니다. 9,000년 전 어느 날 한 인간이 포도더미가 발효된 액체를 우연히 '발견'했습니다. 호기심에 맛을 보았는데 꽤 맛있었습니다. 그뿐만이 아닙니다. 시간이 좀 지나자 기분도 좋아졌지요. 그후로는 일부러 포도를 으깨어 와인을 만들어 먹기 시작했다고 보는 것입니다. 이후 문명의 전파 경로를 따라 와인도 중동 지역에서 그리스로 전해졌습니다.

그리스 사람들이 얼마나 와인을 좋아했는지는 술과 황홀경의 신 디오니소스를 만들어 내고 이를 바탕으로 한 축제와 공연 등을 발전시킨 것만 봐도 알 수 있겠지요. 그리스의 철학자 플

12
Plato.
고대 그리스의 철학자로
소크라테스의 제자.

13
Hippocrates.
고대 그리스의 의사로
서양 의학의 선구자.

14
Erigone.
그리스 신화 속 농부인
이카리오스의 딸.

15
Icarios.
디오니소스 신으로부터
와인 제조법을 가장 먼저
전수받은 그리스 신화 속 농부.

라톤[12]은 '신이 인간에게 내려준 선물 중 와인만큼 위대한 가치를 지닌 것이 없다'며 와인을 극찬했습니다. 히포크라테스[13]는 '적당량의 와인은 질병을 치료할 수 있다'고 말하며 와인을 옹호하기도 했습니다.

그런데 '적당량'을 넘겨 와인을 마시면 어떻게 될까요? 인류 최초의 취객 노아는 적당량을 넘겨서 마시는 바람에 취해서 벌거벗은 채 잠이 들었고, 그 모습을 자식들에게 들켜 망신을 당했습니다. 술을 지나치게 마시면 어떤 일이 벌어지는지 그리스 신화에서는 이렇게 경고하고 있습니다.

디오니소스는 에리고네[14]를 유혹하기 위해 스스로 자신이 포도송이로 변하였다. 에리고네의 아버지 이카리우스[15]는 아티카에 온 새로운 신 디오니소스를 환대하고, 그가 지시한 대로 이웃 사람들에게 포도주 마시기를 권장했다. 아테네 사람들은 포도주를 너무 많이 마셔 취했고, 술에 중독되었다. 그런데 포도주를 마신 사람들이 취해서 쓰러지니 그들은 이카리오스가 자신들에게 독을 먹이려 했다고 여겨 몽둥이로 그를 때려죽였다. 에리고네 역시 아버지의 무덤 곁에서 목을 매어 자살했다. 신들은 에리고네 부녀와 충견 마이라를 하늘의 별자리로 만들어 주었다. 에리고네는 처녀자리, 이카리오스는 목동자리, 마이라는 큰개자리가 되었다.

이카리오스는 자신이 담근 포도주를 나눠준 이웃 사람들에게 맞아 죽었습니다. 그가 자신들을 독살하려 했다고 오해했기 때문입니다. 이처럼 지나친 음주는 이성을 마비시키고 폭력성을 키워 끔찍한 비극을 만들 수도 있습니다. 그래서 와인은 신의 가장 위대한 선물일 뿐만 아니라 악마의 유혹이기도 한 것이지요.

롱펠로우의 〈술잔치 노래〉 속에는 '미친 듯이 노래 부르며 술잔치를 벌이는' 디오니소스와 파우누스가 등장합니다. 흥청망청 술에 취해 일탈을 즐기는 젊은이들을 보며 기성세대는 걱정이 많았나 봅니다. 과음을 경고하기 위해 와인을 '사탄의 유혹'이라 부르고 일탈의 끝이 비극으로 이어지는 이카리오스의 이야기를 들려줬겠지요. 그런데 와인을 사랑하는 저는 이 그림을 보며 그들의 술잔치에 함께 참여하고 싶다는 생각이 먼저 드네요. 악마의 유혹에 넘어가지 않도록 취하지 않을 만큼 마실 수만 있다면 말이지요.

취 기 를 부 르 지 않 는 와 인

취하지 않게 마시는 와인 중에는 '뱅쇼^{Vin Chaud}'가 있습니다. 뱅쇼는 프랑스말로 따뜻한 와인이라는 뜻이지요. 프랑스뿐 아니라 독일, 스페인, 이탈리아 등 유럽의 여러 나라에서 겨울에 따뜻하게 즐기는 와인 음료입니다. 레드 와인에 과일과 계피, 정향 등을 넣고 끓여서 향이 좋으며 맛있습니다. 그뿐 아닙니다. 비타민이 풍부해서 감기약 대신 먹기도 하지요. 독일어로는 '글뤼바인^{Glühwein}'이라고 부릅니다.

저는 뱅쇼가 아닌 글뤼바인으로 먼저 알았습니다. 스페인에서 살 때 매우 친한 친구였던 독일인 마리온을 통해 따뜻한 레드 와인을 알게 되었기 때문이죠. 남부 스페인의 겨울은 우리나라처럼 눈이 많이 오거나 매섭게 춥지는 않습니다. 겨울철 평균 기온이 섭씨 14~15도쯤 되니 따뜻하다고도 할 수 있지요. 문제는 아주 춥지 않기 때문에 오히려 난방시설이 발달 되어 있지 않다는 것이죠. 게다가 해안가 특유의 습하고 강한 바람 때문에 으슬으슬, 기분 나쁜 추위가 몰려듭니다. 살을 에는 듯한 추위에 떨다가도 집에 들어와 따뜻한 바닥에 누우면 몸이 스르르 풀리는 우리나라의 겨울과는 무척 달랐습니다.

연말을 앞두고 여러 파티에 참석하던 때였습니다. 서양의 파티는 드레스 코드가 엄격해서 옷을 갖춰 입어야 하는 경우가 많았지요. 얇은 드레스에 코트만 입고 덜덜 떨다가 집에 들어와서도 추위에 떨곤 했습니다. 몇 번 그렇게 떨고 나니 심한 몸살에 걸리고 말았습니다. 마침 크리스마스 즈음이라 병원은 문을 닫았고, 약도 구할 수 없었어요. 정작 기다리던 크리스마스 파티에는 못 가고 집에서 앓고 있는 저에게 마리온은 와인을 끓여 음료를 만들어 주며 글뤼바인이라고 불렀습니다.

약 이 되 는   술 ,   뱅 쇼

와인을 끓여서 먹을 수 있다는 걸 그때 처음 알았습니다. 상큼한 과일 향과 계피 향이 폴폴 풍기는 따뜻한 와인은 쌍화탕만큼이나 몸살에 특효였습니다. 한잠 자고 일어나니 감기로 힘들었던 몸뿐 아니라 머리도 가벼워졌습니다. 그것도 술인지라 마시고 푹 잘 쉬었기 때문이겠지요. 그게 아니라 요리라고는 토스트 밖에 할 줄 모르던 친구의 따뜻한 마음이 전달되어서였던 것 같습니다. 글뤼바인 덕에 새해맞이 12월 31일의 파티는 맘껏 즐길 수 있었습니다.

글뤼바인 또는 뱅쇼를 만드는 방법은 여러 가지가 있습니다. 제가 처음 마셨던 글뤼바인처럼 만들려면, 사과, 귤, 오렌지 등의 과일과 시나몬, 정향 등의 향신료, 약간의 꿀을 처음부터 같이 넣고 끓여야 합니다. 약한 불에서 30~40분 정도 데운다는 느낌으로 끓인 후에 불을 끄고 30분 정도 놔둡니다. 바로 마셔도 좋지만 냉장실에서 하루 정도 숙성시킨 후에 마시면 과일의 맛과 향이 잘 우러나서 더 맛있어집니다. 단, 마시기 전에는 꼭 따뜻하게 데워야 합니다. 이렇게 만든 뱅쇼는 알코올이 대부분 날아가기 때문에 술을 마시지 않는 사람도 마실 수 있고, 감기약처럼 먹을 수도 있습니다.

알코올이 어느 정도 남아 있는 뱅쇼를 만들고 싶은가요? 그렇다면 처음부터 와인을 넣지 말고, 과일과 향신료부터 먼저 약한 불에 끓여야 합니다. 과일이 뭉근해질 정도가 되면, 마지막에 와인을 넣고 끓어오르기 직전에 불을 꺼야 합니다. 이렇게 만든 뱅쇼는 과일과 향신료의 향이 느껴지면서 와인의 맛이 살아 있습니다. 단, 맛있다고 많이 마시면 안 됩니다. 알코올이 남아 있기 때문에 자신도 모르게 취할 수 있으니까요. 이카리오스의 비극과 노아의 망신은 오늘날에도 언제든지 재현될 수 있습니다.

다채로운 와인 축제

디오니소스의 후예답게 와인을 즐기는 사람들은 와인과 함께 다양한 축제를 즐긴다. 특히 포도를 수확하는 가을에는 세계 곳곳에서 다양한 와인 축제가 열린다.

샤토 뒤 메독 마라톤 대회
Marathon des Châteaux du Médoc

매년 9월 3주, 프랑스 보르도 메독
포도 밭을 달리며 제공되는 와인 마시기

24

매년 9월 셋째 주 프랑스의 2대 와인 산지 중의 하나인 보르도Bordeaux의 메독Médoc 지역에서 열린다. 사실은 마라톤 대회를 가장한 보르도 와인 즐기기 축제이다.

샤토 뒤 메독 마라톤 대회에는 매년 주제가 있어서 참가자들은 이에 맞는 복장을 해야 한다. 2019년 대회의 주제는 '수퍼히어로'였다. 다양한 영웅들이 보르도에 출현했는데, 그중에서도 가장 많이 나타난 영웅은 당연히도 '슈퍼맨'이었다.

슈퍼히어로 복장을 한 샤토 뒤 메독 마라톤 대회 참가자들.

대회의 코스는 메독 지역의 포도밭과 와이너리 사이에 42.195km로 아름답게 펼쳐져 있다. 코스를 6시간 30분 내에 마치고, 결승점에 들어와야 하는 것이 공식 규칙이다. 다른 대회와 크게 다를 게 없어 보인다. 그런데 이 대회에서는 많은 사람들이 규칙을 어기며 중간에 포기한다. 다른 대회처럼 발을 절뚝거리면서도 끝까지 달리는 인간 승리의 표본도 볼 수가 없다. 대신에 코스 중간중간에 있는 와이너리에 들러 와인을 마시는 사람들이 많다. 마라톤은 까맣게 잊고 술에 취해 드러누워 있는 사람들도 볼 수 있다. 보통의 대회라면 경악할 일이다.

대회 참가자들의 목적은 완주가 아니라 메독 곳곳에 있는, 평소에 일반인에게 개방하지 않는 고급 샤토Château의 와인 테이스팅이기 때문이다. 뿐만 아니라 참가자들을 위해 물을 제공하는 음수대에는 메독에서 생산되는 고급 와인과 치즈까지 놓여있다. 잠깐 쉬면서 목을 축이려다 본격적으로 와인 테이스팅을 하는 참가자들이 있을 수밖에 없다. 이래저래 달리기에 집중하기 어려운 대회다.

주최측은 참가자들의 완주를 독려하기 위해 여러 가지 당근을 제공한다. 먼저 코스 뒤로 갈수록 음수대의 와인과 치즈의 질이 좋아진다. 즉, 보다 비싸고 맛있는 와인과 치즈를 먹으려면 초반에는 물만 마시고 코스 후반부의 음수대를 노리는 전략을 쓰는 것이 좋다. 또 하나의 당근은 완주자에게 주는 선물이다. 샤토 뒤 메독 마라톤 대회의 완주자에게는 메달 외에도 메독의 샤토에서 만드는 고급 와인을 선물한다. 이 와인은 매년 다른 샤토가 만든다. 대회를 위해 만든 한정판이기 때문에 구하기 어려운 와인이다. 이 와인을 모으기 위해 대회에 참가하는 사람들도 있다고 한다.

달리기를 못 하는 사람은 참가를 못 하는 걸까?

본 대회는 마라톤을 '가장한' 와인 축제다. 당연히 마라톤 외에도 다양한 식전, 식후 행사에서 와인을 즐길 수 있다. 달리기가 부담스러운 사람들을 위한 7~10km 정도 걷기 이벤트도 있다. 이 또한 메독의 포도밭 사이를 걸으며 샤토를 방문해서 와인을 테이스팅 할 수 있는 코스이다.
www.marathondumedoc.com

보졸레 와인 축제
Les Sarmentelles
매년 11월, 프랑스 부르고뉴 보졸레
보졸레의 햇와인 맛보기

보르도와 함께 프랑스의 2대 와인 생산지인 부르고뉴의 보졸레 지역에는 11월에 와인 축제가 열린다. 이렇게 늦게 와인 축제가 열리는 이유는 바로 11월 셋째 주 목요일이 지나야만 마실 수 있는 와인, 보졸레 누보Beaujolais Nouveau 때문이다. 적어도 2년은 숙성한 후 먹어야 하는 일반적인 레드 와인과 달리 보졸레 누보는 한 달 정도만 숙성한다. 이 축제에서 햇와인 보졸레 누보를 가장 먼저 즐길 수 있다. 11월 셋째 주 목요일까지 기다리기 어려워 하루라도 빨리 보졸레 누보를 맛보고 싶은 마니아들이 참석한다.
www.sarmentelles.com/en/

아로 와인 페스티벌
Haro Wine Festival/ Batalla Del Vino De Haro
매년 6월 마지막 주, 스페인 라 리오하
와인 뿌리며 싸우기

아로 와인 페스티벌은 스페인의 라 리오하La Rioja에서 매년 6월 마지막 주에 개최되는 와인 축제이다. 누가 와인을 점잖게 마시는 술이라 했던가. 흥이 넘치는 스페인 국민답게 축제는 와인을 마시는 것으로 끝나지 않는다. 아로 와인 페스티벌에서 와인은 음료에 그치지 않는다. 참가자들은 물총, 호스, 양동이, 컵 등 손에 잡히는 데로 와인을 담아 서로에게 공격을 가한다. 와인 애호가라면 경악을 금치 못할 수도 있겠지만 걱정할 필요는 없다. 축제에 쓰이는 와인은 품질이 떨어져서 상품 가치가 없는 와인이다. 와인 싸움wine fight의 기원은 옛날에 와인 농가들 사이의 불화에서 비롯된 싸움이라고 한다. 이 전통은 400년이나 이어져 왔다. 과거의 와인 싸움이 만만치 않았었나 보다.

여러 음식 축제 모습 중에
아로 와인 페스티벌에서 승리하고
환호하는 모습도 보인다.

아로 와인 페스티벌에는 싸움뿐 아니라 화합의 장도 있다. 양동이로 와인 옮기기 이벤트이다. 참가자들은 흰 셔츠에 붉은 스카프를 두르고 레드 와인이 든 양동이를 옮긴다. 양동이를 빨리 옮기기 위해 경쟁을 하다 보면 흰옷은 어느새 빨갛게 물들어 버린다.
radseason.com/event/haro-wine-festival-batalla-vino-haro-spain/

모젤강 와인 축제

Moselle River Wine Festival

매년 9월, 독일 모젤강 유역
전 세계의 와인 만나기

독일의 가장 큰 와인 산지, 모젤강 지역에서 열리는 가장 큰 와인 축제로 매년 9월에 열린다. 독일답게 엉뚱한 와인 마라톤이나 정열적인 와인 싸움은 없다. 대신 세계 각국에서 온 100여 개 그룹의 화려한 와인 행렬과 모젤강 중부 지역의 와인 거리 재현 행사 등이 열린다. 또한 독일의 대표적 화이트 와인인 달콤한 리슬링Riesling을 시음해볼 수 있다.

www.romantic-germany.info/things-to-do/leisure-tips/wine-festivals/

대한민국 와인축제

매년 10월, 충청북도 영동군
영동 지역 와인 경험하기

와인의 고장으로 유명한 충북 영동군에서 열리는 와인 축제이다. 2019년에는 10월 3일부터 6일까지 4일간 열렸다. 축제 기간 동안 저렴한 가격으로 영동 지역 내의 와이너리에서 생산된 와인을 시음할 수 있다. 이 밖에도 와인 족욕, 와인과 어울리는 음식 찾기 등 다양한 이벤트가 진행되었다. 국악 축제, 음식 경연 대회 등 다양한 즐길 거리가 있으며 가족 나들이로도 손색이 없다.

www.ydft.kr/sub2-2-1.php

영천 와인 페스타

매년 9월 마지막 주말, 경상북도 영천시,
무제한 시음과 와인 만들기

영천은 우리나라 최대 포도 산지이다. 매년 9월 마지막 주말에 영천에서 와인 축제가 열린다. 입장료는 없고 와인 잔을 3천 원에 구매하면 무제한으로 와인을 시음할 수 있다. 첫날에는 '와인어 불러담기'라는 이벤트가 진행되는데, 포도를 직접 밟아 와인을 만드는 것을 말한다. 재미있는 체험으로 그치는 것이 아니라 1년간 숙성했다가 다음 해에 다시 축제가 시작되기 직전에 배송된다.

blog.naver.com/ycwine/221633680751

디오니소스 와인 페어

매년 봄, 가을에 서울 강서구의 메이필드 호텔
세계의 와인 맛보기

서울시 강서구에 위치한 메이필드 호텔에서 매년 봄, 가을에 열리는 와인 페어이다. 입장료만으로 150종 이상의 세계 우수 와인을 무제한으로 시음할 수 있다. 시음하다 마음에 드는 와인은 시중보다 저렴한 가격에 구입도 가능하다. 저녁에는 야외 식당에서 라이브 공연을 즐길 수 있다.

www.mayfield.co.kr/2017/kor/html/special_offers/promotion.asp

고
대
의　와
인

Ⅰ

🌢

변치 않는
술의
두 얼굴。

1
이 글에서 인용하는
성경 구절은 '한국 천주교
중앙협의회'에서 발행한
《성경》에서 발췌.

2
《성서의 식물》
최영전, 아카데미 서적,
1996(18).

와인을 이야기하며 기독교와 성경을 빼놓을 수는 없습니다. 유럽 전체가 기독교 문화 속에서 발전해왔고 와인의 전파가 기독교의 전파와 함께했기 때문이지요. 이 책에서는 기독교를 종교가 아니라 문화의 하나로 보고 이야기를 전개하겠습니다[1].

성경에는 와인이 자주 언급됩니다. 앞에서 말씀드린 인류 최초의 취객, 노아를 포함해 구약성경에만 140회 이상 나옵니다[2]. 이것은 그만큼 고대 이스라엘에서 와인을 일상적으로 마셨다는 증거이겠지요. 히브리어로 쓰여 있는 성경에서 와인은 종류와 알코올 함유 정도 등에 따라 여러 개의 다른 단어로 표현되고 있습니다. 사용된 단어에 따라 긍정적인 의미를 갖기도 하고 때로는 부정적인 의미를 갖기도 합니다. 그러나 우리말로 번역된 성경에는 모두 '포도주' 또는 '술'로 표현되어 단어 자체로는 그 차이를 알 수 없습니다. 여기서는 단어의 차이가 아니라 내용이 긍정적인지, 부정적인지에 따라 구분해 보겠습니다.

신의 선물? 악마의 유혹?

인류 최초의 취객인 노아와 더불어 부정적으로 표현된 대표적인 경우는 아브라함의 사촌인 롯과 다윗의 아들

압살롬의 이야기입니다.

롯은 자기의 두 딸과 함께 굴속에서 살았다. 그때 맏딸이 작은딸에게 말하였다.
"우리 아버지는 늙으셨고, 이 땅에는 세상의 풍속대로 우리에게 올 남자가 없구
나. 자, 아버지에게 술을 드시게 하고 나서, 우리가 아버지와 함께 누워 그분에게
서 자손을 얻자." 그날 밤에 그들은 아버지에게 술을 들게 한 다음, 맏딸이 가서
아버지와 함께 누웠다. 그러나 그는 딸이 누웠다 일어난 것을 몰랐다.
〈창세기 19장 30~33절〉

천사의 안내로 불타는 소돔을 떠나는 롯과 그의 가족(Lot fleeing from
Sodom). 뒤를 돌아보지 말라는 주의를 어기고 롯의 아내가 뒤를
돌아보고 있다. 벤자민 웨스트(Benjamin West, 미국 화가, 1738~1820),
1810, 디트로이트 미술관 소장.

롯과 그의 가족은 소돔^{Sodom}에서 살고 있었습니
다. 소돔은 고모라^{Gomorrah}와 함께 악이 지배하는 타락한 도시
였습니다. 하느님은 소돔과 고모라 전체를 멸망시키려 했습
니다. 하지만 신은 롯에게 천사 둘을 미리 보내 도망가라고
귀띔해줍니다. 악의 도시에 살고 있었지만 롯은 의인이었기
때문이지요. 천사는 소돔을 떠날 때 뒤를 돌아보지 말라고 경
고했습니다. 그런데 궁금함을 참지 못한 롯의 아내가 뒤를 돌
아보는 바람에 '소금기둥'으로 변합니다. 두 도시는 불과 유
황으로 파괴됐고 이제 세상에 남은 사람은 롯과 그의 두 딸
뿐입니다. 자손이 끊길까 두려웠던 두 딸은 아버지를 통해 자
손을 얻어 인류의 역사를 이어 나가고자 합니다. 소돔의 멸망

에서도 살아남은 롯은 술에 취해 두 딸과 근친상간을 합니다.

압살롬은 부하들에게 이렇게 명령하였다.
"암논이 술로 기분이 좋아질 때까지 지켜보다가, 내가 '암논을 쳐라' 하거든 그를 죽여라. 겁내지 마라. 내가 너희에게 명령하는 것이 아니냐? 그러니 힘을 내어 용사답게 행동하여라."
〈사무엘서 하 13장 28절〉

'다윗과 골리앗'으로 잘 알려진 다윗에게는 자식이 많았습니다. 왕에게 자식이 많다 보니 분란도 그만큼 많았겠지요. 그의 큰아들인 암논은 뛰어난 미모의 배다른 여동생 타마르를 보고 사랑에 빠집니다. 상사병에 걸린 그는 계략을 꾸며 타마르를 만나지만 그녀는 암논의 고백을 거절했습니다. 화가 난 암논은 타마르를 겁탈한 뒤에 내쫓습니다. 암논의 이복동생이자 타마르의 친오빠인 압살롬이 사건을 알게 되자 암논을 술에 취하게 한 뒤 죽입니다. 동생의 복수라지만 그 또한 술을 이용해 살인이라는 범죄를 저지르고 말았습니다. 압살롬은 간신히 처형을 면했지만 예루살렘에서 추방되었습니다. 이후 왕의 자리를 탐내 반역을 꾀하다가 다윗의 충신에게 창으로 찔려 죽습니다.

고대 이스라엘이 있던 곳은 물이 귀했기에 와인을 소중한 음료수로 여기며 일상적으로 마셨습니다. 그들은 와인을 '신의 선물'이라 불렀고, 와인을 마시면 신과 가까워진다고 생각했습니다. 그런데 왜 노아, 롯, 압살롬처럼 술로 인해 인간성이 파괴되고 신의 뜻에 어긋나는 현장을 기록했을까요? 신의 선물과 사랑에 빠지느라 인간의 일을 잊어버릴 수도 있음을 알리기 위해서였겠지요. 특히 이를 남용하려는 유혹을 경고하기 위해서였을 겁니다.

네 눈은 이상한 것들을 보게 되고 네 마음은 괴상한 소리를 지껄이게 된다.
너는 바다 한가운데에 누운 자와 같고 돛대 꼭대기에 누운 자와 같아진다.
"사람들이 날 때려도 난 아프지 않아. 사람들이 날 쳐도 난 아무렇지 않아.
언제면 술이 깨지? 그러면 다시 술을 찾아 나서야지!"
하고 말한다.
〈잠언 23장 33~35절〉

술을 폭음하는 자들과 어울리지 마라. 폭음가와 폭식가는 가난해지고 늘 술에 취하면 누더기를 걸치게 된다.
〈잠언 23장 20~21절〉

　　　　낯설지 않지요. 수천 년 전이 아니라 오늘날의 일이라 해도 전혀 어색하지 않을 정도로, 과음의 폐해는 예나 지금이나 마찬가지인 것 같습니다. 이렇듯 성경은 술의 악한 성질을 경고하고 과음하지 말 것을 강조합니다. 그런데 와인이 인간에게 해악을 끼치는 '악마의 유혹'이기만 했다면 어떻게 수천 년이 지난 지금까지 우리에게 전해져 올 수 있었을까요? 게다가 와인은 신을 모시고 그를 닮고자 한 수도사들을 통해 발전하고 확산되지 않았나요? 그렇습니다. 그래서 성경에는 '신의 선물'로 사용되는, 와인으로 벌어지는 즐거운 일도 많이 등장합니다.

술은 알맞게 마시면 사람들에게 생기를 준다. 술 없는 인생이란 도대체 무엇인가? 술은 처음부터 흥을 위해 창조되었다. 제때에 술을 절제 있게 마시는 사람은 마음이 즐거워지고 기분이 유쾌해진다. 술을 지나치게 마신 자는 기분이 상하고 흥분하여 남들과 싸우게 된다. 만취는 미련한 자의 화를 돋우어 넘어뜨리고 기운을 떨어뜨려 그에게 상처를 입힌다. 술자리에서 남을 꾸짖지 말고 흥에 젖은 그를 무시하지 마라. 그에게 모욕적인 말을 하지 말고 이것저것 요구하여 그를 괴롭히지 마라.
〈집회서 31장 25~31절〉

32

수천 년 전 이스라엘인들에게도 적절한 음주는 흥을 돋우고 인생이 즐거워지는 좋은 방법이었나 봅니다. 이렇게 적당히 기분이 좋아지고 흥이 오르는 상태를 '신과 가까워진다'고 표현했습니다. 그러고 보면 과음을 경계했던 건 너무 흥이 올라 신만이 즐길 수 있는 상태에 도달하는 걸 막기 위해서였을지도 모르겠습니다.

"그러니 너는 기뻐하며 빵을 먹고 기분 좋게 술을 마셔라. 하느님께서는 이미 네가 하는 일을 좋아하신다."
〈코헬렛 9장 7절〉

맛있는 것을 먹고 마시며 즐기는 것은 인간의 본능입니다. 많은 사람에게 삶의 이유이자 목표이기도 하지요. 성경에서 신은 인간을 창조했습니다. 자신이 만든 인간들이 삶을 즐기는 것을 싫어하고 막을 이유가 있었을까요?

고
대
의 와
인
Ⅱ

🌢

첫 번째 기적,
축복의
와인。

와인을 마시는 것이 좋은가 나쁜가의 논란은 예수 시대에도 이어졌습니다. 예수보다 먼저 활동을 했던 세례자 요한[1]은 스스로 금주를 했지만 예수는 와인을 즐겨 마셨습니다. 곧 '포도주 마시기를 즐기는 사람'이라는 별명까지 얻고 비난도 받았습니다. 그런데 세례자 요한 역시 반대의 이유로 비난을 받았죠.

세례자 요한이 와서 빵을 먹지도 않고 포도주를 마시지도 않자, '저자는 마귀가 들렸다'고 너희는 말한다. 그런데 사람의 아들이 와서 먹고 마시자, '보라, 저자는 먹보요 술꾼이며 세리와 죄인들의 친구다'라고 너희는 말한다.
〈루카복음 7장 33~34절〉

이렇게 보면 술을 마시는 것 자체가 '좋다, 나쁘다'의 문제는 아니었던 것 같습니다. 예수를 비난했던 사람들은 그가 와인을 마시든 안 마시든 어떻게든 트집을 잡아 비난하려 했을 겁니다. 그가 자신들의 전통적이면서도 엄격한 기준에서 벗어나 일반 백성들을 위한 행보를 펼쳤기 때문이지요. 예수가 와인을 즐겨 마셨던 것은 단지 술을 좋아했기 때문만은 아니었던 것 같습니다. 당시 와인은 일반 백성들도 즐기던 음료였습니다. 예수가 와인을 마셨던 건 그의 신앙이 백성과 함께, 백성의 눈높이에서 이루어져야 한다는 생각을 상징적으로 보여주는 것이겠지요.

1
John the Baptist.
신약성서에서 흔히 '세례 요한'으로 불린다. 유대인들을 일깨우고 요르단 강에서 세례운동을 펼쳤는데, 이때 예수도 그에게 세례를 받았다.

2
예배를 드리기 위해
손이나 몸, 옷, 그릇 등을
깨끗하게 하는 예식.

사흘째 되는 날, 갈릴래아 카나에서 혼인 잔치가 있었는데, 예수님의 어머니도 거기에 계셨다. 예수님도 제자들과 함께 그 혼인 잔치에 초대를 받으셨다. 그런데 포도주가 떨어지자 예수님의 어머니가 예수님께

"포도주가 없구나."

하였다. 예수님께서 어머니에게 말씀하셨다.

"여인이시여, 저에게 무엇을 바라십니까? 아직 저의 때가 오지 않았습니다."

그분의 어머니는 일꾼들에게

"무엇이든지 그가 시키는 대로 하여라."

하고 말하였다. 거기에는 유다인들의 정결례[2]에 쓰는 돌로 된 물독 여섯 개가 놓여 있었는데, 모두 두세 동이였다. 예수님께서 일꾼들에게

"물독에 물을 채워라"

하고 말씀하셨다. 독마다 물을 가득 채우자, 예수님께서 그들에게 다시,

"이제는 그것을 퍼서 과방장에게 날라다 주어라."

하셨다.

〈요한복음 2장 1~11절〉

이스라엘 사람들은 포도주를 일상적으로 마시며, 성전 제사를 비롯한 의례에도 사용했습니다. 잔칫날에도 물론 빠질 수 없었죠. 와인은 기쁨, 축하 및 잔치의 상징이며, 때로 하느님의 풍성한 축복을 표현하기도 합니다. 카나의 혼인 잔치에서 와인이 떨어지자 예수의 어머니는 아들에게 이를 알립니다. 예수는 '아직 저의 때가 오지 않았다'며 관여하지 않으려 했으나 '그가 시키는 대로 하라'는 어머니의 말씀에 따라 물을 최상급 와인으로 만들어 버립니다. 예수의 첫 번째 기적입니다. 물을 와인으로 바꾼 건 혼인 잔치를 축복하기 위해서였습니다. 즉, 자신이 인간을 심판하고 단죄하러 온 것이 아

니라 축복을 내리고 구원하기 위해서임을 알려주는 것으로 이해됩니다.

이 밖에도 와인과 관련된 다양한 상징과 비유가 있지만, 가장 큰 상징은 일반인에게도 잘 알려진 '최후의 만찬'일 겁니다.

그리고 잔을 받아 감사를 드리시고 나서 이르셨다.
"이것을 받아 마셔라. 내가 너희에게 말한다. 나는 이제부터 하느님의 나라가 올 때까지 포도나무 열매로 빚은 것을 결코 마시지 않겠다."
〈중략〉
만찬을 드신 뒤에 같은 방식으로 잔을 들어 말씀하셨다.
"이 잔은 너희를 위하여 흘리는 내 피로 맺는 새 계약이다."
〈루카복음 22장 17~20절〉

3
가톨릭에서는
그리스도의 살과 피가
빵과 포도주로 변화된 것으로
보아 이를 먹고 마실 때
그리스도와 한몸이 되는
은총을 받는 것이라 여긴다.

최후의 만찬(The Last Supper).
레오나르도 다 빈치(이탈리아, 1452~1519), 1495~1497.
밀라노 산타마리아 델레 그라치에 성당 벽화.

예수는 최후의 만찬에서 제자들에게 빵과 와인을 먹으면서 자신을 기념하라고 말했습니다. 그의 말을 잘 지킨 신자들은 미사에서 빵을 먹고 와인을 마셨습니다. 와인은 미사에 꼭 필요한 물품이 되었지요[3]. 기독교가 유럽으로 전파되며 이 의식도 함께 전해집니다. 유럽의 수도원들이 포도를 재배하고 와인을 생산할 수밖에 없었던 이유입니다. 지금도 독일이나 프랑스의 와이너리는 수도원에서 재배되던 것들을 이어받아 생산하고 있습니다. 와인이 신세계로 급격히 확산한

4
'지금 여기 : 미사주 마주앙
40년 됐다' 가톨릭 뉴스,
2017년 8월 31일.

것도 역시 미사주로 사용하기 위해 와인을 만든 수도사들에 의해서였습니다.

마 주 앉 아 즐 기 는 와 인 , 마 주 앙

우리나라에서도 가톨릭은 미사 시간마다 이 예식을 재현합니다. 당연히 미사주로 쓰일 와인이 필요하겠지요. 우리나라의 미사주는 국내 와인 양조업체가 만든 것을 사용합니다. 경상북도 경산시에 있는 와이너리에서 만든 마주앙 Majuang 이라는 와인이지요[4]. 얼핏 불어 같기도 하고 이탈리아 말 같기도 한 이 단어는 '마주 앉아 즐긴다'라는 뜻의 우리말입니다. 마주앙이 탄생한 1977년만 해도 국세청에서 술 이름에 외래어 표기를 금지했기 때문에, 우리말을 사용하면서도 이국적으로 들리게 이름을 지었다고 하네요.

미사주로 쓰이는 와인은 먼저 교황청의 승인을 받아야 합니다. '포도 이외의 다른 첨가물 없이 자연 발효된 포도주'로 가톨릭 예식인 축복식을 거쳐야 하지요. 경산에서는 포도를 수확하는 매년 8월에 지역 농민과 천주교 신자 등이 모여서 '마주앙 미사주 포도 축복식'을 거행하고 있습니다. 교황청의 규정에 맞게 특별히 생산되기 때문에 일반인에게 판매되지는 않습니다. 일반인에게는 미사주 외에 샤르도네와 카베르네 소비농 등을 판매하고 있습니다. 국내산 포도로만 와인을 만드는

38

것은 아닙니다. 마주앙 모젤 화이트 와인은 독일에서, 레드 와인은 미국이나 칠레에서 원액을 수입해서 제조하고 있습니다. 마주앙 와인은 가격 대비 품질이 좋은 것으로 유명합니다. 1985년 독일 가이젠하임[5] 대학에서 열린 와인 학술 세미나에서는 마주앙이 '동양의 신비'라며 극찬을 받기도 했습니다.[6] 우리나라에서 생산된 포도로 만든 와인은 어떤 맛일지 궁금하지 않나요?

신의 피를 대신해 마시라 했던 와인이 악마의 유혹이 되어 인간성을 파괴하는 현실을 보는 것은 안타깝습니다. 기독교의 일부 종파에서 음주를 금지하는 것도 한편 이해가 됩니다. 와인을 신의 선물로 믿고 즐기는 것이 좋을까요, 아니면 사탄의 유혹이라 여기고 멀리해야 할까요? 가톨릭 신자이면서 와인을 즐기는 저는 크리소스토무스[7]의 '와인을 위한 시'에서 그 답을 찾았습니다.

와인이 없다면?
바보, 미치광이!
취하니까 와인이 없어야 한다면
또한 이렇게 말해야 할 것이다:
도둑이 있어 밤이 없어야 하고
염탐꾼이 있어 낮이 없어야 한단 말인가

와인의 맛을 보는 수도사: 안토니오 카사노바 에스토라흐(Antonio Casanova y Estorach) 1886, 브루클린 박물관 소장.

5
GEISENHEIM University.
독일에 있는 세계적으로
유명한 농업대학.

6
마주앙, 위키백과.

7
비잔틴시대의 산 후안
크리소스토무스Joannes
Chrysostomus 347~407는
훌륭한 설교자로
'황금의 입'으로 불렸다.
콘스탄티노플 교회의 시조인
그는 '와인을 위한 시'를
남겼다.

이
탈
리
아

🌢

와인을
'먹는'
와인의 나라.

2000년대 초반에 유럽의 땅끝 마을, 지브롤터 Gibraltar에서 살았습니다. 이베리아 반도의 가장 아래쪽 끝에 위치한 지브롤터는 지리적으로는 스페인에 있지만, 300여 년 전부터 영국의 지배를 받고 있는 영국령 도시 국가입니다. 1997년 중국으로 반환되기 이전의 홍콩 같은 곳이라고 볼 수 있지요.

그곳에서 일하면서 다시 공부를 하고 싶다는 생각이 들었습니다. 미국에 있는 경영대학원을 가려고 했지요. 대학원에 지원하려면 TOEFL, GMAT 등의 시험 성적이 필요했습니다. 지원 마감일을 앞두고 급히 시험을 봐야했는데, 지브롤터에는 이런 시험을 볼 수 있는 곳이 없었습니다. 시험을 볼 수 있는 가장 가까운 곳은 마드리드나 바르셀로나, 또는 포르투갈의 리스본이었습니다. 그런데 그 도시들에서는 원하는 날짜에 맞춰 시험을 볼 수가 없었습니다. 일정에 맞는 곳을 찾아 보니 가장 빨리 시험에 응할 수 있는 곳이 이탈리아의 로마였죠.

영어 시험을 보기 위해 비행기까지 타고 다른 나라에 가야하다니…. 우리나라에서라면 상상도 할 수 없는 일이지만 유럽은 그럴 수 있는 곳이죠. 그때만 해도 인터넷으로는 시험 접수를 할 수 없어서 이탈리아 동료의 도움을 받아 팩스로 시험 접수를 한 다음 여행 준비를 했습니다. 동료는 비행기표 예약 뿐만 아니라 로마에 있는 부모님의 집에서 지내라며 숙소까지 해결해 주었습니다. 5일간이나 머물 집에 빈손으로 갈 수는 없지요. 친구 아버지가 와인을 좋아한다는 정보를 듣고, 비싼 프랑스 와인을 선물로 가지고 갔습니다. 공항까지 마중 나온 친구 부모님께 감사드리며 와인을 건넸습니다. 고급 '프랑스' 와인임을 강조하면서 말이지요. 아주 기뻐하실 줄 알았는데, 웬걸, 반응은 의외로 떫떠름하였습니다. 이내 서툰 영어지만 강력한 어조로 제게 말씀하셨죠.

"프랑스 와인은 마케팅의 힘일 뿐이야. 진짜 좋은 와인은 이.탈.리.아. 와인이지!"

로마인들이 누린 자유로운 와인 문화

　　　　　그때만 해도 '와인 무식자'였기에 와인이라고 하면 프랑스 밖에 떠오르질 않았습니다. 고마운 마음에 무리해서 비싼 프랑스 와인을 구해갔는데 반갑지 않은 반응을 보니 좀 섭섭했지요. 하지만 와인에 대해서 좀 알고 나자 생각이 달라졌어요. 그때 이탈리아 와인에 대한 친구 아버지의 자존심, 특히 프랑스 와인에 대적하는 '와인부심'을 이해하게 되었습니다.

와인의 전파는 서양 문물의 이동과 궤를 함께 합니다. 코카서스 지역에서 처음 만들어진 와인은 메소포타미아, 이집트를 거쳐 그리스를 통해 로마로 전파되었습니다. 와인을 만들기 위해서는 그보다 훨씬 많은 양의 포도가 필요합니다. 와인이 비싼 이유 중에 하나이지요. 당연히 귀족이나 부유한 사람만

이 일상적으로 즐길 수 있는 음료였습니다. 그런데 로마시대에는 와인이 누구나 마시는 일상 음료가 됩니다. 가장 큰 이유는 지배자들의 정책 때문입니다.

로마는 주권이 시민에게 있었기 때문에 지배자는 그들의 환심을 사야했습니다. 사람들의 마음을 사는데 음식만큼 좋은 게 있을까요. 게다가 와인은 마음을 살 뿐 아니라 취해서 정치로부터 관심이 멀어지게 하는 효과도 있었습니다. 로마시민들은 공짜로 곡물, 와인, 돼지고기 등을 받아서 먹고 마시며 즐겼고, 정치와는 점점 멀어졌습니다. 로마인들이 얼마나 와인을 즐겨 마셨는지는 폼페이 유적에서도 흔적을 찾아볼 수 있습니다. 당시 인구 2만 명 정도였던 폼페이에 와인 가게가 100개나 있었다고 하니 알만 하지요[1]

1
《역사학자 정기문의 식사》,
정기문, 도서출판 책과함께,
2017.

2
Amphora.
고대 그리스·로마 시대에
사용한 몸통이 볼록하고
길쭉한 모양의 항아리.

폼페이 유적에서 발굴된 와인 가게의 흔적.
왼쪽: 와인 가게를 알리는 간판.
오른쪽: 와인을 담던 암포라.

통치자는 대중은 물론 군인에게도 와인을 지급했습니다. 특히 고향을 떠나 국경 근처에서 복무하는 수비부대에게 와인을 많이 공급했습니다. 당시에는 '암포라[2]'라는 항아리에 와인을 보관했습니다. 와인이 든 항아리를 알프스 넘어 국경 지역까지 옮기는 것은 매우 힘든 일이었지요. 이에 대해 로마인들이 생각해낸 해결책은 두가지 였습니다. 하나는 암포라 대신에 참나무통을 이용해서 와인을 운반하는 것이었

3
《와인의 역사》 로드 필립스,
이은선 옮김, 시공사, 2002.

4
Charlemagne.
샤를마뉴. 옛 서로마제국의
영토를 회복하고 오늘날
서유럽 세계의 토대를 만든
프랑크 왕국의 통치자.

5
50쪽 '프랑스 보르도, 중세
영국을 홀린 와인' 참조.

44

습니다. 참나무통, 즉 오크통은 중세를 거쳐 현재까지 와인 숙성 및 보관에 이용되고 있습니다. 다른 하나는 알프스 이북 지역에서 포도를 재배하여 와인을 만드는 것이었습니다. 어렵게 보관할 필요 없이 와인이 필요한 지역에서 바로 만들어서 공급하자는 것이었죠.

그때 로마 군인을 위해서 포도를 재배한 지역이 지금의 프랑스와 독일입니다. 프랑스 지역에 살던 당시 갈리아인은 포도를 아주 잘 재배했고, 뛰어난 와인을 만들었습니다[3]. 청출어람이라고 했나요. 얼마 지나지 않아 갈리아인들이 만드는 와인은 거꾸로 로마로 수출되었습니다. 이 때부터 프랑스 와인은 두각을 나타내기 시작했습니다. 이후 프랑스 와인은 '유럽의 아버지'라 불리우는 카를로스 대제[4]의 비호를 받고 더욱 발전했지요. 중세에도 보르도 공국을 영국으로 가져갔던 엘레오노르 왕비 덕에 프랑스 와인은 영국 왕가의 인정을 받으며 승승장구합니다[5].

프랑스 와인의 승승장구는 근세에도 이어졌습니다. 프랑스 사람들은 와인을 음식 그 이상의 문화이자 산업, 그리고 예술로 만들었습니다. 덕분에 예전의 저처럼 많은 사람들이 와인 하면 프랑스를 떠올리게 되었지요. 그러는 동안 이탈리아는 어땠을까요? 이탈리아에서는 와인을 마신다고 하지 않고 '먹는다'는 표현을 씁니다. 와인은 빵, 치즈와 함께 매일 먹는 일상 음식이기 때문입니다. 그렇기에 이탈리아 사람들은 와인을 특별한 의미로 발전시킬 생각도, 상품으로 마케팅을 할 생각도 없었습니다. 오히려 와인을 다양하게 써먹는 프랑스를 비난하고 무시했지요. 하지만 전 세계가 프랑스를 와인 종주국으로 여기게 되자 생각이 달라졌습니다. 이탈리아도 드디어 현대적인 양조법으로 개선하고 와인에 등급을 부여하는 등 이탈리아 와인의 가치를 높이기 위해 노력하기 시작했습니다.

알리기 보다 먹기 바빴던 와인 종주국

이탈리아는 장화같이 생긴 반도국입니다. 남과 북으로 길게 뻗어 있는데 남북의 위도가 10도 이상 차이가 납니다. 산과 언덕이 많아 지형도 다양하지요. 이런 지형적인 특징 덕분에 국토 전역에서 포도 재배가 가능하며 지역별로 독특하고 개성 있는 와인을 생산합니다. 그 중에서도 전통적으로 유명한 와인 생산지는 북부 지역의 피에몬테^{Piemonte}와 베네토^{Veneto}, 그리고 중북부 지역의 토스카나^{Toscana} 입니다.

이탈리아 지도. 왼쪽 위에 피에몬테, 그 아래쪽으로 토스카나, 오른쪽 위에 베네토가 있다.

6
49쪽 와인 상식 참조.

7
49쪽 와인 상식 참조.

46

와인을 '먹는' 이탈리아 사람들에게 매일 먹는 와인은 특별할 것도 없고 대단한 것도 아니었습니다. 과거에는 당연히 국토 전역에 걸쳐서 다양하게 생산되는 와인의 대부분이 이탈리아 국내에서 소비되었습니다. 하지만 프랑스가 와인을 그저 술이 아닌 '예술'로 만들면서 와인 종주국의 자리를 얻게 되자 상황은 달라졌지요. 자존심이 상한 이탈리아도 와인을 상품으로 만들기 시작했습니다.

먼저 포도밭과 와이너리에 따라 다르게 제조되던 전통적인 양조 방식에 변화를 주었습니다. 젊은 와인 양조자들은 주먹구구식으로 운영되던 와인 제조에 새로운 방법을 도입해 발전을 꾀했습니다. 1960년대에는 프랑스의 AOC[6]와 같은 와인 등급 제도를 받아들여 DOC$^{\text{Denominazione di Origine Controllata}}$[7]라는 등급 제도를 만들었습니다. DOC보다 한 단계 높은 DOCG $^{\text{Denominazione di Origine Controllata e Garantita}}$ 등급 와인이 이탈리아의 고급 와인이라 할 수 있지요. 우리나라에서 판매되는 이탈리아 와인은 대부분 이 두 가지 등급의 와인입니다. 이보다 낮은 등급의 와인인 IGT$^{\text{Indicazione Geografica Tipica}}$ 와인은 대부분 이탈리아 내에서 소비됩니다. DOC나 DOCG가 아니라고 해서 품질이 낮은 싸구려 와인은 아닙니다. 와인을 사랑하는 이탈리아 사람들이 먹는 와인인 만큼 이탈리아 음식과 아주 잘 어울리는 와인들이지요.

수십 년 간의 많은 노력 끝에 이탈리아도 와인 종주국의 명예를 되찾고 있는 듯 보입니다. 이탈리아는 와인 생산량, 소비량, 수출량에서 늘 프랑스와 선두를 다툽니다[8].

우리나라에서도 다양한 이탈리아 와인을 볼 수 있습니다. 그 중에서도 제일 쉽게 접할 수 있는 와인은 '모스카토 다스티Moscato d'Asti'라는 화이트 와인입니다.

8
2019년 전 세계 국가별 와인 생산량, Statista, 얀 콘웨이Jan Conway 발간, 2020년 5월 13일.

봄으로 빚은 와인

봄을 통째로 갈아 만든 와인이 있다. 봄을 액화한 것 같은 상쾌하고 향긋한 와인. 향기를 맡으면 마치 꽃다발을 한아름 안은 것 같다. 그 속에서 피어나는 향기 중에는 과일 향기도 있다. 과일 바구니를 받았을 때 나는 다채로운 과일 향이 솔솔 풍긴다. 바로 이것이 모스카토 다스티이다.

47

와인 경매사 조정용은 그가 쓴 책《올 댓 와인 2, 명작의 비밀》에서 모스카토 다스티를 이렇게 표현했습니다. 글을 읽는 것만으로도 상큼한 느낌이 전해집니다. 모스카토 다스티는 이탈리아의 주요 와인 생산 지역인 피에몬테의 '아스티Asti'에서 생산됩니다. 여기에서 재배되는 화인트 와인 품종인 '모스카토 비앙코'로 만들지요. '모스카토 다스티'라는 이름은 '아스티 지역에서 만든 모스카토'라는 뜻입니다.

모스카토 다스티는 와인을 처음 접하는 사람에게 추천하는 1순위 와인입니다. 가장 큰 이유는 모스카토 다스티는 알코올 도수가 5% 정도로 낮아 '편하게 마실 수 있기'

때문입니다. 와인 특유의 씁쓸한 타닌 맛도 없습니다. 무엇보다 '봄을 통째로 갈아 만든' 듯 향기롭고 달콤합니다. 한 마디로 맛있습니다. 그렇기에 모스카토 다스티는 레드 와인의 강한 맛에 거부감을 느낄 수 있는 초보자에게 좋습니다. 브런치나 점심 식사에 곁들이는 낮술용으로도 좋지요.

마트나 편의점에서도 쉽게 구입할 수 있습니다. 가끔 친구들을 초대해 브런치 모임을 갖습니다. 이때 준비하는 음식은 이탈리아 빵인 치아바타로 만든 버섯 치즈 파니니입니다. 여기에 모스카토 다스티를 함께 먹지요. 외국어가 많아서 뭔가 특별해 보이지만 사실 아주 쉽게 구입할 수 있는 와인에 아주 간단하게 만들 수 있는 샌드위치입니다. 두 가지의 조합으로 한가한 주말 점심 시간을 보내다 보면 왜 이탈리아 사람들은 와인이 특별할 것 없는, 매일 먹는 음식이라고 여기는지 이해가 됩니다.

와인의 원산지 명칭 보호 정책과 등급제도

유럽연합[EU]은 GI[Geographic Indication]라는 이름으로 EU 국가 내에서 농·수산품의 지역 명칭 인증 제도를 시행하고 있다.

이는 원래 프랑스의 와인에서 시작된 제도이며, 현재는 국가별로 고유한 명칭보호 또는 등급제도를 시행하고 있다.

프랑스는 AOC[Appellation d' Origine Contrôlée]라는 제도를 만들어, 특정 원산지에서 정해진 방법으로 생산된 와인에 한해서 '원산지 이름'을 사용할 수 있도록 허락했다. 치즈와는 달리 AOC 표식을 사용하지 않고 라벨 위에 글로 표시한다. 예를 들어, 보르도 지역에서 생산된 포도를 원료로, 정해진 방법에 맞게 생산된 와인은 '원산지[Origine]' 부분에 '보르도[Bordeaux]'를 사용할 수 있다.

즉 'Appellation Bordeaux Contrôlée'로 표시한다.

품질에 자신이 있는 와인일수록 AOC에 보르도처럼 넓은 지역의 이름보다는 정확한 지명을 밝힌다. 원산지의 단위가 작을수록 높은 품질을 나타내는 것으로 인정된다. 예를 들어, 'Appellation Bordeaux Contrôlée' 보다는 보르도의 와인 생산 지역인 메독[Médoc], 쌩테밀리옹[St-Émilion], 포므롤[Pomerol] 등의 지역명을 확인하는 것이 좋다. 더 나아가 메독에서도 오메독[Haut Médoc], 포이약[Pauillac],

마고[Margaux] 등 보다 작은 단위의 AOC 와인이라면 좀 더 엄선하여 만든 와인이라 할 수 있다. 보르도 와인의 라벨에서 Appellation d'Haut Médoc Contrôlée을 본다면 품질이 좋은 와인이라는 걸 프랑스 정부가 보증한다고 보면 된다.

프랑스 보르도 포이약 지역에서 생산된 와인임을 증명하는 와인 라벨.

대체로 병 입구의 띠에 등급이 표시되어 있다.

이 제도를 통해 프랑스 와인의 품질이 세계적으로 인정받자 이탈리아, 독일, 스페인도 각국 나름의 등급제도를 만들어 운영하기 시작했다.

아래 표기에서 뒤로 갈수록 등급이 높다.

프랑스 Vins Sans IG, IGP, AOC/AOP
이탈리아 IGT, DOC, DOCG
독일 Tafelwein, Landwein, QbA, QmP
스페인 VdM, VdlT, VCIG, DO, DOCa, Pago

라벨의 와인 이름(DOLCETTO D'ALBA) 아래에 등급을 나타내는 D.O.C.(Denominazione di Origine Controllata)가 표시되어 있다.

49

프랑스 보르도

●

중세 영국을
홀린
와인.

와인하면 떠오르는 나라들이 있습니다. 프랑스, 이탈리아, 스페인, 칠레, 호주 등이 대표적이죠. 예전과 달리 요즘에는 다양한 나라의 와인을 마실 수 있지만 그래도 와인 하면 맨 먼저 생각나는 건 프랑스일 겁니다. 프랑스의 보르도 Bordeaux는 부르고뉴Bourgogne, 샹파뉴Champagne와 함께 프랑스의 대표적인 와인 산지입니다. 보르도의 와인이 이렇게 유명해진 데는 사실 영국인의 역할이 컸답니다.

프랑스 지도.
주요 와인 산지인 루아르(Loire), 샹파뉴(Champagne), 부르고뉴(Burgundy), 론(Rhône), 보르도(Bordeaux)가 보인다.

중세 시대 최대의 결혼 스캔들

프랑스와 영국, 두 나라의 왕비였던 사람이 있습니다. 한 나라의 왕비가 되는 것도 쉽지 않은데 유럽의 중심인 프랑스와 영국의 왕비를 지낸 걸출한 여성은 과연 누구일까요?

주인공은 아키텐Aquitaine 공국의 공작 기욤 10세의 딸, 엘레오노르Aliénor d'Aquitaine(1122~1204)입니다. 엘레오노르가 살던 12세기는 국왕의 힘이 그리 컸던 때는 아닙니다. 오히려 지역을 지배하는 영주들의 힘이 훨씬 더 컸던 봉건주의 시절이었습니다. 엘레오노르의 아버지가 다스리던 아키텐 공국은 프랑스 서남부 지역 즉, 현재의 보르도 일대와 주변의 넓은 지역이 포함된 곳으로 파리 중심의 프랑스보다 세 배 이상 컸습니다. 공작이라고 하지만 사실상 왕보다 더 막강한 힘을 가진 봉건 영주였지요.

당시 프랑스의 국왕이던 루이 6세는 아버지의 사망으로 아키텐의 주인이 된 엘레오노르와 자신의 아들을 결혼시켰습니다. 엘레오노르가 가진 막대한 영토와 힘을 프랑스 왕국에 속하게 하여 왕권을 강화하려는 속셈이었지요. 그런데 결혼 1주일만에 시아버지인 루이 6세가 사망하고 남편이 왕위에 올라 루이 7세가 됩니다. 엘레오노르는 정략결혼과 거의 동시에 프랑스의 왕비가 된 것이죠.

엘레오노르는 매우 아름다웠다고 알려져 있습니다. 미모 뿐 아니라 패션감각도 뛰어났고 음주가무를 즐길 줄 아는, 넘치는 끼를 지닌 사람이었습니다. 반면에 루이 7세는 왕자였던 시절 성직자가 되기 위한 교육을 받았을 정도로 '정숙靜淑'한 사람이었습니다. 활달한 성격의 엘레오노르는 고결하고 여린 성격의 루이 7세를 답답하게 여겼지만, 반대로 루이 7세는 엘레오노르를 무척 사랑했다고 전해집니다. *

* 엘레오노르 여왕, 프레드릭 샌디스(Frederick Sandys), 1858, 카디프 국립 박물관 소장(영국, 웨일스).

정치적으로도 야심이 있었던 엘레오노르는 1147년 남편의 십자군 원정에 따라나섰습니다. 그러나 불행히도 부부가 함께 했던 제2차 십자군원정은 원정 사상 가장 크게 실패한 원정이 되었습니다. 원정이 실패하자 이에 대한 책임을 놓고 상대방을 탓하며 부부 사이에 금이 가기 시작했지요. 설상가상으로 원정 중 안티오크^{Antioch}에 들렀을 때 엘레오노르가 숙부이자 그곳의 영주인 레몽 공작과 불륜을 저질렀다는 추문까지 돌았습니다. 점점 사이가 나빠지면서 결국 둘은 15년만에 이혼을 하고 말았습니다.

한때 영국 영토였던 보르도?

엘레오노르는 열다섯 살에 루이 7세와 결혼을 했으니 이혼 당시 겨우 서른 살이었습니다. 젊고 아름다우며 어마어마한 땅을 소유한, 부유한 이혼녀인 엘레오노르에게 구애하는 이들이 줄을 서는 것은 당연했지요. 그녀의 땅을 노리던 두 명의 영주에게 납치를 당할뻔 한 위험한 상황까지 겪게 됩니다. 그래서였을까요, 아니면 루이 7세에 대한 복수심이었을까요? 그녀는 이혼 2개월만에 열한 살 연하인 노르망디 공작의 아들 앙리 플랜태저넷^{Henry Plantagenet}과 재혼했습니다. 그리고 2년 뒤 그가 영국의 왕 헨리 2세가 되면서 엘레오노르는 영국의 왕비가 되었습니다.

엘레오노르는 결혼을 하면서 그녀 소유의 땅이었던 아키텐 공국을 지참금으로 갖고 다녔습니다. 그녀가 프랑스의 왕 루이

7세와 결혼 생활을 하던 동안 아키텐은 프랑스의 땅이었지만, 영국의 왕 헨리 2세와 결혼하면서는 영국의 땅이 되었지요. 당시에도 보르도는 뛰어난 와인을 생산하는 지역으로 유명했습니다. 다른 먹을 것들도 풍부했고요. 맛있는 음식과 와인이 넘치는 땅을 가져온 왕비, 영국인들은 프랑스 출신의 젊고 아름다운 왕비를 사랑할 수밖에 없었습니다.

영국 왕실은 보르도 와인을 조금이라도 더 많이 마시기 위해 세금을 낮추는 특혜까지 주었습니다. '영국의 왕실이 마시는 와인'이란 소문이 돌면서 보르도 와인은 더욱 영국인들을 사로잡았습니다. 이때부터 보르도 와인의 독주가 시작되어 13세기가 끝날 때까지 영국 시장을 독점했습니다.

영국인이 보르도 와인에 열광했던 주된 이유는 뛰어난 품질에 있지만, 또 다른 이유를 든다면 보르도의 지정학적 위치 때문이라고 할 수 있습니다. 엘레오노르 왕비의 결혼으로 인해 보르도가 영국 땅이 된 후에 배를 이용해 영국까지 쉽고 빠르게 와인을 운반할 수 있게 된 것이죠. 프랑스 남서부 대서양 연안에 위치한 보르도에는 강이 많습니다. 보르도의 지명이 'Au Bord de l'eau(물가)'에서 유래한 것만 봐도 알 수 있죠. 지롱드Gironde강, 도르도뉴Dordogne강, 가론Garonne강, 이 세 강이 대서양을 향해 흘러가고 있습니다. 덕분에 와인을 운송하는 비용이 줄어들 뿐 아니라 와인의 품질 유지에도 중요한 역할을 하게 되었습니다. 프랑스 출신 왕비의 땅 보르도에서 생산된 와인은 이제 영국 와인이나 마찬가지가 된 것이지요.

보르도의 맛을 내는 두 가지 포도

영국인의 입맛을 사로잡은 보르도 와인을 만드는 포도는 카베르네 소비뇽Cabernet Sauvignon과 메를로Merlot입니다. 카베르네 소비뇽은 레드 와인의 대명사라 할 정도로 가장 널리 쓰이는 포도 품종입니다. 우리나라 사람들에게 '까쇼'라는 애칭으로 불리는 친숙한 품종이지요. 카베르네 소비뇽은 껍질이 두껍고 색깔이 짙습니다. 레드 와인하면 떠오르는 바로 그 짙은 루비 색깔이며 타닌이 풍부해 오랫동안 보관할 수 있습니다. 타닌이 천연 방부제 역할을 하기 때문이죠. 숙성하지 않은 어린 와인은 다소 거친 느낌이 들지만 숙성 후에는 무게감[1]을 가진 풀바디full bodied 와인이 됩니다.

보르도에서 좋은 카베르네 소비뇽이 생산되는 이유는 이 지역의 독특한 떼루아terroir [2] 때문입니다. 보르도는 프랑스의 남쪽에 위치하여 다른 지역보다 날씨가 따뜻하고 안정적입니다. 특히 봄부터 여름까지 내리쬐는 뜨거운 햇빛으로 인해 좋은 포도 생산에 필수 조건인 일조량이 풍부합니다. 토양은 모래와 자갈이 많아 배수가 잘됩니다. 여기에 세계 최고의 와인을 생산한다는 자부심과 기술을 갖춘 사람까지, 천지인天地人에 해당하는 좋은 떼루아의 요건을 모두 갖추고 있습니다. 이렇게 생산된 좋은 품질의 포도는 오크통에서 숙성되면서 더욱 깊은 향기를 갖게 됩니다. 처음에는 타닌 성분이 많아 떫은 맛이 강하지만 오랜 시간 숙성되면서 부드럽게 변합니다.

1
와인의 무게감은
풀바디full bodied,
미디움바디medium bodied,
라이트바디light bodied로
구분된다.
와인을 마실 때 입안에서
느껴지는 무게감(점성)으로
알코올 도수, 타닌, 당분에
따라 달라진다.
알코올의 함량이 높을수록,
남아있는 당분이 많을수록
'무게감'이 묵직하게 느껴진다.
《와인 바이블》
한스미디어, 2020 개정판(42).

2
58쪽 와인 상식 참조.

3
49쪽 와인 상식 참조.

4
《와인 인문학 산책》
장홍, 글항아리, 2020(218).

5
현재 프리미에 크뤼에 속하는
와이너리는 다섯 개가 있다.
샤토 라피트 로쉴드(포이약),
샤토 라투르(포이약),
샤토 마고(마고),
샤토 오 브리옹
(페삭 레오낭/그라브),
샤토 무통 로쉴드(포이약).

보르도의 또다른 대표 품종 메를로Merlot 역시 껍질이 두껍고 색깔이 짙은데 맛은 카베르네 소비뇽보다는 부드럽습니다. 보르도의 와인은 단일 품종만으로 제조되는 경우는 거의 없습니다. 카베르네 소비뇽과 메를로를 적절히 섞어 보르도 특유의 맛과 향을 만듭니다. 이렇게 다른 품종의 와인을 섞는 걸 블렌딩Blending 이라고 합니다.

보르도산 와인의 라벨에는 품종이 표시되어 있지 않습니다. 품종을 적지 않아도 보르도의 대표적인 포도인 카베르네 소비뇽과 메를로 등을 적절히 블렌딩해서 만든 와인임을 알 수 있기 때문이지요. 대신에 보르도 와인의 라벨에는 와인을 만든 포도원(샤토Château)의 이름이 상표가 되어 적혀 있습니다.

프랑스 와인에서는 '원산지 명칭 보호'라고 하는 AOC가 매우 중요하다고 했지요[3]. 보르도에는 AOC 위에 또다른 등급제도가 있습니다. 보르도에서도 가장 큰 와인산지인 메독의 경우, AOC가 만들어지기 훨씬 전인 1855년에 '임시로' 만든 제도가 있습니다[4]. 그랑 크뤼 클라세Grand Cru Classé라 불리는 제도로 메독에서 생산되는 뛰어난 와이너리 61개가 여기에 속합니다. 61개를 다시 1등급부터 5등급까지 분류하는데 1등급에 속하는 와인은 프리미에 크뤼 클라세Premiers Cru Classé [5]라고 부르지요.

사실 그랑 크뤼 클라세는 그해 파리 국제 박람회를 앞두고 구매자들의 편의를 위해 급히 만들어진 제도입니다. 그런데 선택되지 못한 와이너리의 반발을 달래기 위해 '임

6
《와인 인문학 산책》
장홍, 글항아리, 2020(232~233).

시'이자 1회성이라고 했던 등급이 165년이 지난 지금까지 유지되고 있습니다. 그동안 변화라고는 단 두 번. 샤토 캉트메를르Château Cantemerle가 5등급에 추가된 것과 1973년에 샤토 무통 로쉴드Château Mouton Rothschild가 2등급에서 1등급으로 오른 것 뿐입니다. 그랑 크뤼 클라세의 와인은 다른 일반 AOC 와인에 비해 훨씬 비싼 값에 팔렸습니다. 물론 장인의 손길로 정성들여 만든 좋은 와인이겠지만 보르도의 다른 지역 와인도 마찬가지 아닌가요? 그동안 다른 와이너리의 반발이 심했습니다. 이를 무마하기 위해 메독 지역에서는 1920년에 그랑 크뤼 클라세보다 한 단계 낮은 크뤼 부르주아라는 등급을 만들었지요. 현재까지 네 차례에 걸쳐 개정도 했습니다(가장 최근은 2010년). 생테밀리옹Saint-Émillion도 1955년부터 자체적으로 등급제도를 만들어 운영하고 있습니다.

보르도 와인에도 빈익빈부익부 현상이 심화되고 있다고 합니다[6]. 1990년에 9유로Euro에 팔리던 AOC 등급의 샤토 사랑소 뒤프레Château Saransot-Dupré는 현재도 10유로 정도에 팔리는 데 비해 1등급인 샤토 마고Château Margaux는 37유로이던 가격이 지금은 500유로 정도에 거래되고 있다고 하네요. 30년 만에 50배나 되는 품질 차이가 생긴걸까요? 비싼 것은 제값을 한다는 말이 와인에는 반드시 적용되는 것은 아닐 수도 있을 것 같습니다.

와인을 이루는 땅심, 떼루아

떼루아^{Terroir}는 토지, 토양을 의미하는 프랑스어로 떼루아 또는 테루아로 발음한다.

농산물 특히 포도가 자라는 데 영향을 주는 지형, 토양의 조건, 기후적인 요소 등 자연 환경을 일컫는 말이다. 와인에 있어서는 포도재배법 같은 사람이 미치는 영향까지 모두 포괄하는 개념으로 본다.

이를 쉽게 천(天: 날씨, 기후적 요소), 지(地: 토양 조건), 인(人: 인간의 영향)으로 표현하기도 한다. 같은 품종의 포도일지라도 자연 환경과 재배하는 사람의 역량에 따라 포도의 특징이 달라지고 이에 따라 와인의 맛과 향, 품질까지 달라지기 때문이다.

1855년 보르도 와인의 등급은 떼루아, 그 중에서도 지형을 기준으로 한 포도밭에 따라 매겨졌다. 빈티지나 사람의 영향은 고려되지 않았다. 수확한 포도의 질과 상관없이 품질이 이미 결정되었다는 반발도 있다. 불합리하다고 볼 수도 있다. 하지만, 그만큼 떼루아가 중요한 요소라는 방증이기도 하다. 이같은 의미가 치즈 생산에도 적용된다.

와인의 개성과 품질을 결정하는 떼루아.

살인을
부른
와인。

2018년 와인의 역사를 새로 쓰는 사건이 일어났습니다. 10월 13일 미국 뉴욕에서 열린 소더비 경매에서 1945년산 로마네 콩티^{Romanée-Conti} 두 병이 경매에 부쳐졌습니다. 각각 55만8천 달러(2018년 10월 기준 원화 약 6억3천2백만 원, 세금, 수수료 포함)와 49만6천 달러(원화 약 5억6천만 원)에 낙찰되었다고 합니다. 우리나라의 웬만한 집 한 채 값이지요.

그렇지만 이건 와인 역사상 가장 비싼 와인일 뿐, 로마네 콩티가 모두 이렇게 비싼 건 아닙니다. 이 와인들이 비싼 값에 팔린 건, 포도가 생산된 해를 뜻하는 빈티지¹ 때문인데요. 오래되었기도 하지만 1945년이 로마네 콩티에게는 매우 특별한 해이기 때문에 '집값 규모'로 거래되었던 겁니다. 그 외 빈티지의 로마네 콩티는 2천만~3천만 원 정도에 거래된다고 하니 그것 역시 기가 막히는 가격이기는 합니다.

열망과 욕망의 대상 로마네 콩티

세상에서 가장 갖기를 열망하는 와인을 하나 꼽으라면 나는 서슴없이 로마네 콩티를 꼽는다.

우리나라 최초의 와인경매사 조정용은 그의 책 《올 댓 와인2: 명작의 비밀》에서 로마네 콩티에 대해 이렇게 말했습니다. 세상에서 가장 비싼 와인, 돈이 있어도 몇 년간

웨이팅 리스트에 올라 기다려야 얻을 수 있는 최고급 와인, 로마네 콩티. 이 때문에 로마네 콩티는 문학이나 영화, 특히 미스터리물에서 최고의 사치품이자, 인간의 욕망과 허영을 상징하는 도구로 자주 등장합니다.

프랑스 작가 장 피에르 알로^{Jean-Pierre Alaux}와 노엘 발렌^{Noël Balen}이 쓴 추리소설, 《로마네 콩티 살인사건^{Flagrant délit à la Romanée-Conti}》은 제목에서부터 '로마네 콩티'가 등장합니다. 프랑스 인기 TV드라마 '포도나무의 피^{Le sang de la vigne}' 시리즈의 원작인 이 책은 좋은 추리소설이라면 마땅히 갖춰야할 촘촘한 구조와 복선, 긴장감, 반전 등은 다소 부족합니다. 범인을 추리하는 재미도 좀 떨어져서, 추리소설 애호가라면 책을 읽고 실망할 수도 있습니다. 하지만 포도 재배, 와인 생산, 유통, 좋은 와인의 특징 등 와인과 관련된 전문적인 정보들이 와이너리의 배경과 사건, 인물 간의 대화 속에 자연스럽게 녹아 있습니다. 추리소설의 형식을 띄지만 살인사건은 그저 거들 뿐, 사실은 와인 이야기가 중심인 것이지요. 이 때문에 와인의 나라 프랑스에서 책 뿐 아니라 TV드라마도 인기가 높았습니다. 드라마는 2011년부터 2017년까지 7시즌이 방송될 정도였지요.

"로마네 콩티야!"
"최고 중의 최고죠." 비르질이 흥분했다.
"하지만 아직 신의 음료를 음미할 영광을 누리지는 못했어요." 목소리에서 실망감이 느껴졌다.

"그런 은총을 받기에 자네는 아직 젊어. 로마네 콩티를 제대로 음미하려면……."

"압니다. 나이가 있어야 한다는 거죠? 충고 감사합니다."

"그런 뜻이 아니야. 로마네 콩티는 놀라울 정도로 복합적인 와인이야. 나도 다섯 병 밖에 없어. 93년 한 병, 90년 두 병, 81년 한 병… 그리고 1955년!"

《로마네 콩티 살인사건》

소설의 주인공인 와인 컨설턴트 벤자민 쿠커는 보르도 출신의 와인전문가입니다. 그의 조수 비르질과의 대화를 통해 프랑스 최고 와인전문가의 조수조차 아직까지 로마네 콩티를 못 먹어봤다는 걸 보여줍니다. 그만큼 귀하고 구하기 어려운 와인이라는 걸 암시하지요. 벤자민이 갖고 있는 로마네 콩티의 빈티지를 밝혀 포도가 생산된 해가 중요하다는 것과 빈티지가 좋았던 해도 슬쩍 흘리고 있습니다.

로마네 콩티가 생산되는 부르고뉴^{Bourgogne}는 보르도와 함께 프랑스를 대표하는 와인 산지 입니다. 영어로는 버건디^{Burgundy}라고 하는데, 그 자체가 레드 와인을 뜻하지요. 보르도는 대서양 연안에 있어 따뜻한 해안성 기후입니다. 이에 비해 프랑스 내륙에 위치한 부르고뉴는 여름에는 아주 덥고 겨울에는 매우 추운 대륙성 기후입니다. 흐리거나 비가 오는 날이 많아 일조량도 부족합니다. 수확을 앞두고 폭우나 우박이 내려 1년 농사를 망치는 일도 드물지 않습니다. 날씨가 좋은 해인지 아닌 지에 따라 포도의 품질과 생산량이 달라지고 당연히 와인의 품질도 달라지겠지요. 부르고뉴 와인의 빈티지가 특히 중요한 이유입니다.

포 도 나 무 의 피 를 부 른 범 죄

본에서 디종까지 잿빛 구름이 하늘을 뒤덮었다. 서쪽에서 불어오는 강한 바람은 코트 드 뉘Côte de Nuits 언덕에 있는 진홍빛 포도밭에 불길한 그림자를 드리웠다. 지붕 위 풍향계가 미친 듯이 회전했다. 제비는 낮게 날고 농장에서는 개와 고양이들이 가만히 있지 못하고 하늘에서 우르릉 쾅쾅 소리가 날 때마다 숨을 곳을 찾아 들어갔다.

포도를 따는 사람들도 입을 다물고 허리를 숙여 작업 속도를 높였다. 벼락이 치기 전에. 우박…… 안 된다. 입 밖에 내서는 안 되는 말이다! 그것이 내리기 전에 서둘러 바구니를 채워야 한다!

포도밭마다 주인들이 나와 정신 없이 돌아다니며 바구니를 빨리 채우라고 목이 터지도록 독려하고 있지만 이미 늦은 것 같다. 언덕에서 미지근하고 음흉한 바람이 불어와 지독히도 건조했던 여름 때문에 바싹 말라 있는 포도나무 가지들을 쓰러트렸다.

사방에서 천둥이 맹포격을 가하기 시작했다. 검은 구름이 빠른 속도로 다가왔다. 샹볼 뮈지니Chambolle-Musigny에는 벌써 비가 쏟아지고 있다.

      소설의 일부인데 글로만 봐도 긴박감과 황망함이 느껴집니다. 얼마나 절망적이었는지 작가는 우박이 그친 뒤의 풍경을 마치 살인 사건이 일어난 현장처럼 묘사합니다.

예상대로 포도나무들이 피를 흘리고 있었다. 땅에는 생채기 난 포도송이들이 아직 파란 나뭇잎 위에 들러붙어 깔려 있었다. 프랑시스는 처참한 살육 현장에 차마 발을 들여놓지 못하고 진흙 투성이가 된 길가에 서서 우박이 저지른 범죄를 확인했다.

프랑스 부르고뉴의 포도밭.

정말이지 이건 우박의 범죄라고 할 수 밖에 없겠네요. 그런데 부르고뉴는 날씨 외에 토양도 별로 좋지 않습니다. 화강암, 편암, 석회암 등으로 구성된 척박한 토양이지요. 좋은 포도가 생산되려면 떼루아, 즉 토양과 지형이 좋아야 된다고 하지 않았나요? 맞습니다. 그런데 좋은 토양은 영양분이 풍부한 기름진 땅을 의미하는 게 아닙니다. 아이러니하게도 나쁜 환경이라고 생각되는 척박한 땅에서 가장 비싼 와인을 만드는 포도가 자랍니다. 일반적인 상식과는 달리 포도는 척박한 땅에서 살아남기 위해 깊숙이 뿌리를 내리고 파고들면서, 땅속의 미네랄을 듬뿍 흡수하여 맛있는 열매를 만들어 냅니다. 어려운 환경을 극복하고 이겨낸 성공 스토리는 사람에게만 해당되는 게 아니었습니다.

부르고뉴의 섬세한 보석, 피노 누아

2
보졸레는 위치상으로나
행정구역상으로는
부르고뉴에 속하지 않는다.
다만 1930년의 법원 판결에
따라 보졸레는 부르고뉴
포도 재배지로 분류된다.
《와인 인문학 산책》
장홍, 글항아리 2020(379).

부르고뉴는 남북으로 길게 뻗어 있어서 기후에 따라 다양한 품종의 포도가 재배됩니다. 가장 추운 북쪽 끝의 샤블리에서는 화이트 와인을 만드는 샤르도네^{Chardonnay}가 재배됩니다. 남쪽 끝의 보졸레[2]에는 '보졸레 누보'를 만드는 가메^{Gamay}가 생산됩니다.

부르고뉴를 대표하는 포도는 피노 누아^{Pinot Noir} 입니다. 세상에서 제일 비싼 와인, 누군가에게는 '가장 갖기를 열망하는 와인'인 로마네 콩티를 만드는 포도가 바로 이 피노 누아입니다. 피노 누아는 '레드 와인의 여왕'이라고도 불리고 '악마가 만든 와인'으로도 불립니다. 카베르네 소비뇽이 짙은 색과 깊은 향, 무게감 있는 맛을 낸다면, 반대로 피노 누아는 맑고 옅은 색이며 향이 풍부합니다. 맛은 가볍고 우아하며 섬세합니다. 넘길 때는 실크처럼 부드럽습니다.

피노 누아는 다른 품종과 섞으면 맛이 묻히기 때문에 블렌딩을 하지 않고 단일 품종으로만 와인을 만듭니다. 생산량도 적은데 섬세하기까지 하여 다른 품종에 비해 재배할 때 손이 많이 갑니다. 비쌀 수 밖에 없겠네요. 최상품이 아니더라도 부르고뉴산 피노 누아 와인은 비쌉니다. 비싸다고 다 좋은 것도 아닙니다. 빈티지에 따라 맛과 품질의 차이가 큽니다. 《로마네 콩티 살인사건》에 나온 것처럼 수확 직전에 우박이라도 쏟아진다면 그 해의 부르고뉴 피노 누아는 기대하지 않는 것이 좋

65

습니다. 다행히도 요즘에는 미국의 오리건주나 호주의 빅토리아주와 태즈매니아 지역에서도 피노 누아가 생산되고 있습니다. 여기에서 만들어지는 피노 누아는 품질이 좋고 가격도 합리적입니다. 가장 큰 장점은 날씨가 안정적이라는 것이지요. 빈티지에 따라 실패 확률이 높은 부르고뉴 산 피노 누아보다, 오히려 안전한 선택이라 할 수 있겠네요.

로마네 콩티만큼 맛좋은 와인은

다시 로마네 콩티에 대해서 좀 더 알아볼까요. 로마네 콩티에서 '로마네'는 본 로마네$^{Vosne-Romanée}$라는 포도밭 이름에서 따왔습니다. 그리고 콩티는 사람의 이름입니다. 세계 최고의 와인에 본인의 이름을 당당히 붙일 수 있는 콩티는 누구일까요? 보통 사람은 아닐 것 같은데요. 바로 프랑스 국왕 루이 15세의 조카인 콩티 왕자$^{Prince\ de\ Conti}$(1717~1776)입니다. 그는 아버지를 일찍 여의고 열 살 때 왕자 칭호를 얻은 후 49년간 왕자로 살았습니다.

삼촌인 루이 15세의 애첩이자 최고 실력자였던 마담 퐁파두르와 콩티 왕자는 사이가 좋지 않았습니다. 콩티 왕자가 언제 루이 15세의 자리를 위협할 지 몰라 불안했던 마담 퐁파두르는 어떻게든 트집을 잡아 콩티 왕자를 제거하려고 했지요. 결국 콩티 왕자는 마담 퐁파두르의 모함으로 베르사이유를 떠나 부르고뉴에 와서 살게 됩니다. 불행 중 다행히도 콩티 왕자는 자신의 포도밭에서 생산된 와인을 프랑스 궁정에 독점적으로 제공하게 되었습니다. 그리고 세계 최고의 와인에 자신의 이름을 붙이게 되어 지금까지도 많은 사람에게 칭송받는 이름으로 남게 되었습니다.

로마네 콩티가 담긴 상자. 로마네 콩티를 구입하기 위해서는 로마네에서 생산되는 다른 와인도 함께 구입해야 한다.

돼지고기 접시가 돌려졌고 잔에는 와인이 넘쳤다. 프랑시스가 "올해도 최고의 와인을 만들기 위해 이렇게 대가족이 한자리에 모였습니다. 특히 올해는 날씨 때문에 무척 힘든 수확이었습니다."라고 고마움을 표시하자 연회장 분위기는 한층 더 흥겨워졌다.

가장 먼저 서빙된 와인은 나이 든 부르고뉴 사람들이 '보통' 와인이라고 말하는 것이었고, 다음으로 프랑시스는 대담하게 본 로마네 1999년산을 내놨다. 마지막 한 방울까지 강렬했다. 이어서 서빙된 본 로마네 1995년 산 역시 훌륭했다. 치즈가 나올 때는 1990년이 서빙되었는데 제리는 감동한 듯 보였다. 쿠커 역시 찬사를 아끼지 않았다.

로마네 콩티는 아니지만 본 로마네에서 생산되는 라 로마네La Romanée, 라 타쉬La Tâche, 리쉬부르Richebourg, 로마네 생 비방Romanée-Saint-Vivant, 라 그랑드 뤼La Grande Rue 등도 특급 와인입니다. 최악의 기후에 우박이 저지른 참혹한 사건까지 겪었지만 잘 이겨내고 무사히 수확을 마친 일꾼들에게 고마움을 표현하기 위해, 포도원 주인 프랑시스 게르느제는 본 로마네 와인을 세 병이나 꺼냅니다. 힘들었지만 열심히 일한 보람이 있었겠네요.

대다수의 사람들에게 로마네 콩티는 유니콘과 같을지도 모릅니다. 아무리 열망해도 평생 빈 병 조차 구경도 못해볼 수도 있습니다. 그런데 로마네 콩티가 정말 살인도 불사할 정도의 맛있는 와인일까요? 이에 대한 대답도 소설 《로마네 콩티 살인사건》 속에서 찾을 수 있습니다. 로마네 콩티를 다섯병이나 갖고 있다고 자랑했던 최고의 와인 전문가 벤자민 쿠커는 이렇게 말합니다.

"저는 1990년이 1985년을 월등히 앞선다는 저의 첫 판단을 고수하겠습니다. 하지만 와인을 평가할 때 세 가지 중요한 주관적인 변수가 있습니다. 하루 중 언제, 어디서, 누구와 마시느냐입니다."

아마도 저는 평생 로마네 콩티를 못 마실 확률이 99.5% 정도 될 것 같습니다. 그 맛이 궁금하긴 하지만 못 먹어 본다고 해도 별로 아쉽거나 섭섭하지는 않습니다. 벤자민 쿠커의 말대로라면 저는 이미 가장 맛있는 와인을 마셔 봤기 때문입니다. 더 맛있는 와인을 다시 마실 기회도 얼마든지 있겠지요.

포도가 태어난 해, 빈티지

빈티지는vintage는 포도의 생산연도를 뜻하는 말로 프랑스어로는 밀레짐millésime이라고 한다. 와인의 품질은 포도의 품질에 따라 크게 좌우되는데, 포도가 생산된 해의 날씨와 자연환경, 즉 강수량, 일조량, 공기의 질 등에 따라 포도의 품질이 달라진다. 날씨가 좋고 일조량이 많으면 당도와 산도가 올라가서 좋은 와인을 만들 수 있는 포도가 된다. 반대로 수확할 시기에 비나 우박 등에 노출되면 당도가 떨어질 뿐 아니라 포도알이 떨어지거나 썩어서 수확량도 줄어든다[1].

같은 와인이라도 빈티지에 따라 맛이 달라지고 가격도 차이가 나기 때문에, 구매 시에 라벨에 표시된 빈티지를 확인해야 한다. 단, 프랑스의 경우 라벨에 빈티지 표기는 의무사항은 아니다[2].

제조된 지 얼마 안 된 와인이거나 오래 숙성하지 않는 와인의 경우는 빈티지가 크게 중요하지 않다. 반면에 고급 와인일 수록 빈티지에 따른 가격 차이가 큰데, 빈티지가 특히 좋았던 해의 와인은 수십 배의 가격 차이가 나는 경우도 있다. 빈티지가 좋을수록 오래 보관하는 것이 가능하기 때문에 고급 와인이 된다고 볼 수도 있다.

포도가 생산된 해의 날씨와는 상관없이 태어난 해나 결혼한 해 등, 특정 연도를 기념하기 위해 해당 빈티지의 와인을 구매하는 경우도 있다.

빈티지는 기후의 영향을 받기 때문에 생산 지역에 따라 좋은 빈티지도 다를 수 밖에 없다. 비싼 와인을 구매한다거나 빈티지를 중요하게 생각한다면 빈티지 차트[3] 등을 참고하는 것이 좋다.

빈티지를 비롯해 여러 가지 정보가 담긴 와인의 라벨.

1
《와인은 어렵지 않아》
오렐리 네만, 박홍진, 임명주 옮김, 그린쿡, 2020 개정판.

2
특히 두 개 이상의 빈티지를 섞어 만드는 샴페인의 경우 일반적으로 빈티지를 표시하지 않는다.
하지만 좋은 빈티지를 사용하는 경우에는 빈티지를 표시하므로, 라벨에 빈티지가 있으면 품질에 자신이 있는 샴페인이라고 볼 수 있다.

3
빈티지 차트를 통해
유럽의 주요 와인 생산국과 신세계 와인 생산국의 빈티지를 확인할 수 있다.
https://www.winemag.com/wine-vintage-chart

프랑스 상파뉴

●

은하수가
담긴
와인.

흥겨운 축제나 승리를 축하하는 자리마다 빠지지 않고 등장하는 장면이 있습니다. 펑하는 소리와 함께 흰 거품이 터져나오고 이를 모두에게 뿌립니다. 몸과 머리가 젖지만 누구 하나 피하거나 기분 나빠 하지 않습니다. 오히려 소리를 지르며 환호합니다. 이렇게 청각, 시각, 촉각을 자극하여 축제 분위기를 돋우는 데는 샴페인^{Champagne}만 한 게 없지요. 가장 행복한 순간, 그 어떤 것보다도 화려한 장면을 연출하는 샴페인은 아이러니하게도 앞을 못 보는 수도사에 의해서 발전되었습니다.

별을 마신 수도사

피에르 페리뇽^{Pierre Pérignon}(1638~1715)은 프랑스 동북부에 위치한 샹파뉴^{Champagne}의 작은 마을에서 수도생활을 하던 수도사였습니다. 그는 앞을 거의 볼 수 없을 정도로 눈이 나빴지만 신을 원망하거나 절망하지 않았습니다. 대신에 타고난 미각과 후각을 더욱 발달시켜 맛있는 와인을 만들려고 노력했지요. 샹파뉴는 북위 50도에 해당하는 지역으로 포도 재배의 북방 한계선이라고 불리는 곳입니다. 날씨가 서늘하지요. 특히 겨울에는 기온이 낮아서 와인이 발효를 멈추곤 했습니다. 그러다가 따뜻한 봄이 되면 다시 발효가 시작됐습니다. 이때 와인 속의 탄산가스가 부글부글 끓다가 병이 터져버리는 일이 자주 생겼습니다. 대부분의 사람들은 이를 '악마의 장난'이라 부르며 화를 내거나, 올해 와인은 망쳤다며 절망했지요. 하지만 맛에 대한 호기심이 강했던 페리뇽 수사는 깨진 병 사이로 흐르는 와인 거품의 맛을 보았습니다.

"형제님, 어서 와보세요. 저는 지금 은하수를 마시고 있어요!"

이보다 더 시^{時}적인 와인 맛 평가가 있을까요. 부드러운 거품이 되어 혀를 자극하는 탄산가스를 그는 '별'이라고 불렀습니다. 실제로 샴페인 한 병에는 약 250만 개의 기포가 있다고 하니까 밤하늘에 흐르는 은하수라는 표현이 딱 맞다고 할 수 있겠네요.

이후 페리뇽은 은하수가 담긴 와인 맛을 다른 사람들과 나누기 위해 끊임없이 노력했습니다. 가장 큰 노력은 탄산가스를 병에 가두는 일이었지요. 그는 먼저 탄산가스의 압력을 견딜 수 있는 두꺼운 병에 와인을 담았습니다. 그리고 코르크 위에 철사를 감아 탄산에 밀려 코르크가 튀어나가지 않도록 밀폐기술을 개발했습니다. 기술 뿐만 아니라 맛을 위한 노력도 쉬지 않았습니다. 샤르도네^{Chardonnay}, 피노 누아$^{Pino Noir}$ 등 여러 품종의 포도즙을 섞어 특별한 맛을 찾으려고 노력했습니다. 이 때 그의 예민한 미각과 후각이 아주 중요한 역할을 했습니다. 눈을 잃은 그에게 신은 뛰어난 혀와 코를 주셨고, 그의 노력이 더해져 가장 맛있는 술이 만들어졌습니다. 수도자로서 신앙생

활 뿐 아니라 수도원의 와인 책임자의 임무까지 훌륭하게 해
낸 피에르 페리뇽은 이후 성직자 최고 등급인 도미누스^{Dominus}
칭호를 받습니다. 이를 줄여 '동^{Dom}'이라고 부르지요. 오늘날
최고 샴페인의 대명사가 된 '동 페리뇽^{Dom Pérignon}'은 이렇게
탄생했습니다.

1
49쪽 와인 상식 참조.

동 페리뇽을 만드는 모엣&샹동사의 건물 앞에 세워진
동 페리뇽 수사의 동상.

샴 페 인 에 서 태 어 난 샴 페 인

샴페인이라는 명칭은 샴페인의 고향인 프랑스
의 '샹파뉴^{Champagne}'를 영어로 읽은 것입니다. 원산지 이름이
와인의 이름이 된 경우네요. 그런데 프랑스의 다른 지역에서
만든 발포성 와인도 샴페인이라고 부르자 샴페인 지역의 농민
들은 가만히 있지 않았습니다. 이때 중요한 역할을 하는 것이
바로 원산지 명칭 보호 또는 원산지 통제 정책이라고 했던
AOC^{Appellation d'Origine Contrôlée [1]}입니다. 다른 고급 와인들과 마찬
가지로 AOC 정책에 따라, 샴페인도 프랑스의 샹파뉴 지역에
서 일정 조건에 맞게, 전통적인 방법으로 만들어져야만 '샹파
뉴' 또는 '샴페인'이라는 이름을 붙일 수 있게 됐습니다. 그 밖
의 지역에서 생산된 발포성 와인은 크레망^{crémant} 또는 스파클

2
레드 와인의 색깔은
껍질에서 나온다.
와인을 분쇄한 후 포도즙
착색을 위해 한동안 껍질을
분리하지 않는데 이를 침용
또는 마세라시옹marceration
이라고 한다.
샴페인은 이 과정을 생략하고
바로 껍질을 분리해서 착색이
안 되게 만든다.
《와인은 어렵지 않아》
오펠리 네만,
박홍진·임명주 옮김, 그린쿡,
2020 개정판(128).

링 와인Sparkling wine이라 부릅니다. 이탈리아에서는 스푸만테 spumante, 스페인에서는 까바cava라고 하지요.

샴페인은 샤르도네, 피노 누아, 피노 뫼니에Pino Meunier 등을 섞어서 만듭니다. 각각의 비율을 어떻게 섞느냐에 따라 맛이 달라지겠지요. 적포도 품종을 사용하는 데도 색이 투명에 가까운 이유는 침용marceration 과정[2]을 거치지 않기 때문입니다. 1차 발효를 마친 샴페인은 균일한 맛을 위해 오래된 빈티지 와인을 섞습니다. 이처럼 여러 빈티지의 와인이 섞이기 때문에 샴페인의 라벨에는 빈티지를 표시하지 않습니다. 다만 동 페리뇽 등 고급 샴페인의 경우, 하나의 빈티지로 만들고 그 빈티지를 라벨에 표시합니다. 보통 샴페인의 경우, 어느 밭에서 또는 어느 해에 만든 와인을 섞는가에 따라서도 맛이 달라집니다. 이 때문에 양조장마다 고유하고 독특한 맛의 샴페인이 만들어집니다. 혼합한 와인은 병에 넣어 2차 발효합니다. 제대로 발효하기 위해서는 온도가 너무 높거나 낮지 않게 15℃ 정도로 유지해야 합니다. 이후 온도가 좀 더 낮은 곳(10℃ 이하)으로 옮겨 숙성을 합니다.
이때 발효의 결과로 생긴 침전물을 제거하기 위해 병을 거꾸로 비스듬히 꽂아 돌리는 과정을 반복합니다. 침전물이 입구에 모이면 얼려서 제거한 후에 다시 밀봉을 하지요. 이렇듯 샴페인을 만드는 과정은 매우 까다롭고 손이 많이 갑니다. 가격이 비쌀 수 밖에 없는 이유입니다.

그러니 분위기를 돋우는 것도 좋지만 비싼 샴페인을 터뜨려서 뿌려 버리는 것은 좀 아깝지요. 만드느라 고생한 와인 장인들에게도 예의가 아닌 것 같습니다. 흥겨운 축제의 샴페인 샤워는 TV에서 보는 걸로 만족하고, 우리는 아까운 샴페인을 한 방울도 놓치지 말고 맛있게 즐겨볼까요.

샴페인을 마시려면 먼저 코르크를 따야 합니다. 탄산가스가 새지 않도록 꽁꽁 밀폐를 했기 때문에 여는 것이 쉽지 않습니다. 제일 먼저 할 일은 병 입구 부분의 포일 포장을 벗기는 겁니다. 포일을 다 제거했다면 이제 철사줄을 느슨하게 풀어주세요. 이때 한 손으로는 코르크를 누르고 다른 손으로 철사줄을 돌려야 합니다. 다음에는 오른손으로 코르크를 감싸면서 돌리고, 동시에 왼손으로는 병을 잡고 반대 방향으로 돌리면 코르크가 자연스럽게 빠집니다. 샴페인 병을 잘 따는 사람은 코르크가 빠질 때 한숨 쉬는 정도의 소리 밖에 안 낸다고 합니다. 펑 소리와 환호가 없어서 좀 심심한가요? 아쉽지만 저는 샴페인 샤워는 로또 1등 당첨 정도의 행운을 위해 남겨두려고 합니다.

샴페인 마개를 따는 방법(14번째 슬라이드)과
스파클링에 대한 여러 가지 정보를 볼 수 있어요.

프랑스 보졸레

설렘을
가득 채운
와인.

한동안 가을이 오면 와인 때문에 가슴이 뛰곤 했습니다. 11월 셋째 주 목요일이 돼야만 맛을 볼 수 있는 보졸레 누보Beaujolais Nouveau가 나오는 때이기 때문이지요. 전날 밤을 새어가며 줄을 서서 보졸레 누보를 구할 정도는 아니었지만, 빨리 그날이 오기를 손꼽아 기다렸습니다. 보졸레 누보 외에도 가슴이 뛰는 일이 하나 더 있었습니다.

보졸레 누보가 출시되고 1주일 쯤 뒤에 열리는 밴드 '봄여름가을겨울'의 와인 콘서트입니다. 더위가 지나가자 마자 매일 티켓 사이트에 접속해 와인 콘서트 소식이 뜨기만을 기다렸지요. 늦가을이 되면 한해가 가고 한 살을 더 먹는다는 생각에 우울하다가도, 곧 보졸레 누보와 와인 콘서트를 즐길 수 있다는 생각에 저절로 미소가 지어졌습니다. 저에게는 작지만 확실한 행복들이었지요.

보졸레 누보가 도착했어요!

'Le Beaujolais Nouveau est arrivé(보졸레 누보가 도착했어요).'
보졸레 누보가 출시됐음을 알리는 광고 문구입니다. 요즘은 좀 덜한 것 같지만 몇 년 전까지만 해도 11월 셋째 주 목요일이 다가오면 와인을 즐기지 않는 사람까지도 들썩이게 했던 와인이 바로 보졸레 누보입니다. 보졸레Beaujolais는 프랑스 부르고뉴 지역의 포도 생산지 이름이고, 누보Nouveau는 불어로 새롭

다는 뜻입니다. 즉 보졸레에서 생산된 새로운 와인이라는 의
미입니다.

보졸레 누보가 출시되면 그 소식을 알리는 광고판을
여기저기에서 볼 수 있다.

뭔가 이상합니다. 와인은 시간을 두고 숙성한 맛으로 먹는 술
이 아니었나요? 대개의 와인은 최소 1년 이상의 숙성 기간을
거치며 깊어진 맛과 향을 즐기는 술입니다. 특히 값비싼 고급
와인은 오래 묵힐수록 맛과 향이 깊어집니다. 마치 오래 숙성
시켜 푹 익은 맛으로 먹는 묵은지처럼 말이지요. 하지만 금방
버무려서 산뜻한 맛으로 먹는 겉절이도 나름의 맛이 있습니
다. 와인도 4~5주 정도만 짧게 숙성하여 가벼운 맛으로 먹을
수 있습니다.

보졸레 누보의 숙성 기간이 짧은 이유는 이를 만드는 포도인
가메Gamay 때문입니다. 가메는 피노 누아Pinot Noir나 카베르네 소
비뇽Cabernet Sauvignon 등 다른 레드 와인용 포도와는 달리 보존력
이 약해 금방 변하는 성질을 갖고 있습니다. 따라서 이들 와인
과는 만드는 방법부터 숙성, 보관 방법까지 모두 다릅니다.

보졸레 누보는 9월에 포도를 수확하면서 시작됩니다. 포도송
이 째로 커다란 발효통에 넣어 껍질과 씨, 가지까지 함께 1주
일 정도 발효하여 술을 만듭니다. 이후 한달 정도 짧게 숙성시
켜 병에 담습니다. 숙성기간이 짧기에 떫은 맛이 덜하여, 가볍

고 산뜻한 맛을 즐길 수 있지요. 보졸레 누보는 오랜 기간 숙
성시키면 오히려 맛이 변하기 때문에 생산 후 빠른 시간 안에
마셔야 합니다. 11월 셋째 목요일에 사서 크리스마스 전에 다
마셔야 하는 와인으로 생각하면 됩니다.

1
Nicolaus Copernicus,
지구가 태양의 둘레를 돈다는
지동설을 주장한
폴란드의 천문학자.

지금이 아니면 마실 수 없어

　　　　지금은 전 세계 와인 애호가들을 설레게 하는 술
이지만 보졸레 누보가 처음부터 사랑을 받았던 건 아닙니다.
보졸레 누보는 맛이 빨리 변하는 특성 때문에 오래 두고 먹을
수 없는 싸구려 와인 취급을 받았습니다. 그런데 오래 보존할
수 없는 단점이 '지금이 아니면 마실 수 없는'이라는 장점으
로 바뀐 것입니다. 그야말로 코페르니쿠스[1]적인 발상의 전환
이었죠.
그뿐만이 아닙니다. 판매 날짜도 전 세계적으로 동일하게
11월 셋째 주 목요일로 정해서, 반드시 그날까지 기다려야만
맛볼 수 있는 특별한 와인으로 만들었습니다. 뉴질랜드부터
시작해서 아시아, 유럽을 거쳐 하와이까지. 마치 새로운 밀레
니엄이 시작되던 때처럼 전 세계적으로 진행되는 이벤트가 되
었지요.
이렇게 되기까지 많은 사람들의 노력이 있었습니다. 특히 '보
졸레 누보의 아버지' 또는 '황제'라 불리는 조르주 뒤뵈프

79

2
프랑스에서 와인 상인이나
중간 제조업자를 일컫는 말.
와인을 구입하여
숙성, 블렌딩하여 판매하는
와인 제조업자를 말한다.
부르고뉴의 와인은
거의 이런 네고시앙이
양조한 와인이기 때문에
라벨에 표기된 네고시앙
이름을 잘 살펴볼 필요가 있다.

Georges Duboeuf의 노력이 컸습니다. 싸구려 와인으로 취급받던 것을 전 세계인이 설레며 기다리는 특별한 와인으로 만든 주인공입니다. 하지만 아무리 마케팅과 홍보를 잘한다고 해도 품질이 뒷받침하지 못 했더라면 지금의 세계적인 보졸레 누보는 없었을 겁니다. 재미삼아 한 번 마셔보고 그냥 잊어버리는 술이 되었을 지도 모릅니다. 보졸레 누보의 성공은 단점을 장점으로 뒤집은 마케팅의 힘이 컸지만 와인 자체의 힘도 못지 않게 컸습니다.

조르주 뒤뵈프는 1933년 부르고뉴 지역의 뿌이이 푸이쎄Pouilly Fuissé라는 곳에서 태어났습니다. 작은 마을이었지만 부르고뉴 답게 와인 생산으로 유명한 지역이지요. 그의 가족도 조그만 샤르도네 포도밭을 갖고 있었습니다. 그는 여섯 살 때 이미 포도를 으깨는 일을 도우며 와인과의 인연을 시작했습니다. 십대가 됐을 때 그는 본격적으로 와인 세계에 입문했습니다. 이때 양조자들이 만든 와인을 지역 식당에 배달하는 일을 하면서 와인에 대한 사랑을 키웠지요. 이후 양조자들의 와인을 구입해서 병에 담는 일을 했고, 네고시앙negociant [2]이 되면서 자신의 이름을 건 와인업체를 운영하기 시작했습니다.

보졸레 누보를 세계적인 와인으로 만든
조르주 뒤뵈프(1933~2020.01.04).

보졸레 누보의 역사는 그때부터 바뀌기 시작했습니다. 조르주 뒤뵈프는 오래 보관이 안 될 뿐, 품질이 좋은 보졸레 와인이 싸구려 취급을 받는 것이 너무 안타까웠습니다. 보졸레 누보를 알리기 위한 그의 노력은 여러 차례 실패를 겪었습니다. 그렇지만 마침내 발상의 전환을 통해 세계적 와인으로 만들어 냈죠.

조르주 뒤뵈프는 얼마전까지도 보졸레 지역에서 두 아들과 함께 보졸레 누보 와이너리를 운영했는데, 안타깝게도 2020년 1월에 세상을 떠났습니다. 지금은 자식들이 그의 뒤를 이어 와이너리 뿐만 아니라, 하모 뒤뵈프Hameau Duboeuf라는 와인 박물관 겸 와인 테마파크를 운영하고 있습니다. 뒤뵈프 와이너리는 규모와 뛰어난 품질 관리 등, 모든 면에서 보졸레 지역의 최고 와인으로 이름 나 있습니다. 아버지의 이름을 딴 와이너리인데 명성에 흠집을 가는 일을 할 수는 없겠지요.

어느날 갑자기 만난 봄여름가을겨울

1989년 1월. 대학입시 만큼이나 치열했던 고등학교 입시를 마치고, 한 달 정도 남은 겨울 방학을 무료하게 보내고 있었습니다. 학원을 다니며 고등학교 수학이나 영어를 선행 학습하는 친구들도 있었지만, 저는 고등학생이 되기 전까지 '아무것도 하지 않는 자유'를 즐기고 싶었지요. 보다 격

렬하게 아무것도 하지 않으려고 아랫목에 딱 붙어 누워 있던 어느 날이었습니다.

사람들은 모두 변하나 봐. 그래 나도 변했으니까.
모두 변해가는 모습에 나도 따라 변하겠지.
〈중략〉
이리로 가는걸까, 저리로 가는걸까.
어디로 향해 가는건지 난 알 수 없지만
세월 흘러가면 변해가는 건 어리기 때문이야.

한번도 못 들어봤던 종류의 노래가 라디오에서 흘러 나왔습니다. 대중가요에 '사랑'이나 '이별'이란 말이 빠진 것도 신선했지만, 느리면서도 발라드가 아닌 노래는 처음이었습니다. 빠르고 신나면 댄스 음악, 느리면 발라드, 즉 사랑 노래인 줄만 알았던 열여섯 살 소녀에게 '사람들은 너도 나도 모두 변한다'고 말하는 그 노래는 느리면서도 슬프지 않고, 그렇다고 신나는 것도 아닌 좀 이상한 노래였습니다. 그런데 그 이상한 노래가 귀에 꽂혔습니다. 라디오에서 몇 번 더 듣고 나서야 '봄여름가을겨울'이라는 밴드가 부르는 '사람들은 모두 변하나 봐'라는 제목의 노래라는 걸 알게 되었습니다.

'봄여름가을겨울'은 보컬이자 기타리스트인 김종진과 드러머 전태관으로 구성된 2인조 밴드입니다. 저의 마음을 흔들었던 '사람들은 모두 변하나 봐'는 1988년 6월에 발매한 1집 앨범 〈봄여름가을겨울〉에 수록된 곡이었지요. 친구를 졸라 생일 선물로 받아낸 그 앨범에는 가사가 있는 노래 외에도 '항상 기뻐하는 사람들'과 같은 연주곡 세 곡이 포함되어 있었습니다. 당시만 해도 그런 경우가 드물었기에 화제가 되었지요. 또 한가지 특이했던 건 단 두명으로 구성된 밴드라는 점이었습니다. 저는 그 두 명 중에서도 드러머에게 눈길이 갔습니다. 화려한 스포트라이트를 받는 주인공이고 싶지만 현실은 늘 뒤에 있는 조연이라고 생각했나 봅니다. 저는 금메달리스트 보다는 은메달을 딴 선수를 더 응원했고, 앞에서 빛나는 사람보다는 뒤에서 잘 보이지 않는 사람들을 더 좋아했습니다.

그해 가을에 〈봄여름가을겨울 2〉가 나왔고, 여기에 실린 '어떤이의 꿈', '열일곱 그리고 스물넷' 등이 인기를 끌면서 밴드 '봄여름가을겨울'도 대중적으로 인지도가 높은 밴드가 되었습니다. 어쩐지 '나만 알고 있던 밴드에서 모두가 아는 밴드'가 되었다는 아쉬움이 컸죠. 하지만 '팬심'을 공유할 친구가 많아졌다는 즐거움도 그만큼 컸습니다.
고등학생이 되고는 오후 수업을 빠지면서 라디오 공개방송을 보러 가거나 콘서트에 가기도 했습니다. 어떻게 하면 더 자주, 계속 볼 수 있을까 고민했습니다. 아무리 생각해도 스스로가 연예인이 될 수는 없을 것 같았고요. 라디오 방송에 자주 나오는 걸 보며 라디오 PD가 되어서 두 분이 진행하는 방송을 꼭 만들겠다고 결심했습니다.

그전까지는 뭘 해야 할지 몰랐습니다. 잘 하는 것도 없고, 되고 싶은 것도 없었거든요. 그런데 꿈이 생긴 겁니다. 고등학교 3년으로는 부족해서 1년을 더 공부한 끝에 드디어 대학의 신문방송학과에 합격했습니다. '아싸! 계획대로 되고 있어. 4년 뒤면 나는 방송국의 PD가 되어 그분들과 함께 매일 라디오 방송을 만들거야' 라고 생각했으나 계획은 거기서 멈췄습니다.

대학생이 된 후에는 라디오 공개방송은 커녕 콘서트도 한 번 안 갔습니다. 두 분이 진행하는 라디오조차 듣지 않았습니다. PD도 되지 못했고요. 역시 사람들은 모두 변하고, 저도 그렇게 변했던 모양입니다. 2002년부터는 외국에 살게 되면서 한국 연예계 소식에 어두워져서 같은 해에 '브라보 마이 라이프'라는 노래가 대박을 쳤다는 것도 몰랐습니다.

콘서트는 끝났지만 와인과 음악은 영원히

7년만에 한국에 돌아온 가을에 '봄여름가을겨울'의 콘서트 소식을 들었습니다. 바로 이틀 뒤에 공연이었는데, 다행히 표를 구할 수 있었지요. 그런데 공연장이 좀 이상했습니다. 전문 공연장도 소극장도 그렇다고 체육관도 아닌, 청담동에 있는 어느 카페였습니다. 그러고보니 공연 테마도 와인 콘서트였죠. 의구심과 호기심을 잔뜩 품고 도착한 곳은 평범한 브런치 카페였습니다. 홀 가운데에 있던 테이블을 몇 개 치우고 무대를 만들고 있었습니다.

여기서 '봄여름가을겨울'이 공연을 한다고? 사기라도 당한 듯한 기분이었지요. 그런데 어느새 한쪽 구석에 와인과 치즈, 크래커 등 약간의 음식이 차려지고 익숙한 연주가 흘러나왔습니다. 그리고 주인공들이 등장했습니다. 믿을 수 없게도, 그토록 작은 공간에서 40~50명 정도의 사람들을 위한 공연이 시작되었습니다. 관객석이 따로 없어서 모두가 무대 쪽에 모여 서서 공연을 즐겼습니다. 잠깐 쉬면서 와인을 마시고, 또 신나는 노래가 연주되면 다시 무대 근처로 모여 함께 노래 부르며 춤도 추고요. 인기 밴드의 콘서트가 아니라 친구들과 모여 와인 마시며 연주를 감상하며 즐기는 분위기였습니다. 게다가 가수와 관객 모두 살짝 취해서 어울린 파격적인 공연이었습니다.

알고 보니 '봄여름가을겨울'은 2004년부터 해마다 11월에 와인 콘서트를 열고 있었습니다. 제가 경험한 파격적이었던 콘서트에 반해서 그 이후로 해마다 11월에는 그들의 와인 콘서트에 갔습니다. 하지만 2014년 공연을 마지막으로 더 이상 와인 콘서트는 열리지 않았습니다. 드러머인 전태관이 암투병으로 드럼 연주를 하기 어려웠기 때문이었습니다. 안타깝게도 그는 2018년 12월 27일에 세상을 떠났습니다.

한쪽 기둥이 사라진 '봄여름가을겨울'이 유지될 수 있을까요? 전태관은 생전에 자신이 없어도 '봄여름가을겨울'이 활동을 했으면 좋겠다고 했답니다. 남은 힌쪽 기둥인 김종진은 2019

년 1~2월에 소극장에서 와인 콘서트를 포함한 30주년 공연을 했습니다.

　　　'봄여름가을겨울'의 와인 콘서트가 사라진 11월. 이제 가슴이 뛸 정도로 설레지는 않습니다. 하지만 아직도 11월에는 보졸레 누보가 있습니다. 이 글을 쓰고 있는 2020년은 전 세계적으로 유례 없는 전염병으로 모두가 힘든 해였습니다. 이 역경을 이겨내고 만들어진 보졸레 누보의 맛은 어떨까요? 여전히 가을이 기다려지는 이유입니다.

독
일

🝔

뜨거운 여름에
어울리는
와인。

한 여름 더운 날에는 어떤 음료가 가장 좋을까요? 아마도 많은 분들이 차가운 맥주를 떠올릴겁니다. 하지만 와인도 맥주 못지 않게 시원하게 즐길 수 있습니다. 시원하다 못해 아예 얼어붙은 포도로 만든 와인이 있으니까요. 이름에 서부터 얼음이 들어간 '아이스 바인Eiswein/ Ice wine'이 그 주인공입니다.

중세 시대에 와인 양조는 주로 수도원에서 이루어졌습니다. 서로마제국의 붕괴 이후 포도재배의 중심은 로마에서 서유럽으로 이동했습니다. 그 곳에서도 반드시 포도를 재배해야 하는 사람들이 있었습니다. 예수가 마지막으로 남긴 말씀이 있었지요.

"이 잔은 너희를 위하여 흘리는 내 피로 맺는 새 계약이다. 너희는 나를 기억하여 이를 행하여라."
〈루카복음 22장 20절〉

이 유언을 지키기 위해 수도사들은 포도를 재배하고 와인을 만들어야만 했습니다. 11세기 말 프랑스의 부르고뉴 지역에서 시작된 시토 수도회Cistercian는 좋은 와인을 만드는 것으로 잘 알려져 있었지요. 이 수도회가 프랑스 전역은 물론 영국과 독일까지 확장되면서 독일에서도 와인을 만들기 시작했습니다. 많은 사람들이 독일을 '맥주의 나라'로만 알고 있지요. 그런데 독일은 높은 품질의 화이트 와인을 생산합니다. 달콤한 아이스와인의 원산지도 독일입니다.

1
《역사학자 정기문의 식사》
정기문, 도서출판 책과함께,
2017(129).

1775년 독일 중부의 풀다 수도원 소유의 포도원에서 포도 수확이 늦어졌다. 근대 초까지 곡물은 물론 포도를 수확할 때면 소유주가 감독관을 파견하곤 했다. 그런데 수도원이 파견한 감독관이 도중에 죽어버렸다. 감독관이 오지 않자 농민들은 포도를 수확하지 못했고, 수도원은 뒤늦게 그 사실을 알고는 다시 감독관을 보냈다. 농민들은 포도를 급히 수확했고, 포도주 담그는 작업도 신속하게 진행되었다. 포도가 제철이 지나 쭈글쭈글해졌기 때문에 사람들은 포도주의 질이 낮을 거라고 예상했다. 하지만 포도주는 매우 달았다. 이 사건을 계기로 사람들은 포도를 늦게 수확하면 당도 높은 포도주를 얻을 수 있다는 것을 깨달았다. 그 후 의도적으로 겨울이 올 때까지 포도를 방치했고, 그렇게 언 포도로 만든 것이 아이스와인이다[1].

89

　　　　18세기 유럽에서는 수도원의 감독관이 없이는 포도를 수확할 수 없었다고 합니다. 어느 해, 포도가 익어 마침내 수확할 때가 되었습니다. 1년 중 가장 기쁜 때였겠죠. 하지만 감독관이 오지 않자 포도 수확을 허락 받을 수 없었습니다. 애타게 감독관을 기다렸지만 허사였습니다. 하루, 이틀… 시간이 지날수록 얼마나 안타까웠을까요. 일주일, 이주일이 지나도 감독관은 나타나지 않고, 포도는 너무 익어가고 있었습니다. 사실 감독관은 오다가 죽었다지요. 한참 뒤에 수도원에서 다시 감독관을 보냈지만 포도는 이미 서리를 맞아 얼어붙었습니다. 그해 포도 농사는 망치고 말았네요. 보통은 이럴 때 주저앉아 울고 말 겁니다. 화가 많은 사람이라면 죽은 감독관을 원망하며 욕을 할 지도 모르겠네요. 그런데 한 농부는 얼어버린 포도가 너무 아까워서 언 부분을 깨고 나머지로 와인을 만들었습니다. 지푸라기라도 잡는 심정이었겠지요.

망친 농사에서 얻은 최상의 와인

이게 웬일인가요. 얼어붙은 포도로 만든 와인은 너무나도 달콤하고 맛있었습니다. 요즘에는 설탕이나 각종 감미료로 단맛을 쉽게 만들 수 있지만 18세기에 단맛은 매우 귀한 것이었습니다. 농사를 망친 줄 알고 버리려던 포도로 만든 와인에서 그 귀한 단맛이 나는 겁니다. 비밀은 뜻밖에도 수확한 날의 날씨였습니다.

물은 0℃에서 업니다. 영하의 날씨가 되면 포도의 수분은 얼지만 당분이 포함된 농축물은 얼지 않습니다. 기온이 영하 10℃까지 떨어져도 얼지 않는다고 합니다. 새로운 감독관이 온 날은 영하 7℃ 정도가 아니었을까 추측됩니다. 포도 속의 수분은 꽝꽝 얼었지만, 당분은 얼지 않은 상태, 최상의 아이스와인이 만들어지는 날씨였을 겁니다.

200년이 넘게 흐른 지금도 아이스와인은 흰 서리를 맞아 얼어버린 포도로 만듭니다. 한창 수확의 기쁨이 넘쳐야 할 가을, 독일의 포도밭에는 잘 익은 포도들이 그냥 널려 있습니다. 11월 초 서리가 내려 포도가 얼기를 기다렸다가 얼자 마자 바로 따기 위해서지요. 이상고온 현상이 일어나 포도가 얼지 않으면 어떻게 될까요? 이럴 때는 정말로 포도 농사를 망치는 거죠. 얼기를 기다리다가 멧돼지나 새떼의 먹이가 되는 일도 있다고 합니다. 언 포도를 양조장으로 옮기는 도중에 녹아서 망치는 경우도 있다지요. 그래서 아이스와인은 10년에 5~6회 정도 밖에 만들지 못한다고 합니다.

2
《올 댓 와인 1》
조정용, 박새로미, 해냄출판사,
2006.

눈이 내릴 때까지 수확하지 않은 포도.

아이스와인을 만들기 위한 첫걸음은 포도 수확부터 고난의 연속이다. 나는 예전에 경험삼아 한 번 아이스와인을 위한 포도 따기에 동참한 적이 있다. 지금도 그 기억을 떠올리면, 여전히 칼날 같은 바람이 뼛속 깊숙이 들어와 온몸을 에이는 것 같다. 한참 단잠에 빠져 있다 큰소리로 깨우는 소리에 잠을 깼던 것 같다. 칼바람을 맞으며 포도밭으로 나오란다. 도대체 몇 시냐고 옆 동료에게 물으니, 새벽 2시란다. 이 꼭두새벽에 호출이라니! 너무 매서운 바람에 여기저기서 나지막하게 사람들의 불평이 쏟아졌다. 나 역시 투덜거리는 입술이 매서운 추위에 놀라 시퍼렇게 굳은 채 덜덜덜 떨렸다.뭐라 뭐라 말하는 반장의 지시는 뽀드득뽀드득 눈을 밟는 장화 소리에 묻혀 잘 들리지 않았다. 오늘 무조건 재빨리 다 따야 한다며 명령하는 반장이었지만, 오히려 그의 행동이 북극곰마냥 굼뜬 것 같았다. (중략) 이런 날씨에는 아무리 중무장을 해도 추위에서 벗어날 수 없을 것 같았다. 하지만 그런 강추위가 아이스와인을 완성하는 아주 중요한 요소다[2].

제대로 언 포도가 무사히 남아 있다고 다 된 것이 아닙니다. 아이스와인을 만들기 위해서는 포도가 언 날에 모두 수확해야 합니다. 그래서 일꾼들은 새벽 2시에 일어나 칼바람을 뚫고 포도밭으로 가는 것이지요. 아이스와인이 비싼 이유가 있었네요.

아이스와인은 캐나다산도 유명합니다. 캐나다로 이민을 간 독일 사람들이 기후가 비슷한 그 곳에서 아이스와인을 만들면서 생산량이 많이 늘어났기 때문이지요. 독일과 캐나다 모두 서리를 맞아 언 자연 아이스와인만 공식 아이스와인으로 인정합니다. 요즘에는 멀쩡한 포도를 냉동실에서 얼린 뒤 아이스와인을 만들기도 합니다. 이를 인공 아이스와인이라 부르며 주로 스위스, 미국, 호주에서 생산됩니다. 아무래도 자연이 만든 아이스와인에 비해서 맛과 향이 부족하겠지요. 당연히 값도 저렴합니다. 천연 아이스와인이 너무 비싸서 부담스럽다면 마셔볼 만 합니다.

지친 몸과 마음을 달래는 단맛

아이스와인은 당도가 상당히 높습니다. 단맛을 좋아하는 저도 너무 달다고 느낄 때가 있을 정도이지요. 그렇기에 주요리main dish와는 어울리지 않습니다. 주로 디저트와 함께 먹기 때문에 디저트 와인이라고도 불립니다.

그저 달기만 하다면 고급 와인이 될 수 없었겠지요. 첫 맛은 많이 달지만 잠깐 기다리면 깔끔한 신맛이 느껴집니다. 꿀처

럼 고급스러운 단맛 뒤에 깨끗한 신맛이 조화를 이루며 입안
을 개운하게 하지요. 아이스와인이 가장 맛있게 느껴지는 온
도는 5~7℃ 입니다. 냉장실에서 꺼내 바로 마시는 것이 좋겠
네요.

      이 글을 쓰는 오늘은 체감온도가 37℃가 넘습니
다. 더위에 지친 건지, 기력이 딸리는 건지 밥도 먹기 싫고, 하
루 종일 누워만 있고 싶어지네요. 마무리를 해야 하는데… 오
후 늦게까지 정신을 차릴 수 없었습니다. 이럴 때 필요한 건 아
마도 시원한 음료수와 함께 당분이지요. 글을 쓸 정신과 기력
을 찾기 위해 오랫동안 냉장고에 아껴뒀던 아이스와인을 꺼냈
습니다. 병을 얼굴에 대어 봅니다. 얼음 같은 차가움에 정신이
번쩍 듭니다. 잔에 따라서 한 모금 마셨습니다. 설탕 폭탄이
터지는 듯한 단맛에 없던 기력도 생기는 것 같습니다. 역시 달
달한 것 만한 게 없네요. 하지만 아무리 맛있어도 술은 술. 두
잔 이상 마셨더라면 글은 꿈속에서 썼을 지도 모르겠습니다.

호
주

세계인이
사랑한
캥거루。

처음 와인을 마신 날을 기억하시나요? 제가 처음 와인을 마신 건 1995년의 어느 봄날이었습니다. 그때 서호주Western Australia의 퍼스Perth라는 도시에서 어학연수 중이었습니다. 어학원의 야외 활동 프로그램으로 근처의 와이너리를 방문했습니다. 방문 목적은 와인 테이스팅이었지만, 와인의 향이나 맛을 느끼는 건 중요한 게 아니었습니다. 진짜 목적은 그동안 배운 영어를 실생활에서 사용해보는 것, 그리고 호주의 자연환경과 문화를 체험하는 것이었지요. 그런데 '그 와인 좀 마셔봐도 될까요?Can I try that wine?'라는 말을 열심히 연습하다가 저는 그만 와인에 빠지고 말았습니다.

그때까지 술은 으레 쓰고 맛이 없는 줄 알았습니다. 친구들과 어울리기 위해서, 선배들의 강요로, 아니면 취한 기분이 좋아서 참고 마셨지요. 그런데 와인은 좀 달랐습니다. 술인데도 달콤하고 부드러웠습니다. 어떤 와인은 신맛이 좀 더 강한데, 마신 후에도 강렬한 느낌이 남아 있었습니다. 똑같아 보이는 와인이 종류에 따라 맛이 조금씩 다른 것도 참 신기했지요. 테이스팅이라 맘껏 마시지는 못했고 적당히 기분 좋은 상태로 집에 왔던 것 같습니다.
와인을 마셔본 적은 없어도 '와인은 프랑스'라고 알고 있었는데, 호주에서 첫 번째 와인을 마시고, 이토록 즐기게 될 줄은 몰랐습니다. 알고 보니 호주는 와인 생산·수출·1인당 소비량이 모두 크게 증가하고 있어서 와인 강국들의 주목을 받고 있

1
《와인》
김준철, 백산출판사,
2003(386).

었습니다[1]. 호주 와인의 역사는 길지 않지만 넓은 땅에서 다양한 기후와 토양에 맞게 많은 품종의 포도를 재배하고 와인을 생산하고 있었습니다. 와인의 세계에서 호주, 미국, 칠레, 뉴질랜드, 남아프리카 등 유럽을 제외한 와인을 '신세계 와인'이라고 합니다.

이곳은 포도 재배에 완벽한 기후 조건을 갖추고 있습니다. 다른 데 눈 돌리지 않고 포도 재배에 전념한다면 이곳의 와인은 유럽 상류층의 식탁을 장식하는 명품으로 자리잡게 될 것입니다.

1788년에 호주의 뉴사우스웨일스New South Wales의 초대 총독을 지낸 필립Phillip 대령이 런던의 상관에게 보낸 편지의 일부입니다. 그의 믿음은 200년이 지난 뒤에 현실이 되었습니다. 호주의 와인이 처음부터 잘 된 건 아닙니다. 당시 호주에서 와인을 만들고자 했던 사람들은 영국에서 온 이민자들이었습니다. 그들은 와인을 마시던 계층이 아니었습니다. 와인은 커녕 포도에 대해서도 잘 몰랐습니다.

청출어람(靑出於藍)이 된 시라즈

필립 대령이 완벽하다고 했던 기후는 사실 포도를 키우기에는 너무 덥고 습기가 많았습니다. 1790년 처음으로 2,000그루의 포도나무를 심었는데, 정작 수확은 두 송이에 그쳤다지요. 하지만 그들은 절망하지 않고 보다 좋은 기후를 찾아 이동했습니다. 남쪽으로는 사우스 오스트레일리아South Australia, 빅토리아Victoria, 태즈매니아Tasmania로, 서쪽으로는 제가 살았던 서호주까지 재배 영역을 넓히며 다양한 품종을 키웠습니다. 이렇게 해서 생산량은 많이 늘었지만, 1960년대까지만 해도 호주 와인은 값싼 테이블 와인이 대부분이었습니다. 1980년대 이후 고급 품종을 생산하면서 국제적으로도 좋은 평가를 받기 시작했습니다.

호주는 세계 6위의 와인 생산국[2]입니다. 수출도 많이 하고 있지요. 미국에는 프랑스, 이탈리아에 이어 세 번째로 와인을 많이 수출하는 나라[3]입니다. 짧은 기간에 이렇게 성장할 수 있었던 호주 와인의 강점은 무엇일까요?

가장 큰 강점은 '다양성'입니다. 호주는 미국만큼이나 땅이 넓은 나라로 기후와 토양의 성질이 다양합니다. 그만큼 여러 가지 포도 품종을 재배할 수 있겠지요. 특히 프랑스의 론Rhône 지역에서 들여온 시라Syrah는 시라즈Shiraz라 불리며 호주를 대표하는 레드 와인이 되었고, 론의 시라를 위협하고 있습니다.

호주 와인의 또다른 강점은 개방과 혁신입니다. 프랑스를 비롯한 유럽의 와인은 AOC, DOC 등의 등급제도를 통해 원산지를 통제하는 정책을 펼쳤습니다. 전통적 제조방법과 생산자

2
2019년 나라별 와인 생산량 순위: Wine production worldwide in 2019, by country.

3
《와인 바이블》
케빈 즈렐리, 정미나 옮김, 한스미디어, 2020
개정판(263).

를 보호하고 높은 품질관리가 가능하다는 장점은 있지만, 새로운 생산자의 진입이 어렵고 신기술 도입에 소극적이라는 단점도 있지요. 반면에 호주는 포도재배나 와인 제조를 통제하는 엄격한 법률체계가 없습니다. 덕분에 호주의 와인 양조는 첨단기술을 받아들여 혁신을 거듭하고 있습니다.

호주 와인은 격식에 얽매이지도 않습니다. 코르크 대신 스크류 캡을 사용해서 병을 열기 쉽게 만든 것도 호주의 와인 메이커입니다. 유럽의 전통 와인 제조자들은 기겁을 했지만 소비자들은 환호했습니다. 사실 와인 병에서 코르크를 빼는 게 쉽지는 않지요. 코르크는 굴참나무의 껍질로 만듭니다. 코르크는 신축성이 좋아서 와인 병 속에 압축되어 공기가 들어가지 않게 완전히 밀폐시킵니다. 그러면서도 코르크 속의 작은 구멍으로 미세한 양의 공기가 드나들어, 병 속의 와인을 천천히 숙성시키기 때문에 이상적인 마개라 할 수 있지요. 하지만 코르크는 잘못 보관할 경우 산패문제가 발생할 수 있습니다. 또한 한 번 개봉한 와인은 보관하기 어려운 단점이 있습니다. 이런 문제에 대한 대안으로 호주, 뉴질랜드 등 와인의 신세계에서는 주로 스크류 캡을 사용하고 있습니다. 스크류 캡은 밀폐도가 훨씬 높아 안전한 보관이 가능하기 때문입니다. 게다가 한 번 오픈한 후에도 다시 밀봉해서 사용할 수 있습니다. 무엇보다도 와인병을 열기가 쉽습니다. 물론 반대 의견도 있습니다. 밀봉도가 너무 높아 숙성을 방해한다는 것이지요.

논란이 있기는 하지만 오랜 기간 숙성하지 않는 와인, 특히 화이트 와인의 경우에는 스크류 캡으로 막는 게 와인의 산화를 늦추고 풍미를 더 오래 유지할 수 있습니다. 이 때문에 스크류 마개 사용은 신세계를 넘어 유럽까지 점점 확산되고 있는 추세입니다. 다만 코르크 마개를 따는 것 자체를 '와인을 마시는 낭만'으로 즐기는 와인 애호가들도 많기에 코르크가 사라질 것 같지는 않네요.

코르크 마개와 스크류 캡.
스크류 캡을 사용하는 와인이 점차 증가하고 있다.

와인은 그냥… 와인으로 부르자구

'음… 이건 강원도 태백의 800미터 고랭지에서 재배한 노랑관동배추로 만들어 땅속에서 2년 이상 묵혔군. 2017년의 강렬한 햇빛을 머금고 자란 배추라서 그런지 아삭하면서도 부드러운 질감이 아주 독특한데! 신선한 대지의 내음과 옹기 항아리의 향이 어우러진 부케가 환상적이고, 신맛과 매운맛이 적절히 어우러진 별 다섯개 짜리 맛이야.'
김치를 먹고 이렇게 평가하는 사람이 있을까요? 아무리 맛있는 김치를 먹더라도 그저 '우와 맛있다. 엄지 척~' 이 정도면 적당할 것 같은데요. 그런데 왜 우리는 와인을 마시면서는 이

4
핵과stone fruit: 중심부에
보통 1개 또는 여러 개의
견고한 핵을 갖는 과실.
액과의 일종으로 벚나무,
매실나무, 복숭아나무,
멀구슬나무, 감탕나무 등의
과실이 있다.

런 말을 하는 걸까요.

이걸 뭐라고 부를까요? 스테인레스 스틸로 만들어졌고, 불을 이용해 조리하는 요리 기구라고 부르시나요, 아니면 그냥 '바비큐'라고 부르시나요?

지금 누구에게 공을 던지려는 거죠? 다리가 넷 있고 꼬리를 흔들며 달리는 식육목 개과의 털이 많은 포유류에게 던지시나요, 아님 우리집 강아지 맥스Max에게 던지시나요?

적절한 기후에서 재배된 청포도로 만든 멜론 향과 핵과[4] 향이 살짝 섞인 샤르도네Chardonnay를 마시고 싶으신가요? 그렇다면 그냥 이렇게 말하면 됩니다.

"베스, 거기 와인 좀 건네줄래?"

      햇살이 따뜻한 어느 초여름 오후, 친구집 마당에 모여 바비큐 파티를 합니다. 바비큐 그릴 위에는 고기와 채소가 맛있게 익어가고 있습니다. 한쪽에는 친구들이 맥스라는 이름의 개와 공 던지기를 하며 놀고 있습니다. 식사가 시작되고 바비큐와 함께 차가운 화이트 와인이 나왔습니다. 방금 구운 따뜻한 고기를 먹으니 시원한 게 마시고 싶어지네요. 와인이 필요한 순간, 친구에게 와인을 좀 건네 달라고 해야겠습니다. '아 그런데 와인 이름이 뭐였더라? 어떻게 말해야 하지? 와인에 대해서 잘 모르면 날 무식하다고 생각하겠지.'

옐로우 테일 와인 TV 광고. Common Ventures 제작, 2017.

호주 와인 옐로우 테일^{yellow tail}의 2017년도 TV 광고 내용입니다. 호주 사람들도 와인을 어려워 하고 스트레스를 받는 건 마찬가지인가 봅니다. 어떤 포도 품종으로 만든 와인인지, 어디서 재배되었고, 빈티지는 언제이며, 어떤 아로마와 부케⁵를 느끼는지 알아야만 될 것 같습니다. 하지만 광고는 고기를 굽는 조리기구를 그저 바비큐라고 부르듯이, 강아지를 그의 이름 '맥스'로 부르듯이, 와인도 그냥 와인이라고 부르면 된다고 말합니다. 옐로우 테일 광고는 와인에 대한 사람들의 속물주의를 살짝 비튼 위트 넘치는 메시지로 큰 공감을 얻었습니다. 광고는 이렇게 마무리됩니다.

"We take wine seriously, so you don't have to (우리는 진지하게 와인을 다룹니다. 그러니 당신은 그럴 필요가 없지요)."

101

시칠리아 가족의 오스트레일리안 드림

옐로우 테일은 우리나라에서 가장 유명한 호주 와인 브랜드 중의 하나입니다. 호주에만 사는 동물, 캥거루가 뛰어오르는 듯한 모습의 라벨로 잘 알려져 있지요(정확히는 캥거루과의 왈라비). 옐로우 테일은 시드니가 위치한 뉴사우스웨일스 주 남쪽의 작은 마을, 옌다^{Yenda}라는 곳에서 만들어 집니다. 1957년 이탈리아 시칠리아 출신의 필리포 카셀라^{Fillippo Casella}와

5
아로마^{Aroma}는
포도 자체의 향을 말하며,
부케^{Bouquet}는
숙성과 발효 등 양조 과정 중에
발생하는 향을 말한다.

옐로우 테일 와인 공식
웹사이트
www.casellafamilybrand
s.com/our-story/yellow-
tail.

● 필리포 카셀라(Fillippo Casella)와
그의 아내 마리아 카셀라(Maria Casella).

그의 아내 마리아^{Maria Casella}가 가족과 함께 이민을 왔습니다.
그들은 호주에서 가족이 경영하는 작은 와이너리를 만들어 행
복하게 잘 살고 싶다는 소박한 꿈을 품고 있었지요. 그들의 소
박했던 꿈은 60년이 지난 2017년 기준으로 다음과 같이 이뤄
졌습니다.

카셀라 패밀리 브랜즈^{Casella Family Brands}는 옐로우
테일 외에도 피터 레만^{Peter Lehmann}, 브랜즈 라이라^{Brand's Laira}, 모
리스 와인즈^{Morris Wines} 등 일곱 개의 와인 브랜드를 소유하고
있습니다. 이 중에서 모리스 와인즈는 150년 전통의 고급 와
인 생산업체 입니다. 6,100헥타르가 넘는 땅에서 40여 가지
품종의 포도를 생산하며, 500개가 넘는 포도원으로부터 포도
를 공급받고 있습니다. 1시간에 36,000병의 옐로우 테일을 생
산합니다. 50여개국에 연간 1,250만 케이스의 옐로우 테일을
수출하고 있습니다.⁶
그들의 성공은 행운도 우연도 아니었습니다. 1969년에 처음
와인 양조를 시작할 때부터 그들의 모토는 '가족, 친구들과
함께 편하게 즐길 수 있는 와인을 만들자' 였습니다. 그러기
위해서는 쉽게 고를 수 있고, 맛있게 마실 수 있고, 부담없이

다가갈 수 있는 와인을 만들어야 했지요. 카셀라 패밀리의 이런 와인 철학이 담긴 와인이 바로 옐로우 테일이었습니다. 2001년 옐로우 테일을 처음 미국으로 수출할 때 그들의 목표는 1년에 25,000 케이스를 파는 것이었습니다. 1년 1개월 뒤 그들은 100만 병이 넘는 와인을 판매했습니다. 4년 뒤에는 750만 '케이스'를 판매했고, 현재 미국에서 가장 많이 수입되는, 미국인이 가장 사랑하는 와인 브랜드가 되었습니다[7].

또한 와인시장분석업체의 조사에서 3년 연속으로 세계에서 가장 영향력있는 와인 브랜드 1위로 선정[8]되었습니다.

7
Nielsen,
TOTAL US = XAOC 26
Weeks Ending Period"
MAY2017.4. Top Varietals
ranked by $ Volume.

8
와인 인텔리전스Wine
Intelligence 와인 브랜드
보고서,
The Global Wine Power
Index 2020.

시칠리아 이민 가족이 운영하는 패밀리 와이너리가 세계 최대의 와인시장 미국의 소비자를 사로잡은 비밀은 무엇일까요? 미국의 수입 파트너 W. J. 도이치 앤 선즈W. J. Deutsch & Sons, Ltd.의 CEO, 윌리엄 도이치William J. Deutsch는 '저렴한 가격에 비해 높은 품질'을 첫번째로 꼽았습니다. 하지만 이미 미국에는 가성비 좋은 와인이 많이 있었습니다. 와인이 가격 민감도(가격 변화에 따라 소비량이 달라지는 정도)가 높은 상품도 아니었고요. 이에 대해 윌리엄 도이치는 옐로우 테일이 소비자에게 전하고자 하는 '메시지와 감성'이 통했다고 덧붙였습니다. 카셀라 패밀리가 포도재배를 시작할 때부터 가졌던 와인에 대한 철학_쉽고 즐겁게 마실 수 있는 와인을 만들자_이 합리적인 가격, 재미있는 포장과 높은 품질 속에 잘 녹아 들었다는 겁니다. 이것이 미국의 소비자들의 마음을 움직였고, 그들은 옐로우 테일에 열광하게 된 것이지요. 역시 진심은 미국에서도 통했습니다.

어학 연수를 마치고 한국에 돌아온 뒤에 와인과는 잠시 멀어졌습니다. 아직 학생이었기에 당시만 해도 고가품이었던 와인을 마시기 어려웠습니다. 그 때 옐로우 테일이 있었더라면 어땠을까요? 아마도 친구들과 잔디밭에 모여 앉아 소주나 맥주 대신에 와인을 마시고 있었을지도 모르겠네요. 차가운 샤르도네는 더운 날씨에 딱 좋습니다. 옐로우 테일 샤르도네는 마트나 편의점에서도 쉽게 구입할 수 있습니다. 와인은 어렵다는, 뭔가 알아야만 마실 수 있다는 부담을 버리면 와인도 맥주만큼 시원하고 맛있게 즐길 수 있을 겁니다.

미
국

🌢

구름 속에서
탄생한
기적의 와인。

와인을 구분할 때 프랑스, 이탈리아 등 유럽을 구세계^{old world}라고 하며 미국, 칠레, 호주, 뉴질랜드 등을 신세계^{new world}라고 부릅니다. 와인은 신세계에 어떻게 들어가게 되었을까요? 유럽인들이 아메리카 대륙에 와인을 가져와서 정착시킨 역사를 재미있게 보여주는 영화가 있습니다. 아무리 좋은 와인을 만들어도 싸구려 취급을 받던 미국의 와인이, 프랑스 와인을 꺾고 세계 최고라고 평가받는 과정을 감동적으로 보여주는 영화도 있습니다. 이번에는 대표적인 신세계 와인 중 하나인 미국 와인의 역사와 발전을 두 편의 영화를 통해서 알아보겠습니다.

"1580년에 우리 가문은 처음으로 스페인에서 멕시코로 첫 발을 내딛었지. 옷보따리 하나에 포도 뿌리만 달랑 들고 왔었네. 이리 오게, 보여줄 게 있어."

"이 뿌리는 내가 가져 왔어. 조상이 가져온 그 뿌리의 첫 자손이야. 모든 포도나무는 이것에서 비롯됐지. 이건 그냥 '라스 누베스^{Las Nubes}' 농장의 뿌리가 아냐. 우리와 빅토리아의 생명의 근원이야. 이젠 자네도 이것들과 우리와 한 가족이네. 자네 생명의 뿌리기도 하지. 자넨 더 이상 고아가 아닐세. 포도를 수확하는 동안은 가족들과 함께 있도록 하게. 아주 특별한 시간이거든."

"마법 같은!"

영화 〈구름 속의 산책^{A Walk in the Clouds}〉은 멕시코인 영화감독 알폰소 아라우^{Alfonso Arau}의 첫 번째 헐리우드 작품입니다. 1995년에 제작된 이 영화에는 키아누 리브스^{Keanu Reeves},

안소니 퀸^{Anthony Quinn}, 데브라 메싱^{Debra Messing} 등 유명한 헐리우드 배우들이 등장합니다. 대중적으로 크게 흥행하지는 못했지만, 와인을 좋아하는 사람이라면 꼭 봐야할 영화로 늘 손꼽힙니다. 포도송이로 시작해 포도밭으로 끝날 정도로, 영화 전반에 걸쳐 포도와 와인에 관한 이야기가 가득하기 때문이지요.

신세계에 뿌리내린 구세계

  제2차 세계대전이 끝나고 미국으로 돌아온 폴 서던은 전쟁영웅이라 불리지만 현실은 '시궁창'이었습니다. 돌아오자마자 아내의 등쌀에 떠밀려 억지로 초콜릿 세일즈맨이 되었지요. 초콜릿을 팔기 위해 새크라멘토 행 기차를 탔고, 거기에서 그는 포도 수확을 돕기 위해 집으로 가는 빅토리아를 만납니다. 그녀는 임신한 채로 남자친구에게 버림받았고, 명예를 중요시하는 멕시코 귀족 집안 아버지가 자신을 죽일 거라며 두려워합니다. 마음이 따뜻한 폴은 빅토리아를 돕기 위해 남편인 척 가장해서 그녀의 집으로 같이 갑니다. 처음 약속은 딱 하루만 머물렀다 떠나겠다는 거였지요.
약속대로 다음 날 새벽 떠나기 위해 집을 나서는 폴을 빅토리아의 할아버지가 막아 세웁니다. 그리고 그의 손을 이끌고 자신이 멕시코에서 미국으로 올 때 가져왔던 포도 뿌리를 심은 곳으로 네려갑니다. 농장의 기원이 된 포도 뿌리가 묻힌 신성한 곳에서 할아버지는 그를 가족으로 받아들입니다. 전날 빅토리아의 아버지가 폴이 근본을 모르는 고아라며 반대했던 게 마음에 걸렸나 봅니다. 그리고 손녀를 위해 하루만 더 머물러 달라고 부탁합니다.

영화 〈구름 속의 산책(A Walk in the Clouds)〉의 한 장면.

16세기 초에 스페인의 에르난 코르테스[Hernán Cortés]가 멕시코를 정복한 뒤, 그곳에 살던 원주민들을 선교하기 위해 많은 수도사들이 바다를 건너 왔습니다. 그들은 미사에 쓰일 와인이 필요했습니다. 초기에는 스페인에서 조달했지만 당시의 와인은 대서양을 건너는 중에 상하기 일쑤였습니다. 결국 수도사들은 유럽에서 포도 나무를 가져와 신세계에 심기 시작했습니다. 아메리카 대륙은 칠레에서 캘리포니아까지 긴 해안선을 따라 포도를 재배하기에 적당한 날씨였습니다. 여름이 따뜻하고 겨울은 너무 춥지 않으며 일조량도 풍부했습니다. 기후만 보자면 유럽보다 훨씬 나았지요. 훌륭한 떼루아 덕에 수도사들은 포도 재배에 성공했습니다. 그러자 일반인들도 신세계로 건너와 포도 재배를 시작했습니다.

빅토리아의 할아버지의 할아버지의 할아버지는 아마도 이들 중에 한 명이었을 겁니다. 할아버지의 말처럼 초기에는 멕시코에서 포도를 재배했습니다. 스페인 사람들은 멕시코에 만족하지 못하고 점차 북쪽으로 세력을 확대해 나갔습니다. 그렇게 샌디에고^{San Diego}에서 산타바바라^{Santa Barbara}, 산타클라라^{Santa Clara}를 지나 북으로, 북으로 샌프란시스코^{San Francisco}까지 진출했습니다. 이 도시들의 '샌' 또는 '산타'는 'santa' 즉 성인^{聖人}을 의미합니다. 이들은 정복하는 도시마다 미션^{mission}이라는 마을을 세우고 원주민에게 가톨릭을 전파했습니다. 역시나 미사에 사용할 와인이 필요했겠지요. 그래서 그들은 가는 곳마다 포도밭을 경작하고 와인을 만들었습니다. 이 미션 마을에서 만들어지는 미사주를 '미션 와인^{mission wine}'이라고 불렀습니다. 할아버지는 이 때 미션와인을 만들기 위해 멕시코에서 캘리포니아로 온 사람은 아니었을까요.

"하루 더 있는다고 뭐가 달라지죠?"

"일 년 중 가장 중요한 날이야."

"이 하루가 일 년 운을 결정하네. 애비는 이 일로 빅토리아를 평생 들들 볶을 거야. 난 내 아들을 잘 알아."

"그래요. 할아버지 말씀이 옳아요. 딱 하루만 더 있을게요."

빅토리아 집에서 운영하는 포도농장의 이름은 라스 누베스^{Las Nubes}. 스페인어로 '구름'입니다. 아침마다 대서양에서 올라오는 안개 때문에 구름 속에 있는 것 같아서 그렇게 지었겠지요. 영화 제목 〈구름 속의 산책〉은 '구름(라스 누베스 Las Nubes) 농장'을 걷는다는 말이자, 구름 속을 걷고 있는 것 같은 기분이 든나는 의미기도 합니다.

1년 동안의 고생이 결실을 맺는 날. 그날은 빅토리아의 가족에게 가장 중요한 날입니다. 할아버지의 설득에 넘어간 폴은 하루 더 남아서 수확을 돕기로 합니다. 이후 영화는 빅토리아의 아버지와 가짜 사위 폴이 경쟁적으로 포도를 수확하는 장면, 여인들이 큰 통 속에 들어가 신나게 춤을 추며 포도를 발로 밟아 으깨는 장면, 마을 사람들의 흥겨운 와인 축제 장면 등이 유쾌하게 이어집니다.

와인에 취하고 축제의 흥에 취한 아버지는 마을 사람들에게 폴과 빅토리아의 결혼식을 공식적으로 발표합니다. 그런데 폴은 유부남. 진짜 아내에게 돌아가야 했지요. 며칠 뒤 폴은 아내와 정식으로 헤어진 뒤에 포도농장으로 돌아옵니다. 하지만 폴에게 화가 난 아버지가 몸싸움을 하다가 실수로 포도농장에 불을 냅니다. 단 하나의 포도나무에 붙은 불은 바람과 함께 포도 농장 전체로 퍼졌고 모든 것을 태워버리고 말지요. 가족들은 다 끝났다며 낙심하지만 폴은 할아버지가 가져온 포도 뿌리가 아직 살아있음을 발견합니다. 다 타버린 광대한 포도밭도 애초에 이 한 뿌리에서 시작했습니다. 그들은 다시 포도농장을 가꿀 희망을 갖습니다. 이번에는 진짜로 가족이 된 폴이 함께 합니다.

1
121쪽 와인 상식 참조.

영화의 마지막 장면은 완벽하게 회복된 포도농장 입니다. 회복하기까지 얼마나 오랜 시간이 걸렸을까요. 하나의 포도 뿌리는 수십 년의 세월을 거쳐 다시 멋진 와이너리를 만들어 냈습니다. 캘리포니아 지역, 소노마 밸리Sonoma Valley나 나파 밸리Napa Valley의 어느 유서 깊은 와이너리에 얽힌 진짜 이야기가 아닐까 싶을 만큼 이 영화는 미국 와인 역사에 대해 생생하고 멋지게 보여줍니다.

영화는 해피엔딩이지만 사실 미국의 와인 역사는 그렇게 해피하지만은 않았습니다. 영화보다 앞선 시대였던 19세기 후반에 유럽에서는 진딧물로 옮겨지는 풍토병인 '필록세라Phylloxera 1'가 발병했습니다. 포도나무를 죽이는 이 진딧물로 인해 20년 이상 유럽과 미국의 와인산업은 황폐화되었습니다. 다행히도 25년이 지난 후에 해결 방법을 찾았고, 필록세라의 공포는 해결되었습니다. 하지만 이후에도 1·2차 세계대전, 1920년대 금주법 등을 거치며 미국의 와인 산업은 지속적인 위기 상태에 빠집니다. 1933년 약 14년 만에 금주법이 폐지되고 1945년 전쟁이 끝나면서 와인 산업에도 희망이 보이기 시작했습니다.

2차대전을 마치고 미국으로 귀국한 퇴역 군인 폴, 그가 '구름' 농장으로 들어가 와인을 만들기로 결심한 건 우연이 아니었습니다. 농장 화재 후 폴과 빅토리아는 10여년은 흘러서야 다시 일어설 수 있었겠지요. 실제로 미국의 와인 산업은 1960년대가 되어서야 활기를 띠기 시작합니다.

2
와인의 종류나 이름을
밝히지 않고 와인의 맛을
평가하는 방법.
와인의 맛을 본 후 종류와
메이커, 빈티지 등을 맞추는
테이스팅도 있고,
이 영화에 등장한 것처럼
여러 와이너리에서 만드는
한 가지 품종의 와인 맛을
비교, 평가하기 위한
테이스팅도 있다.

신세계 와인이 일구어 낸 기적

와인 산업이 활기를 띠면서 규모면에서는 크게 발전했지만 질적 성장까지 이루지는 못했습니다. 60년대를 지나 70년대가 되어서도 미국의 와인은 제대로 평가 받지 못했습니다. 아니 '존재하지 않는 와인' 취급이었으니, 아예 평가를 받을 수조차 없었다고 보는 게 맞겠네요. 그런데 1976년, '없는 와인' 취급 받던 미국 와인이 전 세계에 존재감을 과시하는 사건이 벌어졌습니다.

미국 와인의 역사를 바꾼 사건은 미국의 독립 200주년을 축하하기 위해 열린 '프랑스 와인 VS 미국 와인'의 블라인드 테이스팅blind tasting 2입니다. '파리의 심판Judgement of Paris'이라고도 불렸던 이 대결의 결과를 보고 전 세계 와인 애호가들은 충격에 빠졌습니다. 〈와인 미라클Bottle Shock〉은 이 사건을 바탕으로 2008년에 만들어진 영화입니다.

"포도밭에 가장 좋은 비료는 주인의 발자국 소리야. 충적토와 퇴적토, 화산지대 토양이야."

"건조하네요."

"그래. 물을 제한해야 포도가 몸부림을 칠테고 향기가 더 좋아져. 물도 많고 기름진 땅에서 편하게 자란 포도는 저질 와인이나 만드는 재료 밖엔 안 돼."

"고생을 해야 깨달음을 얻는 거네요."

"포도밭에 가장 좋은 비료는 주인의 발자국 소리야."
포도밭을 돌보는 짐 바렛(Jim Barret)과 인턴 샘.
〈와인 미라클(Bottle Shock)〉의 한 장면.

샌프란시스코에서 잘 나가던 변호사였던 짐 바렛Jim Barret은 나파 밸리에서 샤토 몬텔레나Chateau Montelena라는 와이너리를 운영합니다. 그동안 모아뒀던 돈을 모두 투자하고 은행에서 대출까지 받아가며 완벽한 와인을 만들려고 애씁니다. 포도에게 가장 좋은 비료는 '주인의 발자국 소리'라며 하루 종일 포도밭에서 열심히 일하지만 그의 노력은 결실을 맺지 못 합니다. 예전 동료 변호사들에게 그의 노력은 '비싼 취미' 정도로 치부됩니다. 그와 함께 와인을 만드는 일꾼들 또한 완벽한 와인을 만들려는 그의 꿈을, '돈으로 살 수 있는게 아니다'라며 평가절하 합니다. 와인 양조는 돈을 많이 퍼붓거나 배워서 할 수 있는 게 아니라 '핏 속에 배어 있어야 한다'면서 말이지요.

"그럼, 파리에 있는 '아카데미 듀 뱅'에서 캘리포니아 와인을 고객에게 소개하시게요?"
"직접 품질을 확인하려고요. 엉터리 와인은 절대 소개 안 하니까."
"여기도 좋은 와인 많아요. 걱정 안 해도 돼요."
"내가 말하는 맛은 당신들 생각과는 좀 다를 거요. 긴 세월을 나라 전체가 온전히 몰두해서 모든 노력을 와인에 바치거든요. 양조업자가 되고 싶어도 쉽게 될 수 없는 거죠. 와인 명가들이 많지요."
"와인 스놉이시군요. 그럼 거기에 갇힐 수 밖에 없어요."

파리에서 와인 샵과 와인 아카데미Academie du Vin를 운영하는 영국인 스티븐 스퍼리어Steven Spurrier는 프링스에 신세계의 와인을 소개하려고 합니다. 미국 와인을 직접 맛보기 위해 캘리포니아의 나파 밸리를 찾았습니다. 와이너리를 찾아가던 중에 우연히 스티븐을 만난 짐. 그가 왜 캘리포니아에 왔는지 이유를 듣자 짐은 그를 '와인 스놉snob'이라며 비웃습니다. '스놉'은 고상한 척하며 상류층을 동경하는 속물적인 사람을 낮춰 부르는 말입니다. 와인을 즐기는 사람들 중에는 비싼 와인, 이름난 와인을 무조건적으로 좋아하며 최고로 생각하는 사람들이 있습니다. 이런 사람을 '와인 스놉'이라고 합니다. 신세계 와인을 와인의 본고장 프랑스에 소개하기 위해 캘리포니아까지 날아온 스티븐이 와인 스놉이라니요. 스티븐은 억울했습니다. 하지만 프랑스 와인을 최고로 치고 캘리포니아 와인은 마셔보기도 전에 한 수 아래라고 무시하는 스티븐은 전형적인 와인 스놉의 모습이기는 합니다. 본인은 부인하고 있지만요.

짐의 와이너리에서 생산한 화이트 와인 샤르도네Chardonnay를 마셔본 스티븐은 곧 캘리포니아 와인에 대한 편견을 버렸습니다. 열린 마음으로 여러 와이너리의 와인을 맛본 뒤 캘리포니아 와인에 반한 스티븐. 결국 26병의 캘리포니아 와인을 블라인드 테이스팅 용 후보 와인으로 파리에 가져가려 하지요. 그런데 그의 노력은 공항에서부터 장애물을 만납니다.

"흔들리는 수하물 칸에 넣어 갈 순 없어요. 이게 흔들리거나 부딪히지 않게 들고 가야해요."

     와인은 진동에 민감합니다. 와인을 부주의하게 다루거나 이동과정에서 많이 흔들리게 되면 나쁜 냄새가 나거나 맛이 변하기도 하지요. 이 영화의 원제인 '보틀 쇼크^{Bottle} ^{Shock}'는 이런 현상을 뜻하는 말입니다. 물론 시간이 지나면 다시 원상태로 돌아오지만, 공정해야 할 블라인드 테이스팅에서 불리하게 작용할 수 있겠지요. 26병의 와인을 애지중지하며 직접 운반하려 하지만 항공사 직원은 단호합니다. 항공법상 한 사람이 들고 탈 수 있는 와인은 한 병 뿐이라며 나머지는 위탁 수하물로 보내라고 하지요. 이 때 스티븐의 사정을 들은 승객들이 한 병 씩 들고 가 주기로 합니다. 캘리포니아 와인이 공정하게 테스트 될 수 있기를 기원하면서 말입니다.

신화보다 더 신화적인 파리의 심판

     1976년 이전에 유럽인들에게 '파리의 심판^{Judgement} ^{of Paris}'이란 그리스 신화 속의 이야기를 의미했습니다. 트로이 전쟁의 원인이 되었던 목동 파리스^{Paris}의 선택 말입니다.

내로라하는 세 여신, 헤라, 아테나, 아프로디테가 한 자리에 모여 최고의 아름다움을 겨루는 시합을 열게 되었다. 우승자에게는 황금 사과가 주어지는 이 시합의 심사위원으로 이다 산에서 양을 치던 목동 파리스가 낙점되었고, 보조 진행은 헤르메스가 맡기로 했다.

파리의 심판(Judgement of Paris), 실제 와인 테이스팅 장면

　　미모만으로는 심사가 어려워지자 여신들은 다른 조건을 내걸었습니다. 헤라는 부귀영화와 권세를, 아테나는 전쟁의 승리와 명예를, 그리고 아프로디테는 세상에서 가장 아름다운 여인을 약속합니다. 저라면 좀 고민을 했을 것 같은데, 파리스는 조금의 망설임도 없이 아프로디테를 선택합니다. 아프로디테는 약속을 지키느라 당시 세상에서 가장 아름다운 여인이었던 스파르타의 왕비 헬레네를 파리스에게 주었습니다. 아내를 빼앗긴 스파르타의 왕 메넬라오스는 이 상황을 참을 수 없었습니다. 당연하지요. 그는 형 아가멤논과 함께 트로이 원정길에 나섭니다. 10년이나 지속된 트로이 전쟁은 이렇게 파리의 심판으로부터 시작되었습니다. 그로부터 수천년이 지난 1976년에 또 다른 파리의 심판이 벌어집니다. 이번에는 여인의 미모가 아니라 와인의 맛이 그 대상이 되었습니다.
승객들의 도움을 받아 '보틀 쇼크' 없이 무사히 파리까지 갈 수 있었던 캘리포니아 와인 26병. 그 중의 하나였던 짐의 샤르도네는 블라인드 테이스팅용 와인으로 최종 선정됩니다. 그런데 이번에는 와인에 문제가 생깁니다. 맑고 투명해야 할 화이트 와인이 갈색으로 변한 것이지요. 다행히도 맛은 그대로이지만 화이트 와인이 갈색이라니… 짐은 힘겹게 만든 500상자의 와인을 모두 버리고, 다시 변호사로 돌아가려고 합니다. 하지만 짐의 아들 보^{Bo}와 와이너리의 인턴 샘^{Sam}은 포기할 수 없었습니다. 그들은 근처 대학교의 와인 양조 전문가를 찾아가 자문을 구하지요.

"와인을 너무 완벽하게 만들어서 그래. 이 환원주의자들^{reductionist}은 발효 후 숙성 중엔 산소 노출을 최대한 피하는데, 샤르도네를 만들기엔 최적의 방법이지. 화이트 와인에는 원래 갈색화 효소가 들어있는데 소량의 산소와 접촉해도 중화 작용이 일어나. 그런데 산소가 전혀 안 들어갔기 때문에 병에 넣은 후에 갈색으로 변한 것이지. 하지만 일시적이야. 완벽함의 대가랄까. 한 이틀이면 괜찮아질 거야."

전문가조차 책에서만 봤지, 실제로는 처음 본다는 이 현상은 와인을 너무 완벽하게 만들었기 때문입니다. 우여곡절 끝에 500상자의 와인을 되찾고, 짐은 와이너리로 돌아옵니다. 블라인드 테이스팅을 앞두고 그의 아들 보^{Bo}가 나파 밸리 와인을 대표해서 파리로 갑니다.

5월 24일 운명의 순간을 앞두고, 아홉 명의 유명한 프랑스 와인 전문가가 심사위원으로 초빙되었습니다. 그중에는 부르고뉴 최고의 와인, 로마네 콩티를 만드는 와이너리, DRC^{Domaine de la Romanée-Conti}의 공동 소유주 오베르 드 빌렌^{Aubert de Villaine}도 있었습니다.

그들은 먼저 화이트 와인, 샤르도네를 맛 보았습니다. 여섯 가지의 캘리포니아 와인과 네 가지의 부르고뉴 산 와인이었지요. 부르고뉴는 최고의 샤르도네를 만드는 지역입니다. 맛볼 것도 없이 부르고뉴 산 와인이 이기리라 믿었습니다. 당연하지요, 부르고뉴인데….

결과는 캘리포니아, 샤토 몬텔레나의 샤르도네(1973)가 1위를 했습니다. 있을 수 없는 일이었습니다. 뭔가 잘못됐다 여기며 심사위원들은 좀 더 신중하게 레드 와인을 맛 보았습니다. 역시 여섯 가지의 캘리포니아 와인과 네 가지의 보르도 산 카베르네 소비뇽 이었습니다. 보르도는 부르고뉴와 더불어 프랑스 와인의 상징이자 자존심입니다. 이번에는 정말로 보르도 산 와인이 이길거라 믿어 의심치 않았습니다. 그런데 이번에 1위를 한 와인은 캘리포니아, 스태그스 립 와인 셀러^{Stag's Leap Wine Cellars}(1973)의 카베르네 소비뇽 이었습니다. 심사위원 뿐 아니라 그곳에 모인 모든 사람이 경악했습니다.

그날의 충격은 그 자리에 참가했던 유일한 언론인, 타임^{Time}의 기자 조지 테이버^{George Taber}에 의해 전 세계로 알려졌습니다. 이후에 벌어지는 일은 짐작하시는 대로입니다. 문 닫을 뻔 했던 샤토 몬텔레나는 최고 인기 와이너리가 됩니다. 이로써 캘리포니아 와인은 고급 와인의 반열에 오르게 되었지요.

'파리의 심판'의 영향력은 단순히 캘리포니아 와인의 우수성을 전 세계에 알린데 그치지 않았습니다. 미국 뿐 아니라 호주, 칠레, 뉴질랜드 등 다른 신세계 와인에게도 가능성을 열어 준 것이지요. 즉 프랑스 와인이 세계 최고라는 고정관념을 깨고, 와인의 민주화를 이끌어 낸, 와인 역사의 혁명적 사건이었습니다. 그 역사적인 의의를 기념하기 위해 샤토 몬텔레나 샤르도네와 스태그스 립 카베르네 소비뇽은 미국의 수도 워싱턴에 있는 스미소니언Smithsonian 박물관에 영구 소장품으로 진열되었습니다. '미국을 만든 101가지 물건' 중의 하나로 말이지요.

스미소니언(Smithsonian) 박물관에 '미국을 만든 101가지 물건'의 하나로 진열된 샤토 몬텔레나 샤르도네.

화이트 와인의 왕, 샤르도네

샤르도네Chardonnay(영어식 발음으로는 '샤도네이')는 가장 대표적인 화이트 와인 품종입니다. 파리의 심판에서 프랑스를 대표하는 샤르도네는 부르고뉴 와인에서 골랐지요. 부르고뉴 지역의 가장 북쪽에 위치한 샤블리Chablis가 샤르도네의 고향입니다. 샤르도네는 다양한 지역에서 재배됩니다. 그만큼 와인의 맛도 다양하지요.

화이트 와인하면 떠오르는 과일향의 다소 가벼운 느낌의 샤르도네가 있는가 하면 오크통에서 숙성시켜 오크향과 맛이 가미된 묵직한 느낌의 샤르도네도 있습니다. 이런 샤르도네는 화이트 와인이면서도 레드 와인의 풀바디감을 느낄 수 있습니다. 그래서 샤르도네를 레드 와인 같은 화이트 와인이라고 부르기도 하지요. 너무 완벽해서 문제가 생겼던 샤토 몬텔레나의 샤르도네는 어떤 맛일까요? 스티브 스퍼리어는 향을 맡은 뒤에 이렇게 표현했습니다.

"음… 풍부하고 깊은 향에 탕헤르 오렌지, 복숭아 향이 감도는군."

첫 번째 모금을 맛 본 뒤에는 이렇게 말했지요.

"저스트 어 키스 오브 오크(Just a kiss of oak)"

역시 와인 스놉snob 답습니다. 하지만 이 와인 스놉 덕에 와인의 고정관념이 깨졌고, 신세계 와인의 우수성까지 널리 알려졌으니 미워할 수만은 없겠네요. 와인 뿐일까요. 그처럼 편견을 내려놓고 마음을 연다면 많은 고정관념이 깨질 겁니다. 한 번도 안 먹어본 음식을 경험하는 것도 좋을 것 같습니다. 새로운 맛의 세계를 발견하는 경우도 있으니까요.

와인의 숨통을 끊을 뻔한, 필록세라

필록세라Phylloxera는 포도나무의 뿌리에 사는 진
딧물로 뿌리의 진액을 빨아먹고 살다가, 결국 포
도 나무를 말려 죽인다. 애초에 미국산 자생종
포도나무에 살고 있었는데, 1880년 무렵에 미국
산 포도나무를 유럽으로 옮기는 과정에서 유럽에
전파되었다[1].

이로 인해 전 유럽과 미국 특히 프랑스의 와인
산업이 큰 타격을 입었다. 원인도 치료법도 발견
할 수 없었던 이 병으로 인해 포도 생산은 절반
이하로 떨어졌고, 이 때문에 20년 이상 유럽의
포도나무가 죽어갔다. '와인은 끝났다'라는 극단
적인 상황까지 이르렀으나 25년이 지난 후에 원
인이 발견됐다.

원래 미국산 포도에 서식했던 진딧물이기 때문에
미국 종 포도가 필록세라에 저항력이 있다는 것
이 밝혀졌다. 결국 미국 종 포도뿌리를 유럽 포
도 가지에 접붙이면서 필록세라의 공포에서 벗어
나게 되었다[2]. 현재 유럽의 포도나무는 모두 미국
종과 접붙인 포도나무로 유럽의 토종 포도 나무
는 없어졌다고 볼 수 있다. 오히려 필록세라의
피해를 입지 않았던 칠레에 기존에 들여왔던 유
럽 토종 포도 나무가 남아 있다.

와인, 나아가 술의 역사는 필록세라 전과 후로
나뉜다고 주장하는 사람도 있다[3]. 그 정도로 필록
세라는 와인 산업에 큰 영향을 끼쳤다.

와인의 생산량이 크게 줄어들면서 맥주의 소비량
이 크게 증가했다. 그동안 맥주는 와인을 살 돈
이 없는 사람들이 마시는 술이라는 이미지가 강
했지만, 와인의 빈자리를 채우면서 상류층의 맥
주 소비가 늘었다. 더불어 그들의 요구를 충족시
키기 위해 맥주가 고급화되기 시작했다.

와인 중개업자들이 와인의 양을 늘리기 위해 물
을 섞거나 가짜 와인을 만드는 경우도 크게 늘었
다. 프랑스는 이런 문제를 해결하기 위해 와인을
국가차원에서 관리하는 제도를 마련했다.

AOC 등급제를 도입해 와인산업 전반에 새로운
변화를 불러 일으켰고 이는 성공적으로 정착되어
이탈리아, 스페인 등 다른 유럽 국가도 이를 받
아들여 적용했다.

1
《와인 바이블》
캐빈 즈랠리, 정미나 옮김, 한스미디어, 2020 개정판(149).

2
《와인은 어렵지 않아》
오펠리 네만, 박홍진, 임명주 옮김, 그린쿡, 2020 개정판(105).

3
《와인의 역사》
로드 필립스, 이은선 옮김, 시공사, 2002(431).

칠
레

시인과
와인의
나라。

세상에서 가장 긴 나라는?

초등학생도 맞힐 수 있는 이 문제의 답은 '칠레' 입니다. 우리와는 남북으로도, 동서로도 정 반대에 위치한 나라이지요. 실제 거리 만큼이나 정서상 거리도 멀어서 크게 관심이 없었던 나라이기도 합니다. 특이한 지형이나 기억했지, 시험에도 잘 나오지 않기 때문에 별로 외울 것도 없는 존재감이 없던 나라였습니다. 그런 나라에 처음 호기심이 생겼던 건 한 시인 때문이었습니다. 시와도 별로 친하지 않았지만 이 시인은 좀 특별했습니다. 그의 시는 한 편도 읽지 않았지만 그의 이름은 영화를 통해서 알게 되었습니다.

철학보다 죽음에 더 가깝고, 지성보다 고통에 더 가까우며, 잉크보다 피에 더 가까운…. 1996년 여름에 개봉했던 '일 포스티노^{Il Postino}'에 나온 싯구절입니다. 영화 제목은 이탈리아 말로 우체부라는 뜻입니다. 칠레의 시인 파블로 네루다^{Pablo Neruda}가 칠레를 떠나 망명 생활을 했던 삶에, 작가의 상상을 더한 이야기로 만든 영화이지요. 아름답고 한적한 바다 마을, 애인과 함께 망명 생활을 하는 세계적 시인, 순박한 시골 청년과의 우정, 그리고 시골 아가씨와의 사랑과 비극적 죽음까지… 20대 초의 쿨하고 시크했던 제가 소화하기에는 너무 벅찰 정도로 낭만이 넘치는 영화였습니다. 이 오글거리는 영화와 시인을 사랑하게 된 건 얼마 후에 참가했던 퀴즈대회 때문입니다.

여름방학 동안 지루한 삶에 변화를 위해서 한 방송국의 퀴즈대회에 참가했습니다. 다행히도 결선까지 올라갔네요. 4명이 겨루는 결선에서 1등과 2등은 압도적 점수 차이로 이미 결정이 났고, 3등을 가리기 위해 2명이 치열하게 퀴즈를 풀고 있었습니다. 3등까지만 상품이 있었기에 두 명에게는 피를 말리는 경쟁이었지요. 다만 다른 사람들이 보기에는 아마도 '덤 앤 더머'와 같았을 겁니다. 그 둘의 지루했던 오답 행진을 끝낸 마지막 문제. 그 문제의 답이 '파블로 네루다'였습니다. 며칠 전에 영화를 보았기에 자신있게 정답을 맞혔던 덤 앤 더머 중의 한 명이 바로 저였습니다.

사 랑 의 시 인 파 블 로 네 루 다

파블로 네루다는 1904년에 리카르도 엘리에세르 네프탈리 레예스 바소알토^{Ricardo Eliécer Neftali Reyes Basoalto}라는 이름으로 태어났습니다. '파블로 네루다'는 시 쓰는 걸 반대하는 아버지 때문에 만든 예명이었지요. 철도 노동자였던 아버지는 똑똑한 아들이 사범대를 졸업하고 교사가 되기를 바랐습니다. 하지만 아들은 열 살 무렵부터 시를 쓰기 시작했고, 십대 중반에는 이미 유명한 학생 시인이 되었습니다. 아버지는 시가 쓰여진 노트를 창밖으로 버리고 불태울 정도로 반대가 심했지만 아들은 이름을 바꿔가며 시를 썼습니다.

네루다는 1921년 첫시집 《황혼의 일기》를 펴냈고, 1924년에는 《스무 편의 사랑의 시와 한 편의 절망의 노래》를 발간했습니다. 이 시집은 100년 가까이 지난 지금까지도 사랑받는 그의 가장 대표적인 시집입니다. 이 때만 해도 그는 통속적인 사랑과 여인의 아름다움에 관한 시를 썼습니다. 이후 유럽 생활과 스페인 내전 등을 거치며 민중을 위한 시를 쓰는 민중시인으로 유명해졌지요. 하지만 그가 사랑이나 민중을 위한 시만 쓰는 시인은 아니었습니다. 1954년에 발표한 시집, 《단순한 것들을 기리는 노래》에는 정말 단순한 것들_책, 폭풍우, 수박, 소금_심지어 양말을 기리는 노래도 있습니다. 물론 와인을 노래하는 시^{Ode to Wine}도 있지요.

이것이 내 술잔
크리스털 날 뒤에
핏빛으로 빛나고
이것이 내 술잔
축배의 와인
나의 운명과 또 다른 운명을 위해
내가 가졌던 것과 가지지 못했던 것을 위해
핏빛의 칼날을 위해
투명한 술잔으로 노래하는 와인

칠레의 대표적인 시인 파블로 네루다(Pablo Neruda).

혁명이 성공한 뒤에 축배를 드는 장면이 떠오릅니다. 아니 혁명의 성공을 다짐하는 출정식의 건배일까요? 뭐가 되었든 비장한 느낌이 듭니다.

나의 사랑, 갑작스레
그대의 엉덩이는
끝까지 가득 찬
와인잔의 굴곡입니다.
그대의 가슴은 포도,
그대의 머리칼은 알코올의 빛
그대의 젖꼭지는 포도송이
그대의 배꼽은 와인통과 같은 배위에 찍힌 순수한 봉인
그리고 그대의 사랑은 채울 수 없는 와인의 폭포
나의 감각에 떨어지는 빛남은
삶의 흙과 같은 광채
〈와인에 바치는 송가Ode to Wine 중에서〉

역시 네루다는 사랑의 시인이었습니다. 같은 와인을 가지고 이렇게 관능적인 표현도 한 걸 보면 말입니다. 선정성으로 논란이 되었던 그의 첫 시집 《스무 편의 사랑의 시와 한 편의 절망의 노래》와 비교해도 전혀 부족함이 없지요. 그가 사랑하는 두 가지, 여인과 와인은 그의 시로 하나가 되었습니다. 저는 아직도 시와는 별로 친하지 않습니다. 하지만 배꼽을 와인통에 찍힌 봉인에 비유하는 그의 상상력에는 경외ode를 보내지 않을 수가 없네요.

영화와 퀴즈대회를 통해 파블로 네루다를 알게 되었고, 칠레에 호기심이 생겼지만 여전히 칠레는 너무도 먼 나라였습니다. 그때까지 호주, 유럽, 미국 등에서 살았고 아프리카도 가봤지만 칠레는 가고 싶다는 생각조차 안 들 정도로 먼 곳이었지요. 지구상에서 가장 멀고도 낯선 나라가 가깝게 느껴지기 시작했던 건 2004년이었던 것 같습니다. 그 해에 우리나라는 칠레와 최초로 FTA^{Free Trade Agreement}(자유무역협정)를 맺었고, 칠레에 관한 소식이 뉴스에 자주 등장하기 시작했지요. 저는 그때 미국에서 대학원을 다니고 있었습니다. 그때만 해도 몰랐습니다. 제가 칠레에서 살게 될 거라고는요. 그 다음해에 칠레 산티아고에 있는 학교에 교환학생으로 가게 되면서 칠레와 아주 가까워졌습니다.

교환학생으로 같이 갔던 미국 학생 중에는 와인을 무척 좋아하는 친구가 있었습니다. 줄리아^{Julia}라는 이름의 친구는 20대 후반의 어린 나이였는데도 와인에 대한 식견이 뛰어났습니다. 줄리아에 대한 저의 인상은 칠레를 가기 전과 그 후로 나뉩니다. 칠레 이전의 줄리아는 철인삼종 경기, 즉 수영과 사이클, 마라톤을 즐기는 건장한 체격의 씩씩한 미국여자 였습니다. 어느 날 휴게실 냉장고에 넣어둔 그녀의 점심이 사라지는 일이 생겼습니다. 줄리아는 '한 번 더 훔쳐 먹으면 공개적으로 개망신을 주겠다. 이 쓰레기 같은 놈^{scumbag}아'라며 전체 메일을 보낼 정도로 거침 없는 성격이었습니다. 저와는 외모부터 취미, 성격, 관심 영역 등이 전혀 달라서 친해질 일이 없었습니다. 친해지기는 커녕 거침 없는 성격이 부담스러워서 피하고 싶을 정도였지요. 그런 사람과 한 학기 동안 대부분의 수업을 같이 듣고 생활해야 하다니… 좀 걱정이 됐습니다.

아니나 다를까 우리는 산티아고에서 같이 어울려 다니면서 저녁도 자주 먹었습니다. 그때마다 줄리아는 먼저 나서서 와인을 고르고 주문했습니다. 포도의 품종 별로 맛과 향의 차이를 알고 음식에 맞게 와인을 고르는 그녀는 미국에서 알던 줄리아와는 좀 달라 보였습니다. 당시에는 저도 와인을 좋아하고 취향이 있었지만 기가 눌렸는지, 줄리아가 주문하는 대로 먹었습니다. 다른 아이들도 크게 다르지 않았던지 언제나 와인 선택은 줄리아의 몫이었습니다. 그녀의 일은 주문에서 끝나지 않았습니다. 와인이 나오면 맛을 확인하고, 테이스팅을 마친 뒤 자신만의 언어로 맛과 향을 표현하곤 했습니다. 시인의 나라에 오더니 시인이 된 걸까요. 그녀가 많이 달라 보이긴 했지만, 언제 또 거침 없는 성격이 나올까 두려워 여전히 친해지고 싶지는 않았습니다.

산 티 아 고 에 서 찾 은 사 촌

칠레에서 들었던 수업 중에는 칠레의 경제에 관한 과목이 있었습니다. 주요 산업인 구리와 와인을 배우며 현장학습을 가기로 했습니다. 예전에는 큰 탄광이었지만 지금은 관광객 체험용으로 바뀐 곳과 칠레에서 가장 큰 와이너리를 방문하기로 했습니다. 칠레를 대표하는 와인, 디아블로^{Casillero del Diablo}를 생산하는 콘차이 토로^{Concha y Toro}였지요. 가장 큰 와이너리 답게 저렴한 비용으로 할 수 있는 와이너리 투어 프로그램이 갖추어져 있었습니다.

이때 줄리아가 반대 했습니다. '아무나 갈 수 있는 1시간짜리 와이너리 투어는 싫다, 천천히 와인 시음을 즐길 수 있는 특별한 와이너리를 방문하자'고 하더군요. 자신의 사촌이 산티아고 근교에서 와이너리를 하고 있다면서 말이지요. 그동안 칠레에 친척이 있다는 말이 없던터라 좀 놀랐지요. 사실은 진짜 사촌이 아니라 자신의 엄마와 이름^{family name}이 같은 사람이 운영하는 와이너리를 발견했던 거였습니다. 그런데 엄마의 엄마, 즉 외할머니가 칠레 출신이라 친척일 수도 있을 거라며 연락을 했던 거지요. 다행히도 사촌(?)이 운영하는 와이너리의 방문이 성사되었고 우리는 규모는 작지만 특별한 와이너리를 감상할 수 있었습니다.

와이너리 주인은 처음보는 줄리아를 정말 사촌이라도 맞이하듯 반겨주었습니다. 사촌은 아니지만 실제로 먼 친척은 될 거라면서요. 덕분에 우리는 영화나 TV에서만 보던 멋진 와인 테이스팅을 할 수 있었습니다. 한두 가지의 와인이 아니라 열 병쯤 되는 다양한 와인을 맛보는 것이었지요. 많은 종류의 와인 테이스팅을 하니 일반 와인 테이스팅에서는 볼 수 없던 물건이 테이블에 놓였습니다. 작은 스텐리스 양동이 같은 건데, 그런 자리가 처음이었기에 무엇에 쓰는 물건인지 짐작도 할 수 없었습니다. 아무튼 와인을 받아서 천천히 마시고 있었습니다. 갑자기 옆 자리에 앉은 사람이 양동이에 와인을 뱉었습니다. 놀랄 겨를도 없었습니다. 곧 이어 다른 사람들도 양동이에 와인을 뱉었거든요. 알고 보니 양동이는 맛만 보고 와인을 뱉는 용도로 놓여있던 겁니다. 열 가지쯤 되는 와인을 모두 맛보면 취하겠지요. 취하지 않더라도 뒤에 나오는 와인의 맛을 정확히 느끼기 위해서는 맛본 와인을 삼키지 않고 뱉어야 합니다. 필요한 과정이지만 사실 그리 아름답지는 않은 장면입니다. 다른 사람들 앞에서 입에 들어 있던 음식을 뱉는 것이 내키지 않았기에 저는 그냥 다 마시기로 했습니다. '난 술이 세서 괜찮아. 난 한국 사람이잖아. 하하'라고 변명하면서 말이지요.

　　　　몇 잔이나 마셨는지 기억이 나지 않습니다. 시음하는 것마다 너무 맛있다고 떠들며 마셨던 것 같습니다. 시인이라도 된 양 줄리아와 같이 맛과 향을 평가했던 것도 같습니다. 그러다가 차 안에서 눈을 뜬 것 같습니다. 머리가 아파서 다시 눈을 감았다가 떠보니 방안 침대 위였습니다. 누가 와인은 안 취한다고 했던가요. 원래도 술을 많이 못 마시는데, 더구나 따뜻한 햇살 아래에서 술을 마시다가 완전히 취했던 겁니다. 평소보다 말과 웃음이 많아진 걸 보고 제가 취한 걸 눈치챈 친구들이 차로 데려갔다고 합니다. 집 근처에 도착해도 일어나지 않자 철인삼종으로 단련된 줄리아가 저를 업고 집까지 데려왔다고 하네요. 필름이 끊긴, 몇 안 되는 기억 중 하나입니다.

졸업 후 결국 줄리아는 E&J Gallo라는 미국 최대 와인 생산업체에 취업했습니다. 경영대학원 졸업생이 와인회사에서 무슨 일을 할까 했는데, 줄리아의 업무는 해외 마케팅이었습니다. 와인회사에서도 당연히 마케팅을 할 사람은 필요하니까요. 좋아하는 일을 직업으로 하고 있으니 행복하겠지요. 학교를 떠난 뒤 연락을 나누지 않아 잘 모르겠지만 행복할겁니다. 생각난 김에 찾아 봤습니다. 페이스북에서 바로 찾을 수 있었습니다. 직장에 대한 언급은 없지만 캘리포니아 새크라멘토에 살고 있는 걸 보니 지금도 와인 업계에서 일하나 봅니다. 두 아이의 엄마가 됐지만 여전히 철인삼종 경기를 즐기며 건강한 모습 그대로입니다. 아이들을 업고 안고 놀아주는 사진을 보니 진정 철인다워 보입니다. 역시 행복한 것 같습니다.

1초에 한 병 씩 팔리는 와인

비싼 와인은 '당연히' 향도 맛도 좋습니다. 간혹 빈티지에 따라 좋지 않은 경우도 있지만 대부분은 엄격한 생산관리를 거친 고급 와인들이지요. 그렇지만 고급 와인을 늘 마시기는 어렵습니다. 와인을 사랑하는 사람들이라면 비싸지 않으면서도 맛있는 와인을 찾기 마련이지요. 그런 의미에서

1
121쪽 와인 상식 참조.

가장 훌륭한 와인은 칠레 와인이 아닐까 싶습니다.

칠레는 전 세계적으로 가격대비 품질, 요즘 말로 가성비가 가장 뛰어난 와인으로 평가받고 있습니다. 칠레의 주요 와인 산지는 지중해성 기후(실제로는 태평양을 따라 위치)로 여름이 덥고 건조한 해안을 따라 위치합니다. 포도가 한창 익을 동안 풍부한 일조량을 받아 단맛이 강하고 색깔이 진한, 맛있는 포도가 생산되지요. 게다가 지중해 연안의 유럽과는 달리 날씨가 변덕스럽지 않아 빈티지에 따른 차이도 별로 없습니다. 세상에서 가장 긴 나라 답게 기후도 다양해서 거의 대부분의 화이트, 레드 와인 품종이 재배됩니다. 서쪽으로는 태평양, 동쪽으로는 안데스 산맥으로 가로막혀 있어 병충해의 피해도 적습니다.

19세기 말 미국과 유럽 등 전 세계의 포도밭을 망가뜨렸던 필록세라[1]가 유일하게 망치지 못한 것도 바로 지형적 이유 때문이지요. 덕분에 칠레는 현재 유일하게 유럽의 전통 포도로 옛날 와인 맛을 내는 와인 생산국입니다.

칠레 와인은 16세기부터 만들어졌습니다. 다른 신세계 와인들처럼 수도사들이 미사를 위해 만든 미션 와인으로 시작했지요. 19세기 이후 칠레 와인 시장의 가능성을 알아본 와인 선진국, 특히 프랑스의 자본과 기술이 투자되면서 본격적으로 좋은 와인이 생산되었습니다. 맛있는 포도를 재료로 뛰어난 기술로 와인을 만드니 당연히 품질이 좋을 수 밖에 없겠지요. 그럼에도 가격이 저렴한 이유는 유럽이나 미국에 비해 엄청나게 낮은 땅값과 인건비 덕분입니다.

이렇게 고마운 칠레 와인이 우리나라에서 인기를 얻게 된 건 그리 오래되지 않았습니다. 2000년대 초까지만 해도 프랑스를 비롯한 유럽 와인들이 점령하던 때라 신세계, 그중에서도 낯설기만한 칠레 와인이 설자리가 없었지요. 그러다 2004년에 칠레와 FTA를 맺으면서 칠레 와인의 수입이 크게 늘어났습니다.

우리나라에 수입되는 다양한 칠레 와인 중에서도 가장 유명한 와인은 콘차이 토로Concha y Toro사에서 생산하는 까시예로 델 디아블로Casillero del Diablo(악마의 와인 저장고) 와인일 겁니다. 우리나라뿐 아니라 전 세계적으로 1초에 한 병 꼴로 팔린다고 하니 얼마나 인기있는 와인인지 실감이 나지요. 악마의 와인이란 이름에는 전해져 내려오는 이야기가 있습니다.

와인의 전설이라 주장하는 까시예로 델 디아블로 와인. 카베르네 소비뇽.

콘차이 토로는 콘차 부부가 1883년에 설립한 와이너리 입니다. 설립 초기에 와인은 팔리지도 않는데, 저장고에 있어야 할 와인이 자꾸 사라졌습니다. 이상하게 생각한 부부가 몰래 숨어서 보니 일꾼들이 와인을 훔쳐서 마시고 있었습니다. 부부는 궁리 끝에 '와인 저장고에 악마가 산다'는 소문을 퍼뜨렸습니다. 그러자 겁먹은 일꾼들이 와인을 훔치는 일이 사라졌다

2
로쉴드Rothchild.
영어로는 로스차일드라고
발음하는 국제적인
금융재벌 가문.
프랑스 보르도, 메독 지역의
그랑 크뤼 클라세
1등급(프리미에 크뤼)
와이너리인 샤토 라피트
로쉴드와 샤토 무통 로쉴드를
소유하고 있다.
둘 다 포이약에 위치한다.

3
와인 인텔리전스Wine
Intelligence 와인 브랜드
보고서,
The Global Wine Power
Index 2020.

134

고 하네요. 부부의 헛소문에 살이 붙어 얼마나 맛있으면 악마가 탐을 낼까, '악마가 즐겨 마실 정도로' 맛있는 와인이라는 이야기가 만들어졌습니다. 이야기는 국경을 넘어갔지요. 이제 디아블로 와인은 칠레는 물론 미국에서도 인기가 높은 와인입니다. 이후 프랑스의 와인 명가 로쉴드Rothchild가 자본과 기술을 투자하면서 아메리카 대륙의 3대 와이너리로 성장하지요[2]. 와인 인텔리전스Wine Intelligence의 2020년 와인 브랜드 보고서The Global Wine Power Index (2020)에서 옐로우 테일에 이어 세계에서 가장 영향력 있는 와인 브랜드 2위에 선정된 브랜드가 바로 디아블로 와인[3]입니다.

디아블로 와인은 맛은 물론 성공적인 마케팅으로도 유명합니다. 병 목에 악마의 얼굴을 붙여서 스페인어로 쓰여진 라벨을 읽지 못해도 '악마의 와인'임을 한 눈에 알 수 있게 만들었습니다. 이름에 얽힌 전설을 이용해 스스로를 '와인의 전설'이라고 부르는 뻔뻔함을 선보이기도 합니다. 특히 할로윈에는 악마를 이용한 다양한 프로모션을 펼치기도 하지요. 반면에 가격은 매우 착합니다. 우리나라에서도 1~2만원 사이에 구매할 수 있습니다. 왜 1초에 한 병 씩 팔리는지 알 것 같지요. 칠레 와인 답게 다양한 품종의 화이트, 레드 와인이 생산되는데, 그중에서도 카베르네 소비뇽을 추천합니다. 칠레의 뜨거운 햇살을 듬뿍 먹고 자란 포도로 만든 레드 와인으로, 레드 와인하면 떠오르는 바로 그 맛을 느낄 수 있습니다. 이미 매튜 쥬크^{Matthew Jukes}, 제임스 서클링^{James Suckling}과 같은 세계적인 와인 평론가들에게 높은 평가를 받았고, 문두스 비니^{Mundus Vini}, 와인 앤 스피릿^{Wine & Spirits} 등에서 골드 메달을 받았으니[4] 품질을 인정할 만 하지요.

맛과 함께 이야기가 있는 와인, 맛은 전문가들이 평가했으니 우리는 즐겁게 마시기만 하면 될 것 같네요. '시인의 나라'의 와인이니 시와 함께 즐기는 것도 좋을 것 같습니다.

4
Casillero del Diablo 공식 웹사이트:
http://www.casillerodeld iablo.com/noticias/

와인은 모두 포도로 만드는 건데 왜 맛이 다른가요?

와인의 맛은 포도에 따라 다릅니다. 비슷한 포도로 보이지만 포도에는 다양한
품종이 있으며 이에 따라 맛이 달라지지요. 또한, 같은 품종이라고 해서 같은
맛의 와인이 만들어지는 것도 아닙니다. 와인은 포도가 재배된 '떼루아^{terrior}'에
따라 맛이 달라지기 때문입니다. 같은 환경의 포도밭에서 재배되었다 하더라도
재배된 해, 즉 빈티지에 따라서도 맛이 달라집니다. 무엇보다도 만든 사람이 누
구인가에 따라서 맛에 차이가 생깁니다.
똑같은 카베르네 소비뇽이라 할지라도 어떤 지역^{地}에서, 어느 해^{天}에, 어떤 사람
^{人}이 만들었느냐에 따라 다른 맛을 갖게 됩니다. 와인을 만든 후에는 얼마나 오
래, 어떤 환경에서 숙성했는가에 따라서도 와인 맛이 크게 달라집니다. 이렇다
보니 수만 가지의 맛과 향을 가진 와인이 만들어지게 되는 것이지요. 아무리 미
각이 뛰어난 소믈리에라 해도 이 맛을 모두 구분하는 것은 불가능합니다.

와인은 처음 마십니다.
종류가 너무 많아서 뭘 골라야 할지 모르겠는데, 어떻게 골라야 하나요?

먼저 자신의 취향을 아는 것이 중요합니다. 단맛이 있는 것이 좋은 지, 없는 것
이 좋은 지, 묵직하고 부드러운 맛이 좋은 지, 가벼운 맛이 좋은 지 등 아주 기
본적인 취향을 알고 있어야 합니다. 두 번째로 가격대를 정합니다. 처음부터 비
싼 와인으로 할 필요는 없겠지요. 2~3만원 대면 AOC, DOC 등급을 받은 괜찮
은 프랑스나 이탈리아의 와인을 구매할 수 있습니다. 호주나 칠레 와인은 1만
원 대에도 좋은 와인을 구매하실 수 있습니다.

두 가지를 결정했다면 와인 구매처(와인 전문점, 마트, 백화점 등)에 상주하는 판매원을 적극 활용하시면 됩니다. 마트나 백화점의 와인 코너에 있는 판매원은 와인 수입사에서 파견된 직원인 경우가 많으며, 이들은 와인 전문가입니다. 본인의 취향과 예상 가격대를 알려주면 적절한 와인을 추천 받을 수 있습니다. 예상 가격대를 정하지 않았다면 너무 비싼 와인을 추천 받을 가능성이 높겠지요. 취향을 모른다면 아무리 전문가라도 적절한 와인을 추천하기 어렵습니다.

참고로 와인을 처음 접하는 초보자라면 '모스카토 다스티'나 '리슬링'처럼 가벼운 화이트 와인부터 시작하는 것이 좋습니다.

친구들과 와인 파티를 하려고 합니다. 어떻게 준비해야 할까요?

먼저 파티의 규모와 성격, 참석하는 사람들의 취향을 알아야 합니다. 참석하는 사람이 3~4명일 경우 참석자의 취향에 맞는 와인을 고릅니다. 참석자가 5~10명이거나 그보다 적더라도 취향이 각각 달라서 맞추기 어렵다면 중간 정도의 무게감에 드라이한 와인으로 선택하는 것이 가장 무난합니다.

참석자가 10명 이상일 경우에는 무게감이 있는 와인과 가벼운 와인, 달콤한 화이트 와인을 각각 준비하는 것이 좋겠지요. 4번에서 와인 구매 시 예상 가격대를 분명하게 정해야 한다고 했지요. 와인 파티를 준비할 때도 마찬가지 입니다. 가격대를 먼저 정해야 예산 안에서 가장 좋은 와인을 구매할 수 있습니다.

낮에 모임을 하는 경우에는 저녁에 하는 것보다 알코올 도수가 낮은 와인, 오래 숙성하지 않은 가볍고 깔끔한 와인으로 하는 것이 좋습니다. 저녁에 식사와 함께 한다면 메인 요리를 먼저 정하고, 이에 맞춰 와인을 선택하는 것이 좋겠지요.

와인을 선택했다면 이에 맞는 치즈를 골라볼까요. 와인과 치즈를 맞추는 마리아주 원칙(치즈에 대한 궁금증, 237쪽 참고)에 맞게 고르시면 됩니다. 브런치나 런치 모임이라면 빵과 과일, 견과류도 함께 준비해 보세요. 과일은 사과, 천도 복숭아, 포도 등이 치즈와 잘 어울립니다. 이 때 포도는 씨가 없고 껍질까지 먹을 수 있는 것으로 준비하는 것이 좋습니다. 식사 모임이 아닌 오후의 와인 파티라면 빵 대신에 워터 크래커로 대체하고 과일은 생략해도 괜찮습니다.

와인을 먹다가 남았는데 나중에 먹어도 되나요?

와인을 마시다 보면 한 병을 다 못 마시고 남기는 경우가 있습니다. 스크류 캡이 아니라 코르크 마개인 경우 다시 막아보려 해도 잘 들어가지도 않고 난감하지요. 다른 용기에 넣어 보관하려 해도 뭔가 찜찜합니다.
와인은 치즈와 마찬가지로 개봉한 뒤에는 한 번에 다 마시는 것이 좋습니다. 어쩔 수 없이 와인이 남을 경우에는 코르크를 억지로 밀어 넣는 것 보다는 스토퍼를 이용해 공기가 통하지 않도록 꼭 막은 뒤 냉장실에 보관하는 것이 좋습니다. 그렇다 해도 일주일을 넘기지 않아야 합니다. 일주일이 지난 와인은 다시 마시기 보다는 차라리 요리에 사용하는 것을 추천합니다.

다양한 디자인의 와인 스토퍼.

밸브형 진공 와인 스토퍼.

와인을 마시면 머리가 아픕니다. 왜 그런 걸까요?

와인을 마신 다음날 두통을 호소하는 사람들이 있습니다. 저도 그 중의 한 명입니다. 저는 레드 와인을 두 잔 넘게 마시면 다음날 십중팔구 머리가 아픕니다. 그런데 화이트 와인은 그보다 훨씬 많이 마셔도 전혀 머리가 아프지 않습니다. 반대로 레드 와인은 괜찮은데 화이트 와인을 마신 후에 머리가 아프다고 하는 사람도 있습니다. 와인을 마신 후에 왜 머리가 아픈 걸까요?

답은 '의사들도 잘 모른다' 입니다[1]. 사람에 따라 그리고 와인에 따라 여러가지 원인이 있습니다. 포도의 껍질에는 알레르기를 일으킬 수 있는 히스타민 성분이 들어있습니다. 레드 와인은 껍질째 만들기 때문에 히스타민에 민감한 사람은 두통을 겪을 수 있습니다.

이산화황도 두통의 원인이 된다고 하네요. 이산화황은 와인의 산화를 방지하기 위해서 첨가합니다. 또한 스위트 화이트 와인을 만들 때 알코올 발효를 멈추기 위해서 넣기도 합니다[2]. 그러니까 이산화황에 민감한 사람은 달콤한 스위트 와인을 마시면 두통을 겪는 것입니다.

같은 양을 마셔도 사람에 따라 다른 이유는 성별, 유전적 특징, 건강 상태에 따라 미치는 영향이 다르기 때문인데요. 알코올을 섭취함에 따른 탈수증이 큰 역할을 한다고 합니다. 가장 좋은 건 와인을 마실 때, 물을 같이 마셔서 두통으로 고생할 확률을 줄이는 것이겠지요. 와인 한 잔당 물 두 잔을 마시면 탈수를 막는데 도움이 된다고 합니다.

139

1
《와인 바이블》 캐빈 즈랠리, 정미나 옮김, 한스미디어, 2020 개정판.

2
와인의 발효는 효모가 당분을 이용해서 알코올과 탄산가스를 만들어 내면서 이루어진다.
효모는 당분을 모두 소비하면 발효를 멈춘다.
당분을 남기려면 발효를 멈추어야 하는데 이때 이산화황이 사용된다.

두 번째 맛, 치즈

인간이 치즈를 먹은 건 언제부터였을까요?

많은 사람들이 수백 년, 길게 잡아도 수천 년 전이 아닐까라고 생각하겠지만

실제로는 자그마치 1만2천 년 전부터라고 알려져 있습니다.

치즈는 인류가 가축을 사육하기 시작한 때부터 만들어졌다고 볼 수 있습니다.

최초의 치즈는 우연히 만들어졌을 겁니다.

중앙아시아에서 양을 사육하던 유목민은 양젖을 먹었습니다.

어느 날 아침에 짠 양젖을 다 먹지 못하고 남겼더니 한낮을 지나면서 덩어리가 만들어졌죠.

양젖에서 시큼한 냄새가 났지만 버리기에 아까워서 그냥 먹었더니 의외로 새로운 맛이 났고,

먹을 만했던 거지요. 그 다음부터는 일부러 양젖을 조금씩 남겨서 응고시켜서 먹게 되었죠.

인류 최초의 치즈는 이렇게 자연적인 젖산 발효로 만들어졌습니다.

오늘날의 '생 치즈fresh cheese'가 유목민이 처음 맛보았던 치즈에 해당합니다.

치즈는 서양 문명의 이동과 함께 중앙아시아에서 그리스, 이탈리아를 통해

서유럽에 전파되었습니다.

유럽으로 널리 알려진 치즈는 '신이 주신 선물' 이라 불리며 사람들의 사랑을 듬뿍 받았고,

오래지 않아 그들의 일상 음식이 되었습니다.

유럽인들에게 치즈가 어떤 의미였는지는 신화, 문학, 역사 등 서양 인문학 곳곳에서 보여집니다.

일상의 음식이 되다.

이번 장에서는 인문학에 등장한 여러 치즈 중 종류별로 한 가지씩 골라서 이야기해 보겠습니다.

먼저 치즈의 종류를 어떻게 구분하는지 알아봐야겠지요.

치즈는 크게 자연 치즈와 가공 치즈로 분류할 수 있습니다.

가공 치즈는 가짜 치즈와는 다른 말입니다. 가공 치즈는 한 가지 이상의 자연 치즈를 사용하며

다른 재료와 섞고, 가열하여 새롭게 만든 치즈를 말합니다.

우리가 어디에서나 흔히 볼 수 있는 여러 치즈, 특히 슬라이스 치즈의 대부분이 가공 치즈입니다.

자연 치즈는 자연적으로 발효해서 숙성한 치즈를 말합니다.

원료나 만드는 방법, 수분함량, 숙성 기간이나 숙성 방법 등에 따라 다양하게 분류할 수 있으며

수천 가지가 넘습니다.

이 책에서는 자연 치즈만 다루고 있습니다.

프랑스에서 치즈를 구분하는 기준에 따라 일곱 가지, 즉 셰브르 치즈(산양/염소 치즈), 생 치즈,

흰색 외피 연성 치즈(흰곰팡이 치즈), 세척 외피 연성 치즈, 반경성 치즈(비가열 압착 치즈),

경성 치즈(가열 압착 치즈), 푸른곰팡이 치즈 중 하나씩 골라서 이야기합니다.

그럼, 이제 치즈를 즐겨 먹었던 신의 아들과 그를 혼내 준 영웅, '오디세우스'를 시작으로

치즈 이야기에 빠져 볼까요.

페
타

신이 먹은 것과
가장 닮은
치즈。

전 세계에서 치즈를 가장 많이 먹는 사람들은 누구일까요? 당연히 치즈 선진국인 프랑스 사람들이라 생각할 수 있지만 답은 '그리스 사람들'입니다[1]. 그리스의 1인당 치즈 소비량은 프랑스나 이탈리아보다 많은 연간 약 25kg입니다. 그리스인들이 제일 많이 먹는 치즈는 '페타feta'입니다. 우리에게는 좀 생소한 치즈이지만 그리스 사람들은 아침, 점심, 저녁, 그리고 디저트로도 먹습니다. 그리스인들의 치즈 사랑은 오늘날만의 일이 아닙니다. 그들의 조상은 치즈를 '신이 주신 선물'이라고 부를 정도로 사랑했습니다. 그러다 보니 그리스 신화에는 치즈가 다양한 형태로 등장합니다. 특히 〈오디세이아〉에는 고대 그리스인들이 치즈를 만들었던 방법이 기록되어 있습니다.

폴리페모스의 눈을 찌른 '아무도 아닌 자(Nobody)'

〈오디세이아Odysseia〉는 그리스의 시인 호메로스[2]가 기원전 700년 경에 쓴 대서사시입니다. 서양 최초의 기록 문학이지요. 그의 또 다른 작품 〈일리아스Ilias〉는 그리스와 트로이 간의 전쟁을 다룬 기록이고요. 〈오디세이아〉는 트로이 전쟁에서 이긴 이타카의 왕 오디세우스가 고향으로 돌아가는 여정을 담고 있습니다. 〈일리아스〉에는 아킬레우스[3], 헥토르[4] 등 친근한 영웅들이 많이 등장합니다. 또한 트로이 목마[5]와 같

1
국가별 1인당 치즈 소비량. 조사 연도와 기관에 따라 해마다 조금씩 차이가 있다. 본문에 관한 내용은 다음 기관에서 조사한 자료이다. Information based on 2009 statistics by Eurostat, the Canadian Dairy Information Centre (CDIC) and the Wisconsin Milk Marketing Board.

2
Homeros. 고대 그리스의 서사시인. 유럽 문학 최대의 서사시 〈일리아스〉와 〈오디세이아〉를 쓴 인물.

3
Achilleus. 트로이 전쟁을 승리로 이끈 그리스 신화 속 영웅.

4
Hektor. 트로이 왕의 장남으로 트로이 군의 총대장을 맡은 인물로 아킬레우스에게 죽임을 당한다.

5
트로이 전쟁 신화에 등장하는 이야기로 트로이가 몰락하는 결정적 계기가 된 사건.

은 온갖 전략과 음모가 난무합니다. 이에 비해, 오디세우스의 귀향을 다룬 〈오디세이아〉는 왠지 밋밋할 것 같지요. 집에 돌아가는 길이 뭐 그리 특별할까 싶지만, 신이 정한 오디세우스의 운명은 그리 호락호락하지 않았습니다.

트로이 전쟁을 승리로 이끈 오디세우스는 기쁜 마음으로 고향 이타카로 돌아가는 중이었다. 그의 여정은 처음부터 만만치 않았다. 주민들과의 충돌로 여섯 명의 부하를 잃은 이스마로스와 기억을 잃고 영원히 머물고자 했던 로토파고스. 그 이후에 여러 날을 헤매다 도착했던 섬이 바로 키클롭스가 사는 곳이었다. 키클롭스는 '둥근 눈'이라는 뜻인데, 그들의 이마 한 가운데에 한 개의 눈만 있기 때문에 그렇게 불렸다. 오디세우스는 부하들과 함께 식량을 구하기 위해 섬을 정찰하던 중에 큰 동굴을 발견했다. 동굴 속에는 포동포동하게 살이 찐 양 떼와 양의 젖, 그리고 양젖이 응고된 것 등 맛있는 음식이 가득했다.

〈오디세이아〉

오디세우스가 고향으로 가는 길은 꽃길이 아닌 역경과 고난으로 가득 찬 죽음의 길이었죠. 왜 오디세우스는 전쟁영웅임에도 불구하고 금의환향 대신에 10년이나 바다를 헤매게 되었을까요? 제우스는 그가 바다를 떠돌았던 이유를 '오디세우스가 모든 키클롭스 가운데서도 가장 힘이 센, 신과 다름없는 폴리페모스Polyphemos를 눈멀게 했기 때문'이라고 말했습니다. 폴리페모스는 바다의 신 포세이돈의 아들입니다. 오디세우스가 키클롭스 섬에서 발견한 '맛있는 음식이 가득한' 동굴의 주인이기도 합니다.

곧 동굴의 주인인 폴리페모스가 돌아와 양젖을 짰다. 그리고 젖의 일부분은 응고 시키기 위하여 저장하고 나머지는 그대로 식사 때 먹었다. 폴리페모스는 양을 치며 사는 외눈박이 거인 키클롭스 종족으로 바다의 신 포세이돈의 아들이다.

폴리페모스가 매일 부하들을 잡아먹자 오디세우스는 그에게 술을 먹여 잠들게 한 뒤 불로 달군 나무막대기로 눈을 찔렀다. ● 거인은 눈을 부여잡고 "Nobody is killing me!"라고 외쳐댔는데, 이는 오디세우스가 자신의 이름을 '아무도 아닌 (Nobody, Outis)'이라고 알려줬기 때문이다. 'Nobody(Outis)가 나를 죽이려 한다' 는 폴리페모스의 다급한 외침을 듣고도, '아무도 자기를 죽이려하지 않는다'고 해석한 그의 친구들은 그를 돕지 않고 그냥 두었다. 눈이 멀게된 폴리페모스를 피해 탈출에 성공한 오디세우스는 배에 타고서야 제대로 된 이름을 알려주며 거인을 조롱했다. 화가 난 폴리페모스는 아버지 포세이돈에게 대신 복수해줄 것을 기원 했고, 결국 오디세우스는 고향에 도착할 때까지 10년이나 바다를 떠돌게 된다.
〈오디세이아〉

147

잠들어 있는 폴리페모스의 눈을 찌르는 오디세우스의 그림이 그려진 고대 그리스의 술 주전자(oinochoe), 루브르 박물관 소장.

　　　폴리페모스가 먹고 남긴 양젖은 동굴 속의 세균을 만나 자연스럽게 시어지고 응고되었을 겁니다. 어느 정도 응고되면 갈대로 만든 바구니에 넣어서 유청(응고되지 않은 액체)을 뺀 뒤에 응고된 덩어리, 즉 치즈를 먹었겠지요. 폴리페모스가 간단하게 만들어 먹었던 양젖 치즈가 오늘날 그리스인들이 끼니마다 먹는 페타 치즈의 기원이라고 할 수 있습니다.

6
송아지나 어린 양의 위에서 얻는 단백질 분해 효소. 이 효소에 의해 우유 중의 단백질이 응고되는데 이 응고된 덩어리를 커드(curd)라고 부른다.

신화에서 걸어 나온 자연 치즈

신화에 기록되어 있듯이 예전에는 치즈를 양젖이나 산양(염소)젖으로 만들었지만, 요즘에는 젖소유를 주로 사용하고 있습니다. 오늘날 페타는 우유를 35℃ 정도로 데운 후, 응유효소인 레닛^{rennet 6}을 넣어 응고시킨 뒤, 응고된 덩어리를 천 주머니에 넣고 매달아 유청을 뺀 후에 소금을 뿌려서 만듭니다. 꽤나 간단하지요. 오디세이아에 묘사된 '오디세우스가 거인이 양의 젖을 짜서 응고시키고, 유청을 따라낸 후 등나무로 짠 바구니에 담아두는 것을 보았다'와 크게 다르지 않습니다. 실제로 그리스의 시골에서는 아직도 손으로 직접 젖을 짜서 갈대로 만든 바구니에 응고된 덩어리(커드curd)를 담아 치즈를 만들기도 합니다.

이렇게 세척이나 숙성 등의 과정을 거치지 않고 만들어서 금방 먹는 치즈를 생 치즈^{fresh cheese}라고 합니다. 우리에게 친숙한 모짜렐라나 마스카르포네, 리코타도 모두 생 치즈 입니다. 숙성을 시키지 않기 때문에 치즈 특유의 콤콤한 냄새나 깊은 맛은 없지만 신선한 우유의 맛을 그대로 느낄 수 있습니다. 수분이 많기 때문에 맛이 금세 변질될 수 있으니 개봉 후에는 빨리 먹는 것이 좋습니다.

페타는 네모난 모양으로 잘라서 판매합니다. 이런 모양을 그리스어로 'fetes'라고 불러 페타^{feta}라는 이름이 되었다고 알려져 있습니다. 네모난 모양에 하얗고 작은 구멍이 있어서 얼핏 보면 두부처럼 보이는데, 이 구멍 때문에 잘 부서집니다. 유통기한이 짧은 생 치즈의 특성상 소금물에 담가 포장되고 판매됩니다. 그렇기 때문에 짠맛이 강하지요. 짠 맛을 줄이고 싶다면 차가운 우유나 물에 담가 15분 정도 두었다가 건져서 물기를 제거하고 먹으면 됩니다.

아침, 점심, 저녁, 그리고 디저트로도 먹는 페타. 어떻게 먹는 게 가장 맛있을까요? 빵과 그릭 요거트, 신선한 과일 한 접시와 페타를 함께 먹으면 든든한 아침거리가 됩니다. 잘 익은 토마토와 오이를 손질하여 커다란 그릇에 담고, 올리브 몇 알과 작고 네모나게 자른 페타를 섞습니다. 마지막으로 소금으로 간을 하고 올리브유를 뿌리면 그리스식 샐러드가 됩니다. 여기에 빵과 와인을 곁들이면 지중해식 점심이 되겠지요.

같이 마시는 와인은 페타의 짠맛을 보완할 수 있도록 신맛이 강하고 드라이한, 소비뇽 블랑Sauvignon Blanc과 같은 화이트 와인이 좋습니다. 저녁에는 작게 자른 페타에 밀가루를 묻혀 기름에 튀겨 애피타이저로 먹기도 합니다. 치즈 튀김인데 사가나키saganaki라고 부르지요. 시금치와 페타로 속을 만들어 파이지에 넣고 구우면 스파노코피타Spanokopita라고 하는 시금치 파이가 됩니다.

요리하는 게 귀찮다면 그냥 잘라서 식탁에 놓고 식사 내내 요리와 함께 먹어도 좋습니다. 식사가 끝난 후에는 페타와 꿀을 내는 것만으로도 달콤한 디저트가 됩니다. 요리할 때는 페타가 짜다는 걸 잊지마세요. 시금치 파이를 만들 때는 소금을 넣지 않아도 적당히 간이 됩니다. 좀 더 싱겁게 먹고 싶다면 페타와 리코타를 반반씩 섞어서 만들어도 괜찮습니다.

.

1
《치즈의 모든 것, 치즈도감》
NPO법인 치즈 프로페셔널 협회,
송소영 옮김, 한스미디어, 2017.

《500 치즈》
로베르타 뮤어, 구소영 옮김,
도서출판 세경, 2012.

2
산양(염소) 치즈의 경우,
염소젖의 특성이
소젖이나 양젖과 달라
독특한 향과 맛, 질감의
치즈가 만들어지므로
별도의 다른 하나의 종류로
분류한다.

자연 치즈 구분법

치즈는 크게 자연 치즈와 가공 치즈로 분류할 수 있다. 가공 치즈는 가짜 치즈와는 다른 말로 하나 이상의 자연 치즈를 가열하고 다른 재료와 섞어서 새롭게 만든 치즈이다. 우리가 흔히 접하는 슬라이스 치즈가 대표적인 가공 치즈이다.

자연 치즈는 재료, 만드는 방법, 수분함량, 숙성 기간이나 숙성 방법 등에 따라 다양하게 분류할 수 있다. 이 책에서는 프랑스의 분류를 기초로 해서 아래와 같이 일곱 가지로 나뉜 각 유형의 대표 치즈를 다룬다[1].

염소 치즈 Goat Cheese	**셰브르**(산양젖/ 염소치즈) Chevre Cheese[2] 우리가 아는 양이라기 보다는 염소처럼 생긴 산양의 젖으로 만든 치즈.	샤브루, 크로탱 드 사비뇰, 발랑세
연성 치즈 Soft Cheese	**생 치즈** Fresh Cheese 숙성 과정을 거치지 않는 치즈.	모짜렐라, 페타, 마스카르포네, 코티지
	흰곰팡이 치즈 Bloomy Rind Cheese 표면에 하얗고 보드라운 곰팡이가 덮힌 치즈.	브리, 까망베르, 뇌샤텔
	세척 외피 연성 치즈 Washed Rind Cheese 숙성 과정에 치즈의 겉 부분을 소금물 등으로 닦아가면서 발효한 치즈.	에프와스, 마루왈, 랑그르
경성 치즈 Hard Cheese	**반경성 치즈**(비가열 압착 치즈) Semi-hard Cheese 유청이 빠진 커드의 수분을 제거할 때 열을 가하지 않고 압착만 하는 치즈.	체더, 고다, 라클레르, 테트 드 무안
	경성 치즈(가열 압착 치즈) Hard Cheese 유청이 빠진 커드의 수분을 제거할 때 40℃ 이상의 열을 가하여 압착하는 치즈.	파르미자노 레지아노, 콩테, 페코리노 로마노, 에멘탈
	푸른곰팡이 치즈 Blue Cheese 커드에 푸른곰팡이 균을 주입하여 발효하는 치스.	고르곤졸라, 로크포르, 스틸턴

파르미자노 레지아노

암흑시대를 살던
사람들의
꿈.

'중세'하면 가장 먼저 떠오르는 이미지는 어둠과 절망입니다. 5세기 말 서로마제국이 붕괴한 이후에 유럽은 바이킹, 게르만, 몽고, 이슬람 같은 이민족의 끊임없는 침입과 페스트(흑사병) 등의 전염병으로 '암흑기'를 맞이합니다. 전쟁과 전염병으로 목숨이 위태로운 삶을 살면서 맛있는 음식을 즐기는 것은 꿈도 꿀 수 없는 일이었죠. 더군다나 몇 달 이상 숙성해야 하는 치즈는 당장 내일 죽을지도 모르는 처지에 있는 사람들에게는 언감생심이며 손에 잡을 수 없는 사치였겠지요. 안타깝게도 수천 년을 이어온 치즈 제조기술은 이 시기에 사라질 위기를 맞습니다. 하지만 로마의 전통을 보존하려 노력했던 수도원에서는 계속해서 치즈를 만들었고, 덕분에 전통적인 제조기술이 오늘날까지 전해질 수 있었습니다.

열 명의 남녀, 열흘 동안의 100가지 이야기

중세의 암흑이 걷힐 무렵에 쓰인 《데카메론 Decameron》에는 중세인들에게 치즈가 어떤 의미였는지 잘 보여주는 글이 있습니다.

그곳은 사람들이 벤고디라고 부르는 지방에 있는데, 그곳에서는 소시지로 포도나무를 묶고 1데나로만 있어도 거위 한 마리를 살 수 있으며 거기에 병아리를 덤으로 준다면서 말입니다. 뿐만 아니라 그곳에는 파르마산 치즈가 산처럼 쌓여 있고, 그 산에 사는 사람들은 다른 일은 할 것도 없이 마카로니와 라비올리를 만들어 닭을 삶은 수프에 넣어 요리하면 되고, 그걸 아래로 던지면 먹고 싶은 사람이 얼마든지 먹는다고도 했지요. 또 근처에는 물 한 방울 섞이지 않은 진짜 백포도주 강이 흐르고 있어서 아무나 실컷 마실 수 있다는 말도 덧붙였어요.

《데카메론》

《데카메론》은 1351년에 조반니 보카치오^{Giovanni Boccaccio}가 발표한 단편 소설집입니다. 조반니 보카치오는 중세가 끝나가고 르네상스가 다가오던 시기의 이탈리아를 대표하는 소설가이자 인문학자입니다.

그는 《데카메론》에 페스트를 피해 피렌체의 별장에 모인 젊은 남녀 열 명이 하루에 한 사람이 한 가지씩 열흘 동안 나눈 이야기, 즉 100가지의 이야기를 담았습니다(제목의 '데카Deca'는 그리스어로 10을 의미). 금요일과 토요일은 쉬었다고 하니 정확하게는 '14일간' 이겠네요.

154

10명의 남녀가 모여 이야기를 나누는 장면을 묘사한 그림.
《A Tale from the Decameron》, John William Waterhouse, 1916.

100가지의 이야기는 매일 주제를 정해서 나누었기에 다양성과 함께 통일성도 갖고 있습니다. 《데카메론》은 수많은 후대 작가들에게 큰 영향을 끼쳤고, 이탈리아 최고의 산문문학으로 평가받습니다. 하지만 《데카메론》이 발표된 직후부터 높은 평가를 받았던 건 아닙니다. 첫 번째 이유는 이 책이 이탈리아어로 쓰였기 때문입니다. 당시에는 라틴어로 쓰인 글만 문학적으로 높은 가치를 가진다고 평가되었고, 이탈리아어는 그저 속어 취급을 받았을 뿐입니다. 조선시대에 한글로 쓰인 문학이 낮게 평가받던 것과 비슷합니다.

또 다른 이유는 《데카메론》이 현실 세계에서 펼쳐지는 인간의 다양한 모습을 매우 사실적이고 노골적으로 표현하고 있기 때문입니다. 특히 성적으로 자유로운 여성과 부도덕한 성직자를 풍자하고 조롱하는 이야기가 많습니다. 이 때문에 초반에는 '작품성이 낮은 쓰레기 같은 글'이라는 평이 대부분이었지요. 그런데 르네상스 시대가 본격적으로 펼쳐지는 15세기가 되자 이탈리아어로 쓰인 작품들에 대한 재평가가 이루어집니다. 이 때 《데카메론》도 이탈리아어로 삶의 의미를 쉽고 명확하게 표현했다는 평가를 받으며, 단테의 《신곡神曲》과 비교해 '인곡人曲'이라는 극찬을 받게 됩니다. 이후 오랫동안 이 책에 사용된 이탈리아어는 산문의 본보기가 되었습니다. 이탈리아뿐만 아니라 다른 나라의 많은 작가에게도 글의 소재와 구성이 영감을 주었습니다.

치즈는 산처럼 쌓이고, 와인은 강이 되어 흐르는 곳

위에 예시한 글은 《데카메론》 중 여덟 번째 날의 세 번째 이야기입니다. 환상적인가요? '그곳'은 암흑기를 살아가는 중세인뿐 아니라 저도 당장에 달려가고 싶을 만큼 멋진 곳처럼 들립니다. 힘든 노동과 죽음의 공포 속에서 살아가던 중세 사람들의 현실은 가혹했습니다.

힘겨운 노동과 전쟁이 없는 나라, 젊음을 즐길 수 있는 나라. 오늘도 내일도 죽어라 일하지만, 정말 죽어서야 갈 수 있는 '신이 사는 천국'이 아니라, 배부르게 먹을 수 있는 '인간의 낙원'을 꿈꿨을 겁니다. 하지만 현실은 귀족들이나 최상위 성직자들만 맛있게 먹고 배부른 세상. 그런 세상을 살며 희망을 잃은 사람들이 자포자기한 심정으로 꿈꿨던 곳이 이 말도 안 되는 낙원 '코케인'은 아니었을까요.

코케인^{Cockaigne}이라고 불리는 낙원에서 사람들은 일할 필요가 없습니다. 종일 자거나 놀아도 맛있는 음식들이 넘쳐나는 곳이기 때문이죠. 다양한 음식 중에서도 눈에 띄는 건 '파르마산 치즈가 산처럼 쌓여 있고'이네요. 여기서 파르마산 치즈는 '파르미자노 레지아노^{Parmigiano Reggiano}'를 말합니다. 중세뿐 아니라 지금까지도 이탈리아에서 가장 많이 먹는 고급 치즈 중의 하나이지요. '물 한 방울 섞지 않은 진짜 백포도주 강'도 눈에 띕니다. 낙원에 치즈 산과 와인 강이 흘렀다는 표현은 그만큼 그 두 가지가 중세를 사는 일반인들은 먹기 어려운 '귀한' 음식이었다는 방증이 아닐까 싶습니다. 과거 우리 조상들의 평생 소원이던 '쌀밥에 고깃국'과 일맥상통하지요. 발음과 철자가 비슷해서 헷갈리기 쉽지만 코케인^{Cockaigne}과 마약의 한 종류인 코카인^{Cocaine}은 다른 말입니다. 코카인은 원료

인 코카^{coca} 잎에서 유래된 단어입니다. 코케인을 꿈꾸며 몽환
경^{夢幻境}에 빠지는 것과 코카인을 통해 느끼는 도취^{陶醉}는 전혀
관계가 없습니다. 둘 다 현실을 잊게 하지만 깨어나면 허망하
고, 몸과 마음을 피폐하게 한다는 건 단지 우연일 뿐이지요.

구운 돼지들이 등에 나이프와 포크를 꽂고 돌아다니고 있습니다. 하늘에는 구운
거위가 날아다니고 물에는 튀긴 생선들이 펄떡이고 있는데 모두 명령만 하면 입
으로 바로 들어옵니다. 강에는 맘껏 마실 수 있는 와인이 흐르고 있고 나무에는
팬케이크가 자라고 있습니다. 날씨는 언제나 온화하지만 때로 하늘에서 치즈가
내릴 때도 있습니다. 이곳에 사는 사람들은 영원한 젊음을 약속 받았습니다. 전
쟁이 없는 데다가, 누구나 50세가 되면 다시 열 살로 돌아가기 때문입니다.
《게으름뱅이의 천국》

157

게으름뱅이의 천국, 피테르 브뢰헬(Pieter Bruegel le Vieux), 1567,
뮌헨 알페 피나코텍 미술관 소장.

　　독일 동화 《게으름뱅이의 천국》에 묘사된 낙원
의 모습입니다. 독일어로는 이런 낙원을 슐라라펜란트
^{Schlaraffenland}라 부릅니다. 《데카메론》의 코케인과 별로 다르지
않지요. 곱씹어 보니 중세를 살며 코케인이나 슐라라펜란트를
꿈꿨던 사람들이 안쓰러워집니다. 그들은 굶주린 배를 움켜쥐
면서 치즈와 와인을 맘껏 먹을 수 있는 날을 꿈꾸었겠지요.
어렸을 때 《게으름뱅이의 천국》을 읽으며 환상에 빠졌던 기억
이 떠오릅니다. 와인은 커녕 치즈 맛도 몰랐지만 말만 하년 돼

지고기가 입속으로 들어오고, 팬케이크가 나무에 주렁주렁 열리는 곳이 있다니! 온종일 잔다고 해도 아무도 나무라지 않는 곳이라는 이유만으로 '슐라라펜란트를 꼭 가고 말거야'라고 다짐했습니다만, 다짐은 오래 가지 않았습니다. 책이 이렇게 끝났기 때문이지요.

이곳에 들어가기 위해서는 먼저 꼭 해야 할 일이 있습니다. 그곳은 두껍고 커다란 성벽으로 둘러싸여 있는데, 나라를 둘러싸고 있는 죽으로 된 성벽을 허물어질 때까지 핥아 먹어야 합니다.
《게으름뱅이의 천국》

파마산의 할아버지, 파르미자노 레지아노

파르미자노 레지아노Parmigiano Reggiano는 이탈리아 북부 포Po강 부근의 파다나Padana 평원에 위치한 파르마Parma, 레지오 에밀리아Reggio Emilia, 모데나Modena, 볼로냐Bologna, 만토바Mantova 등지에서 생산됩니다. 이 중에서 파르마와 레지오 에밀리아의 지명을 따서 파르미자노 레지아노라는 이름을 갖게 되었습니다.

벌써 머리가 아파지나요? 파르미자노 레지아노는 처음 듣는 어려운 말이라 해도 파마산 치즈는 들어봤을 겁니다. 그렇습니다. 피자 위에 뿌려 먹으라고 주는 초록색 통에 들어있는 가루 치즈인 파마산 또는 파르메산^{Parmesan}의 원조가 바로 파르미자노 레지아노입니다. 파르메산은 미국으로 이주한 이탈리아인들이 만든 파르미자노 레지아노를 쉽게 부르기 위해 붙인 이름이랍니다. 원조 파르미자노와는 다소 다르므로 손자뻘쯤 되겠네요. 두 치즈 모두 갈아 먹기도 하는데, 파르메산은 아예 갈아서 판매하기도 합니다. 사실 피자 가게에 있는 파마산 가루 치즈는 자연 치즈가 아닙니다. 파르메산 가루에 다른 분말과 첨가물을 혼합한 가공 치즈가 대부분입니다. 마트나 온라인 마켓에서는 가공 치즈 가루와 100% 파르메산 가루를 모두 판매하고 있으니 구입할 때는 확인하는 게 좋겠지요.

DOP 인증을 받은 파르미자노 레지아노.
옆면 전체에 파르미자노 레지아노를 찍어 조각으로 잘라 판매해도
파르미자노 레지아노임을 알 수 있게 했다.

159

　　파르미자노 레지아노는 이탈리아에서 '치즈의 왕'으로 불릴 정도로 많이 소비되는 고급 치즈입니다. 최소 1년 이상 숙성하기 때문에 매우 단단한 경성 치즈^{hard cheese}로 발효 버터, 말린 파인애플, 견과류 향기 등 독특한 향과 감칠맛이 특징이지요. 얼마나 귀한 치즈인지 중세에는 화폐로 통용되기도 했습니다. 중세뿐만이 아닙니다. 현대에도 이탈리아에서는 숙성 중인 파르미자노 레지아노를 담보로 은행에서 돈을 빌릴 수 있습니다. 파르미자노 레지아노의 숙성고가 있는 은행에서는 전문가가 치즈의 숙성 정도를 관리해서 철저하게

품질을 유지한다고 합니다. 은행의 담보물을 지키기 위한 당연한 노력이겠지요.

파르미자노 레지아노에게 숙성이 중요하다는 사실은 이름에서도 알 수 있습니다. 숙성 기간에 따라 맛과 먹는 방법, 이름이 달라지기 때문이지요. 1~2년간 숙성한 '프레스코Fresco'는 가장 순한 맛이 납니다. 2~3년 숙성한 '베키오Vecchio'는 프레스코보다 좀 더 짭짤한데, 식사 중에 먹거나 와인 안주로 먹기 좋습니다. 3년 정도 숙성하면 맛이 최고조에 달하는데, 이를 '스트라베키오Stravecchio'라고 부릅니다. 스트라베키오는 더 단단하고, 작은 알갱이로 구성되어 있어 잘 부서지기 때문에 주로 갈아서 먹지요. 짠맛도 있지만 단맛과 깊은 감칠맛도 뛰어나서 파스타, 리조또, 라비올리 같은 요리에 조미료로 많이 사용합니다. 그냥 작게 쪼개서 꿀이나 포도, 호두 등과 먹어도 맛있고요. 파르미자노 레지아노, 특히 오래 숙성한 스트라베키오는 이와 마찬가지로 오래 숙성하여 무게감을 가진 와인과 잘 어울립니다. 이탈리아산 산지오베제Sangiovese나 네비올로Nebbiolo로 만든 레드 와인과 좋은 마리아주mariage 1가 될 것 같네요.

낙 원 의 음 식   라 비 올 리

한 달 동안 이탈리아를 여행한 적이 있습니다. 그때 가장 많이 먹은 음식은 피자도 스파게티도 아닌 '라비올리^{Ravioli}'였습니다. '코케인'의 치즈로 만든 산에서 먹는, 중세인들의 꿈의 음식 바로 그 라비올리입니다.

라비올리는 파스타의 한 종류이지만 일반적인 파스타와는 좀 다릅니다. 스파게티처럼 면이 아니라 밀가루로 만든 피에 소를 넣어 만드는 음식으로 만두와 비슷하지요. 속을 꽉 채워 푸짐하고 크게 만드는 우리의 만두와는 다르게 속을 조금 넣어 납작하게 만듭니다. 소는 고기, 생선, 시금치, 버섯 등으로 다양하게 넣을 수 있는데, 빠지지 않고 꼭 넣는 것이 바로 치즈입니다. 주로 리코타, 모짜렐라 같은 생 치즈와 파르미자노 레지아노 같은 짭짤한 경성 치즈를 섞어서 넣습니다. 간도 맞추며, 풍부한 맛과 식감을 주기 위해서지요. 채소나 고기 등 다른 재료 없이 네 가지 종류의 치즈만 넣어서 만들기도 하는데, 이를 '콰트로 포르마지^{quattro formaggi}(네 가지 치즈)'라고 부릅니다.

　　　　라비올리는 끓는 물에 삶아서 건져냅니다. 토마토소스나 크림소스를 만들어 삶은 라비올리를 넣은 뒤 파르미자노 레지아노를 뿌려 먹습니다. 어렵지 않습니다. 이미 만들어진 라비올리와 소스를 사서 요리한다면 라면 만큼이나 간단하게 만들 수 있습니다. 이탈리아에서 라비올리를 가장 많이 먹었던 이유도 쉽게 만들 수 있었기 때문이었지요. 이탈리아의 수퍼마켓에는 우리나라의 냉동만두처럼 라비올리를 팔고 있습니다. 종류도 우리의 만두만큼 다양하고요. 제일 좋아했던 건 '포르치니² 라비올리'였습니다. 포르지니 버섯과 리코타, 모짜렐라 등을 넣어 만든 것입니다.

집으로 돌아와서도 포르치니 라비올리가 너무나 먹고 싶었습니다. 파는 곳을 찾지 못해서 만들어 먹기로 했지요. 만두피를 준비하고, 포르치니 대신 표고버섯을 리코타 치즈와 함께 넣어 라비올리를 만들었습니다. 시판 토마토소스에 삶은 라비올리를 넣어 먹었죠. 맛이 없어서 먹을 수가 없었습니다. 정성을 다해 빚은 라비올리는 모두 버리고 말았죠. 최근에는 포르치니, 콰트로 포르마지, 시금치 등을 넣은 이탈리아 산 라비올리를 파는 곳이 꽤 생겼더군요. 다시 도전할겁니다.

치즈로 만든 산과 와인 강이 흐르는 코케인은 없습니다. 성벽을 둘러싼 죽을 다 먹는다 해도 슐라라펜란트에 들어갈 수도 없고요. 하지만 중세인들이 낙원에서나 맘껏 먹을 거라 여겼던 파르미자노 레지아노를 넣은 라비올리와 물 한 방울 섞지 않은 화이트 와인을 먹는 일은 어렵지 않습니다. 2020년 이 글을 쓰는 여름, 페스트와는 비교할 수 없지만, 전염률이 높은 감염병 때문에 집에 있는 시간이 늘고 있습니다. 《데카메론》 속 열 명의 젊은이들은 교외 별장에 모여 이야기를 나누며 힘든 시간을 함께 견뎠지요. 열 명조차 모이기 힘든 우리. 각자 이겨낼 수밖에 없다면, 내 방에서 나만의 낙원, 코케인을 즐겨 보는 건 어떨까요.

셰
브
르

전쟁과
치즈。

이집트, 모로코 등 중동 지역을 여행할 때였습니다. 호텔에서 묵을 때면 조식을 꼭 먹는데, 어느 호텔이나 메뉴는 비슷했습니다. 빵과 커피, 오이와 토마토, 그리고 버터, 치즈, 요거트 등의 유제품이었지요. 버터와 치즈를 곁들인 빵은 대부분 맛있는데 요거트의 맛이 좀 이상한 날이 있었습니다. 일반적인 요거트처럼 부드럽고 수분이 많은 게 아니라 빡빡하다고 느껴질 정도로 걸쭉하고 수분이 적었습니다. 풀 냄새 같은 향에 시큼한 맛도 강해서 '더운 날씨에 쉰 게 아닌가'라는 생각이 들 정도였습니다. 처음에는 한 입 먹고 모두 버렸습니다. 다음날 다시 한번 먹어봤더니 역시나 또 쉰 맛이 났습니다. 비싼 호텔은 아니었지만 그래도 아침 식사에 쉰 요거트를 내놓다니요. 그런데 주변의 다른 사람들은 모두 잘들 먹고 있더군요. 나중에 알고보니 쉰 요거트가 아니라 '고트 치즈^{Goat Cheese}', 즉 염소 치즈였습니다. 풀 냄새와 시큼한 향은 숙성하지 않은 신선한 염소 치즈의 특징이었고요.

● 산양은 우리가 생각하는 양보다는 '염소'에 가깝다.

염소? 흑염소? 양? 산양?

염소라고 하니 맨 처음에 흑염소가 떠올랐지만 검은 염소가 아니라 산양^{山羊}이라고 부르는 흰색, 또는 갈색 털

164

의 염소를 말합니다. 아기를 키운 적이 없는 사람일지라도 산양 분유가 일반 분유보다 비싸다는 건 들어봤을 겁니다. 산양의 젖은 단백질과 지방 구성이 모유와 비슷해서 유단백 알레르기 반응을 일으킬 염려가 적습니다. 일반 우유보다 소화흡수가 잘 되어 장에 부담이 적겠지요. 비싸게 팔리는 이유가 있었습니다.

산양젖은 우유나 양젖보다 지방의 크기가 작아 크림을 분리하기 어렵습니다. 숙성 중에는 부서지기 쉬워서 크게 만들 수도 없습니다. 또 카로틴이 거의 없어 색깔이 하얗습니다. 이러한 특성으로 인해 산양젖으로 만든 치즈는 우유나 양젖으로 만든 치즈와는 모양과 맛이 크게 다릅니다. 그래서 따로 분류하는 것이죠[1].

산양젖으로 생 치즈만 만드는 건 아닙니다. 흰곰팡이, 푸른곰팡이, 세척 외피, 비가열 압착 등 대부분의 치즈를 만들 수 있습니다. 다만 우리나라에서는 생 치즈와 흰색 외피 외에 다른 산양젖 치즈는 구하기 어렵습니다. 제가 요거트로 착각했던 치즈는 샤브루Chavroux와 비슷한 것 같습니다. 사실 요거트와 생 치즈는 크게 다르지 않죠. 산양젖을 유산균으로 발효시킨 게 요거트고, 여기에서 유청을 좀 더 빼면 생 치즈가 되니까요.

샤브루(Chavroux) 사에서 만든 산양젖 생치즈.
피라미드 꼭대기가 잘린 케이스 모양이 특징.

쉰 요거트가 아니란 걸 알게 된 후 조금씩 산양젖 치즈를 먹어 봤습니다. 풀 냄새 같아 처음엔 거부감이 들었던 특유의 향은 어느새 자연 그대로의 향으로 느껴졌습니다. 시큼해서 쉰 것처럼 여겨진 맛도 상큼하고 담백한 맛으로 와닿았고요. 아는 만큼 보이는 건 맛에서도 마찬가지인가 봅니다.

적군이 남기고 간 선물

프랑스에서 산양젖 치즈를 주로 생산하는 곳은 중부에 위치한 루와르Loire 지역입니다. 이곳은 치즈뿐 아니라 화이트, 레드, 로제, 리큐르, 스파클링 등 모든 종류의 와인이 생산되는 곳으로도 유명하지요. 산양젖 치즈가 루와르 지역에서는 많이 생산되는 배경에는 역사적 사실이 있습니다.

서로마제국이 멸망한 후 현재의 프랑스 지역은 프랑크 왕국이 지배했습니다. 왕권의 힘이 약했던 시대로 외세의 침략이 끊이지 않았죠. 그중에서도 사라센이라 불렸던 이슬람 세력은 유럽인들에게 큰 공포였습니다. 그들은 유럽으로 건너와 이미 이베리아반도에 정착하고 있었고 호시탐탐 프랑크 왕국까지 노리고 있었지요. 피레네산맥만 넘으면 프랑크 왕국이었으니 언제 전쟁이 터질지 모를 불안한 상황이었습니다.

당시 프랑크 왕국은 궁재宮宰,majordomus(로마제국의 대지주들이 산재한 토지를 관리하기 위하여 둔 감독관제도를 답습한 것으로 실질적으로 왕의 역할을 함)가 죽고 나면 자식들의 권력 다툼으로 나라가 더욱 분열하고 왕권이 약해지는 악순환을 반복하고 있었습니다. 그런데 714년에 프랑크 왕국의 궁재가 된 샤를 마르텔Charles Martel은 좀 달랐습니다. 그는 궁재였던 아버지 헤르스탈 피핀 2세가 죽고 나자 경쟁자를 물리치고 왕국 내 최고 권력을 장악했습니다. 특히 피레네산맥을 넘어 프랑크 왕국으로 몰려왔던 이슬람 세력을 루아르에 위치한 투르Tours와 푸아티에Poitier 지역에서 크게 물리쳤습니다(투르-푸아티에 전투, 732)[2]. 이후 프랑스 남부까지 영향력을 미쳤고, 손자인 샤를마뉴가 서유럽을 통일해서 서로마제국이 부활하는 기반을 만들었습니다[3].

유럽을 침략한 이슬람 세력은 원정 내내 산양을 데리고 다녔습니다. 몸집이 작고 번식력이 강한 산양은 소나 양에 비해 식량으로 갖고 다니기 편했습니다. 산양젖은 음료로 마시고, 남은 젖으로 요거트나 치즈로 만들어 먹기도 편리했습니다. 산양은 유럽을 정복하는데 큰 도움을 주었지만 전투에서 패한 다음 물러나게 되자 짐이 되었습니다. 결국 이슬람 세력은 빠른 후퇴를 위해 그들이 데려온 산양을 모두 남겨 놓고 떠났습니다. 전쟁에 이긴 유럽인들에게는 또 하나의 전리품이 생긴 것이지요. 산양들은 루아르 지역에 정착한 뒤 빠르게 번식했습니다. 덕분에 루아르 지역에서는 다양한 산양젖 치즈를 만들 수 있게 되었죠.

2
Battle of Tours-Poitiers :
https://en.wikipedia.org/
wiki/Battle_of_Tours

3
178쪽 '브리 VS 까망베르,
황제들이 사랑한 치즈' 참조.

167

원 정 실 패 가 만 든 또 다 른 치 즈

샤브루 치즈를 한번 찾아보세요. 가만히 보면 뭔
가 떠오르지 않나요? 잘 모르겠다면 다른 종류의 산양젖 치즈를
하나 더 볼까요. 발랑세^{Valençay}라는 이름의 연성 산양젖 치즈입니
다. 종류는 다르지만 샤브루와 발랑세는 둘 다 같은 모양, 즉 피
라미드처럼 생겼죠. 정확히 말하면 피라미드의 꼭대기가 잘린
모양이지요. 여기에는 전설 같은 이야기가 전해져 내려옵니다.

1798년 프랑스, 아직 나폴레옹이 황제에 오르기
전입니다. 하지만 나폴레옹은 이미 툴롱항^{port of Toulon} 전투(1793)
와 이탈리아 원정(1797)을 승리로 이끌며 인기가 높아졌습니다.
본토도 아니고 코르시카섬 출신의 젊은 군사 영웅이던 그는
제1공화정 총재정부에게는 눈엣가시 같은 존재였습니다. 대
중의 인기를 등에 업고 언제든지 반란을 일으킬 수 있었으니
까요. 불안감에 빠진 총재정부는 그를 멀리 보내 버리고자 했
습니다. 고심 끝에 총재정부는 그에게 이집트 원정⁴을 권했습
니다. '대인도통상을 독점하고 있던 영국의 통상로를 끊으라'
면서 말이지요. 여기에 이집트 민중의 해방을 위한다는 명분
까지 덧붙이자 나폴레옹은 가만히 있을 수 없었습니다.

1798년 5월 그는 350척의 배에 3만8천 명의 군
사를 이끌고 원정에 나섰습니다. 알렉산드리아에 상륙해서 카

이로까지 모든 전투를 이기며 승승장구했습니다. 승리의 환호성을 울리며 카이로를 점령했지만 복병은 바다에 있었습니다. 영국의 해군을 이끄는 넬슨은 해전에서 프랑스군을 격파했고, 바닷길이 끊긴 프랑스군은 이집트에 고립되어 오도 가도 못하는 상황이 되었지요. 이후 시리아와의 전투에서도 큰 피해를 입고 나폴레옹은 결국 프랑스로 몰래 돌아왔습니다. 이집트나 그와 관련된 것에 좋은 감정이 있을 리 없겠지요.

이집트 원정을 실패하고 돌아온 나폴레옹은 루아르 지방에 있는 외무대신 탈레랑을 방문했습니다. 탈레랑은 나폴레옹에게 그곳의 특산품인 산양젖 치즈를 대접했습니다. 그 치즈가 바로 발랑세였습니다. 피라미드 모양을 보니 원정 실패의 아픔이 떠올랐나 봅니다. 화가 난 나폴레옹은 그 자리에서 칼을 꺼내 들었고 치즈의 윗부분을 잘라버렸습니다[5]. 이후 발랑세는 현재와 같은 모양이 된 것이죠. 치즈를 보고 칼을 휘두를 정도로 화가 났지만 나폴레옹은 발랑세를 즐겨 먹었다고 합니다. 발랑세 외에 까망베르와 에프와스에 얽힌 이야기도 있는 걸 보면 나폴레옹은 치즈를 정말 좋아했나 봅니다. 각각에 얽힌 에피소드는 해당 치즈 부분에서 나누겠습니다.

5
《치즈의 모든 것, 치즈도감》
NPO법인 치즈 프로페셔널 협회,
송소영 옮김, 한스미디어, 2017.

발랑세(Valençay). 프랑스 루아르 지역에서 생산되는 산양젖 치즈.

6
프로마쥬샵
https://smartstore.naver.c
om/seochoncheese/prod
ucts/4835477512

발랑세의 검은색은 곰팡이가 아니라 숯가루입
니다. 처음에는 벌레를 쫓기 위해 뿌렸다고 하지요. 그런데 숯
가루는 산양젖 특유의 시큼한 맛을 부드럽게 해주고, 숙성에
필요한 곰팡이를 끌어들여 더 맛있는 발랑세로 만들어주었습
니다. 잘랐을 때 표면의 검은색과 흰 속살이 대조되어 보는 즐
거움도 더해주었고요. 아쉽게도 발랑세는 2020년 현재 한국
에서는 판매되지 않습니다. 하지만 발랑세와 모양과 원료가
같은 샤브루는 맛볼 수 있습니다. 또한 숯가루는 안 뿌렸지만
발랑세와 같은 흰색 외피 연성 치즈인 카브히팡(카브리팬)^{Cabrifin 6}
도 맛볼 수 있지요. 샤브루를 보며 카브히팡을 먹으면 발랑세
에 대한 아쉬움을 달랠 수 있을 것 같습니다.

고 르 곤 졸 라

양치기의
짝사랑이
인류에게 준
유산。

이탈리아 북부 롬바르디아 지역의 산기슭. 어느 더운 여름날 어린 목동이 한낮의 더위를 피하기 위해 산속의 동굴 입구에서 쉬고 있을 때였다. 꿈결인 듯, 아름다운 여인이 지나갔다. 목동은 그녀에게 첫눈에 반해 점심으로 먹으려고 싸온 빵과 치즈도 내버려 둔 채 쫓아갔지만 안타깝게도 놓치고 말았다. 여인의 아름다움에 홀려 정신을 빼앗긴 목동은 그날 그곳에 음식을 놓아둔 일을 까맣게 잊고 말았다. 며칠 후 목동이 동굴로 들어가 보니 빵은 곰팡이가 슬어 상해버렸고, 치즈도 얼룩덜룩한 곰팡이가 붙어서 고약한 냄새를 풍겼다. 배가 너무 고팠던 나머지 목동은 치즈를 한 입 먹어보았다. 그런데 고약한 냄새와는 달리 부드러운 질감으로 변한 치즈의 맛은 환상적이었다. 목동은 깜짝 놀랐고 그 맛을 사람들에게 알렸다.

대표적인 푸른곰팡이 치즈Blue cheese인 고르곤졸라Gorgonzola의 탄생 비화입니다. 실연의 상처를 잊게 할 정도로 놀라운 고르곤졸라의 맛. 아마도 푸른곰팡이 치즈 특유의 톡 쏘는 날카로운 자극 때문이었을 겁니다. 아니 그동안 먹던 경질 치즈와는 달리 말랑말랑하고 입안에서 부드럽게 감기는 식감 때문이었을지도 모르겠습니다. 그래서인지 고르곤졸라와 함께 세계 3대 푸른곰팡이 치즈의 하나로 불리는 프랑스의 로크포르Roquefort 치즈의 유래에도 비슷한 러브스토리가 전해져 내려옵니다. 고르곤졸라는 이 치즈를 만들기 시작한 이탈리아 롬바르디아 지역의 마을 이름입니다. 고르곤졸라뿐만 아니라 로크포르, 브리Brie 등 많은 치즈의 이름이 치즈가 만들어진 지역명에서 유래됐습니다.

대부분의 오래된 치즈가 그렇듯이 고르곤졸라도 언제부터 먹기 시작했는지 정확한 기원은 문서로 남아 있지 않습니다. 다만 이름에서 알 수 있듯이 이탈리아의 북부 롬바르디아 지역에서 처음 만들어졌으며 9세기 즈음부터 먹기 시작했을 거라는 설이 일반적이지요.

롬바르디아 지역은 스위스와 국경을 접하고 있으며, 알프스산맥에서 기원한 포^{Po}강의 중류에 해당하는 곳입니다. 북쪽은 산지 및 구릉지대로 소의 방목이 활발하게 이뤄져서, 매년 봄이면 소 떼가 목초지를 찾아서 평지에서 산으로, 가을에는 산에서 평지로 대이동을 했지요. 고르곤졸라는 이 소 떼가 지나가는 마을 중 한 곳이라 신선한 우유가 넘쳐났고, 그 우유를 저장하기 위해 치즈를 만들기 시작했다고 전해집니다.

서양인 룸메이트와 같은 집에 살면서 냉장고를 공유하던 때, 끝까지 적응하기 힘들었던 음식이 바로 푸른곰팡이 치즈였습니다. 부드러운 까망베르^{Camembert}나 깊은 맛의 파르미자노 레지아노와는 달리 블루치즈에서는 상한 음식 냄새가 나는 것 같았습니다. 푸른곰팡이가 구석구석 퍼져 있는 모습은 먹는 음식이라기보다는 상한 음식(실은 맞지만)처럼 보이기도 했고요.

어느 날 룸메이트의 부모님이 이탈리아에서 방문했습니다. 이탈리아산 와인에 신선한 올리브와 치즈 등 음식을 잔뜩 가져와서 정성스럽게 저녁을 준비해 주셨지요. 파스타에 샐러드,

와인까지 제대로 된 이탈리아 가정식을 정말 맛있게 먹었습니다. 문제는 저녁을 먹고 난 뒤였습니다. 와인과 치즈를 곁들인 디저트를 먹자고 하시는데, 문제의 치즈가 바로 고르곤졸라였습니다.

곰팡이가 예쁘게 핀 고르곤졸라라며 크게 잘라서 먹기를 권하셨지요. 덥석 받아 들긴 했지만 차마 입으로 가져가진 못하고 있었죠. 마침 다른 접시에 놓인 과일이 눈에 띄었습니다. 과일과 함께 먹으면 고약한 냄새가 중화되겠거니 생각하며 바나나와 함께 고르곤졸라를 입에 넣고 냄새를 느끼기도 전에 꿀꺽 삼켰습니다. 쏘는 듯한 냄새가 가려지며 먹을 만하더군요. 이번에는 바나나와 함께 그 옆에 있던 아몬드도 한 개 더해서 같이 먹어봤습니다.

천 년 전 목동이 발견했던 것이 이런 맛이었을까요. 바나나의 달콤함은 고르곤졸라의 매콤한 자극을 누르며 균형을 잡아줬습니다. 부드러운 바나나와 고르곤졸라의 식감은 비슷한 느낌이 묘하게 어울렸지요. 여기에 고소한 아몬드가 부드럽기만 한 두 가지에 씹는 맛을 더했습니다. 고르곤졸라의 맛을 알기 시작한 유레카의 순간이었습니다.

　　　　몇 년 뒤 우리나라에 돌아오니 고르곤졸라는 더 이상 낯선 치즈가 아니었습니다. 웬만한 이탈리아 식당의 메뉴에는 고르곤졸라 피자가 추천 메뉴로 당당히 올라와 있었지요. 궁금한 마음에 주문해보니 꿀과 함께 나왔습니다. 고르곤

졸라는 손톱만큼씩 듬성듬성 들어가 있고, 그나마 피자 위를
덮은 모짜렐라 치즈 때문에 고유의 매콤한 향을 느끼기는 어
려웠지요. 하지만 달콤한 꿀과 함께 어렴풋한 고르곤졸라의
향기를 맡으니 처음으로 고르곤졸라의 맛을 느꼈던 유레카의
순간이 떠올라 맛있게 먹을 수 있었습니다.

이탈리아에서도 고르곤졸라는 꿀과 함께 먹기도 합니다. 특히
고르곤졸라의 한 종류인 '피칸테'는 약간의 꿀, 그리고 와인
과 함께 식후 디저트로 즐겨 먹습니다.

처음 보는 사람에게 강렬한 인상을 주는 푸른 줄
무늬는 일부러 만든 겁니다. 숙성시키는 중에 바늘로 찔러 구
멍을 내주면 이 구멍을 따라 곰팡이가 자라서 푸른 줄무늬가
생깁니다. 이 무늬가 마치 정맥 같다고 해서 청맥 치즈blue veined
라고도 부릅니다.

청맥이 잘 드러난 고르곤졸라 치즈.
단맛이 나는 과일이나 꿀과 잘 어울린다.

고르곤졸라는 숙성 기간에 따라 60일 정도 숙성한 '돌체dolce(달
콤하다는 뜻)', 90일 이상 숙성하는 '피칸테piccante(매콤하다는 뜻)'로 나
뉩니다. 돌체는 은은한 단맛이 나며 부드러운 크림 형태로 빵
에 발라 먹거나 과일과 함께 먹습니다. 반면에 피칸테는 톡 쏘
는 자극적인 맛으로 건조하여 잘 부서집니다. 마트에서 판매

하는 고르곤졸라는 주로 피칸테로, 그냥 먹기보다는 피자나 파스타 같은 요리에 넣으면 독특함 질감과 톡 쏘는 맛을 즐길 수 있습니다.

고르곤졸라는 포장을 벗긴 뒤에는 한 번에 다 먹는 것이 좋습니다. 그러나 먹을 만큼만 살 수 있는 유럽과 달리 일정 분량으로 포장된 제품을 구입해야 하는 우리는 한 번에 다 먹기는 어렵죠. 다행히 피칸테는 냉장실에서 한 달 정도 보관해도 맛과 향의 변화가 덜 한 편입니다. 간혹 보관 중에 푸른곰팡이가 노란색으로 변하는 경우가 있는데, 이럴 때는 그 부분만 잘라내고 먹어도 괜찮습니다. 다만 너무 오래되어 회색 털 곰팡이가 핀 경우에는 아깝더라도 그냥 버려야 합니다.

치즈 이름은 어떻게 지어지나

치즈의 이름은 어떻게 붙여진 걸까? 많은 치즈의 이름은 재미있게도 처음 만들어진 곳의 지역명을 따서 지어졌다. 정확히 말하자면 생산된 곳이 아니라 유통된 곳이다.

예를 들어, 고르곤졸라 치즈는 이 치즈가 처음 만들어져서 유통되던 이탈리아 북부 롬바르디아 지역의 이름에서 유래됐다. 프랑스의 대표 치즈 까망베르는 프랑스 노르망디 지역의 작은 마을이고, 브리는 파리 인근 '브리'라는 마을의 이름이다. 고르곤졸라와 함께 이탈리아를 대표하는 치즈 중의 하나인 페코리노 로마노는 양젖 치즈를 뜻하는 페코리노^{Pecorino}와 생산지인 로마^{Romano}가 합쳐진 말이다. 로마가 아닌 토스카나^{Toscana} 지역에서 생산된 양젖 치즈는 페코리노 토스카노^{Pecorino Toscano}, 시칠리아^{Sicilia} 섬에서 생산된 양젖 치즈는 페코리노 시칠리아노^{Pecorino Siciliano}라 불린다. 즉, 치즈 이름만으로도 치즈의 생산지를 구별할 수 있다.

모든 치즈가 지역명을 딴 것은 아니다. 치즈의 모양이나 만드는 방법에서 유래한 경우도 있다. 그리스의 대표 치즈 페타는 네모난 모양을 의미하는 '페테^{fetes}'라는 단어에서 유래했다. 모짜렐라라는 이름도 이탈리아어로 절단이란 뜻의 모차투라^{mozzatura}에서 유래했다고 알려져 있다. 모짜렐라를 만들 때 응고된 덩어리를 엄지와 검지손가락을 이용해 절단하는 과정을 거치는데, 이 과정을 '모차투라'라고 한다.

브리 VS 까망베르

황제들이
사랑한
치즈。

프랑스에는 한 마을에 하나의 치즈가 있다는 말이 있습니다. 그만큼 치즈의 생산량과 소비량도 세계적으로 가장 많은 편이고요. 와인과 더불어 치즈의 종류를 구분할 때도 프랑스의 기준을 사용하는 경우가 많습니다.

세계적으로 가장 잘 알려져 있고 많이 소비되는 프랑스 치즈는 브리^{Brie}와 까망베르^{Camembert} 입니다. 이 둘은 겉모습부터 냄새, 맛까지 비슷해서 치즈를 많이 먹는 사람들도 구분하기 쉽지 않습니다. 또한, 두 가지 모두 황제들의 사랑을 듬뿍 받았던 치즈라는 공통점이 있습니다. 언뜻 비슷해 보이는 두 치즈는 뜻밖에도 천 년 이상의 차이를 두고 탄생했습니다. 우선 천년이 넘도록 많은 사람이 먹고 있는 프랑스 치즈의 조상, 브리에 대해서 알아볼까요.

1
서로마제국의 마지막 황제 로물루스 아우구스투스Romulus Augustus의 폐위 기준 멸망 시기.

179

유럽의 아버지, 샤를마뉴

476년 서로마제국이 망한 뒤에[1] 유럽은 그야말로 카오스였습니다. 항해술이 뛰어난 바이킹은 바다를 넘어 끊임없이 침략해 왔습니다. 북쪽에서는 게르만족의 대이동이 시작되었고 남쪽에는 이슬람 세력이 이미 자리를 잡고 있었지요. 외중에 말을 타고 침입한 헝가리는 날벼락이나 다름없었습니다. 뺏고 빼앗기를 반복했지만, 확실한 주인이 없는 상태의 유럽은 삼백 년이 넘게 지속 되었습니다.

8세기 말이 되어서야 프랑크 왕국을 기반으로 한 서로마제국이 들어서면서 유럽에는 새로운 주인이 나타났습니다. 시작은 증조할아버지 피핀(헤르스탈 피핀)으로부터였습니다. 피핀은 프랑크 왕국의 동쪽 영토인 아우스트라시아 영역에서 권력을 잡아 왕국 지배의 기틀을 마련했습니다. 그의 아들 샤를 마르텔은 투르 푸아티에 전투^{Battle of Tour 또는 Battle of Poitiers}(732년)에서 이슬람 세력을 몰아내며 유럽의 영웅으로 떠오릅니다. 그의 아들이자 오늘의 주인공 샤를 대제, 즉 샤를마뉴^{Charlemagne}의 아버지인 피핀(단신왕 피핀)은 힘이 다한 프랑크 왕국의 지배자, 힐데리히 3세를 폐위하고 스스로 왕이 되어 카롤링거 왕조를 열었습니다.

그의 큰아들이었던 샤를마뉴는 키가 작았던 아버지와는 달리 190cm가 넘는 장신의 타고난 전사였습니다. 단신 왕 피핀의 뒤를 이어 왕이 된 샤를마뉴는 롬바르드 전쟁(768년), 베네벤토 공략(787년), 로마 원정(800년) 등을 추진하며 독일을 정복하고 로마까지 평정했습니다. 샤를마뉴는 무서울 게 없는 전사였지만 예의를 아는 사람이었습니다. 그는 이탈리아에서 전쟁을 벌일 때마다 교황을 방문했고 예우를 다했습니다. 결국 800년에 교황 레오 3세는 그를 황제로 인정했고 그가 정복한 지역은 서로마제국이 됩니다.

샤를마뉴를 맞이하는 교황 하드리아노 1세
(브리 치즈와는 직접 관련 없음).

망한 지 삼백 년이 넘은 서로마제국의 황제라니, 그게 무슨 의미가 있었을까요? 샤를마뉴의 입장을 먼저 볼까요. 전쟁으로 영토를 확장하고 지배했지만 끊임없이 벌어지는 침략과 반란을 힘으로만 해결하는 데는 한계가 있었습니다. 그러기에 그는 교황과 옛 로마제국의 권위를 빌려 정통성을 갖고자 했습니다.

교황의 입장에서는 어떤 장점이 있었을까요? 교황은 '성상파괴령'을 명령하고 로마 근처를 침입한 동로마(비잔틴)제국 황제로부터 목숨의 위협을 느꼈습니다. 동로마, 그리고 이슬람으로부터 살아남고 교회를 유지하기 위해서는 강한 통치자의 힘이 필요했습니다. 교황의 권위와 샤를마뉴의 힘. 그 둘이 결합한 결과물이 바로 샤를마뉴의 서로마제국 황제 즉위였던 것이지요. 결국 모두에게 윈-윈 이었습니다.

2
그리스도의 수난과 죽음을
생각하며 금요일에 육식을
금하는 규율.

주교의 깜짝 선물, 브리

서로마제국의 황제가 된 샤를마뉴는 이후로도 교황 그리고 가톨릭과 밀접한 관계를 유지했습니다. 어느 날 그는 파리 근교의 작은 마을을 방문하며 그곳의 주교 관저에 들렀습니다. 하필 그날이 금요일이었던 터라 가톨릭 규율[2]에 따라 고기를 대접할 수 없었습니다. 그렇다고 황제가 방문했는데 채소만 내놓을 수는 없었겠지요. 주교는 육식을 대신한 수 있는 고급 치즈를 대접했습니다. 샤를마뉴는 황제였음에도 그런 고급 치즈는 못 먹어봤나 봅니다. 하얀 털이 보송보송 올라온 겉껍질은 먹지 못하는 부분이라 여겨서 벗겨내고, 부드러운 속살만 먹으려 했습니다.

"폐하, 왜 가장 맛있는 부분을 버리려고 하십니까?"

치즈 전문가였던 주교는 황제가 버리려고 했던 하얀 겉껍질이 가장 맛있는 거라며 먹어보라고 권했습니다. 황제는 주교를 믿고 맛을 보았지요. 그리고는 바로 이렇게 말했다고 전해집니다.

"음, 주교 말이 맞습니다. 이 하얀 껍데기가 정말 맛있네요. 그러니 이제 앞으로 해마다 두 수레씩 바치도록 하시오."

갑자기 공물이 늘어난 주교에게는 날벼락 같았겠지만, 이 일화는 브리가 얼마나 맛있는 치즈인지를 잘 보여줍니다.

숙성이 덜 된 브리의 단면. 가장자리는 숙성되어 크림처럼 변했지만 가운데는 아직 단단한 심이 남아있다.

브리는 파리에서 50km 정도 떨어진 지역에 있는 마을입니다. 파르미자노 레지아노^Parmigiano Reggiano, 고르곤졸라^Gorgonzola와 마찬가지로 브리도 치즈가 처음 만들어진 지역의 명칭을 따서 만들어진 이름입니다.

브리는 부드러운 연성 치즈^soft cheese의 한 종류로 흰곰팡이 치즈입니다. 푸른곰팡이 치즈 고르곤졸라와는 달리 겉의 껍질

부분에만 곰팡이가 있습니다. 곰팡이는 아주 작고 미세해서 솜털처럼 느껴지기도 합니다. 그래서 샤를마뉴는 못 먹는 거라 여기고 버리려 했겠지요.

하얀색의 겉부분은 다소 딱딱하고 노란색을 띠는 속은 되직한 크림처럼 부드럽습니다. 숙성 정도에 따라 다르지만 조금 짠맛이 나며 살짝 신맛과 쓰는 맛도 있습니다. 버섯 향이 나기에 마치 버섯 크림 수프 같은 맛이라고도 할 수 있고요. 또한, 아주 약하게 암모니아 향이 나기도 해서 처음에는 거부감이 들 수도 있습니다. 향이 부담스럽다면 견과류와 함께 오븐에 굽거나, 숙성 기간이 짧은 '어린 브리[3]'를 먹는 것이 좋습니다.

한 덩어리의 브리 치즈는 부분에 따라 껍질과 속의 맛과 질감이 다르고, 바깥쪽과 안쪽의 질감에도 차이가 있지요. 겉에서부터 숙성이 일어나기 때문에 겉이 좀 더 부드럽고 안쪽으로 들어갈수록 단단합니다. 그렇기에 피자를 조각내듯 부채꼴로 잘라야 껍질과 바깥쪽, 안쪽까지의 다양한 맛을 모두 즐길 수 있습니다. 단단한 껍데기가 맛있는지 부드러운 속살이 더 맛있는지는 취향의 차이라고 할 수 있겠지요. 분명한 건 껍데기는 버리는 게 아니라는 것! 먹는 부분, 맞습니다.

브리를 사랑했던 샤를마뉴는 독일어로 카를 대제Karl Magnus, 라틴어로는 카롤루스 대제Carolus Magnus, 그리고 영어로는 찰스 대제Charles The Great로 불립니다. 그가 이렇게 여러 언어의 이름으로 불리는 건 그만큼 다양한 언어권의 지역을 지배했고 오랫동안 큰 영향력을 미쳤기 때문이지요. 그는 47년에 걸쳐 프랑크 왕국과 서로마제국을 통치하는 동안 열 번의 큰 전쟁과 수많은 전투를 치르며 영토를 두 배 이상 확장했습니다. 현재 프랑스, 독일, 이탈리아와 네덜란드, 벨기에를 포함하는 서유럽 대부분을 지배했으니 오늘날 통일 유럽^{EU}의 기반을 만들었다고도 할 수 있겠네요.

하지만 대제국도 잠시뿐이었습니다. 그가 죽고 나서 서로마제국은 서프랑크(프랑스), 중프랑크(이탈리아), 동프랑크(독일) 왕국으로 나뉘어 상속됩니다. 이후 유럽이 잠깐이나마 다시 통일 된 건 나폴레옹 시대에 이르러서였습니다. 나폴레옹도 치즈를 사랑했던 황제로 유명하지요. 에프와스^{Époisses}, 발랑세^{Valençay}, 까망베르^{Camembert} 등 다양한 치즈를 사랑했다고 알려져 있습니다.

모양과 맛이 비슷해 브리로 오해받는 까망베르는 브리보다 천 년이나 늦게 만들어진 치즈입니다. 까망베르의 탄생은 프랑스 역사상 가장 중요한 사건으로부터 시작되었습니다.

혁명이 낳은 브리의 후손, 까망베르

　　　　　지금으로부터 230여 년 전 프랑스에서는 자유
를 추구하는 시민들이 혁명을 일으켰습니다. 혁명이 일어나기
전 국왕이었던 루이 16세는 빈약해진 재정을 평민들의 세금
으로 메우려고 했습니다. 전체 농지의 40% 이상을 갖고 있던
성직자와 귀족들에게는 단 한 푼의 세금도 걷지 않으면서 말
이지요.
시민들은 왕족과 귀족들의 횡포를 더이상 참을 수 없었습니다.
1789년 7월 14일, 1만여 명의 시민이 구체제의 상징이던 바스
티유 감옥을 습격합니다. 프랑스 혁명은 그렇게 시작되었습니
다. 진압하기 위해 군대가 동원 되었지만 시민들의 열기를 당
해낼 수는 없었습니다. 결국 바스티유 감옥은 시민들에게 함락
되었고, 파리 시민들은 승리의 기쁨으로 열광했습니다.
파리에서 시작된 혁명은 곧 지방으로 번져 나갔고, 프랑스 전
체가 혁명의 불길에 휩싸였습니다. 전국에서 영주의 성이 습
격당하자, 왕과 귀족들은 물러설 수밖에 없었지요. 마침내 의
회가 인정되었고 봉건적 특권을 폐지하고 헌법을 제정하기 위
한 작업이 시작되었습니다.

　　　　　의회는 혁명 정신을 담은 인권선언을 발표했습
니다. '인간은 태어나면서부터 자유와 평등의 권리를 가진다'
는 〈인권선언 제1조〉가 되었고 이를 바탕으로 입헌 군주제 헌

법을 만들려고 했지요. 하지만 기득권 세력은 가만히 보고만 있을 사람들이 아니었습니다. 루이 16세는 왕비인 마리 앙투아네트의 조국 즉, 오스트리아의 군대를 이용해 파리를 탈출하려고 했습니다. 귀족들 역시 외세의 힘을 빌어서라도 자신들의 힘을 되찾고자 호시탐탐 노리고 있었습니다. 그러나 이들의 시도는 실패로 돌아갔고 결국 모두 단두대에서 처형되었습니다.

루이 16세가 죽고 나자 프랑스는 이제 왕이 없는 나라, 공화국이 되었습니다. 공화국 정부는 공포정치⁴를 시행했고 제1, 제2신분이었던 성직자와 귀족들을 탄압했습니다. 성직자들은 신과 그의 대리자인 교황에게 충성을 서약한 사람들이지요. 교황이 아닌 공화당에 충성을 강요당하자 견딜 수 없었습니다. 그들은 파리를 탈출해서 공화당의 힘이 미치지 않는 지방으로 숨어들었습니다.

이때 '브리' 출신의 아베 고베르ᴬᵇᵇᵉ ᴳᵒᵇᵉʳᵗ라는 신부는 노르망디 지역의 작은 시골 마을인 까망베르ᶜᵃᵐᵉᵐᵇᵉʳᵗ라는 곳으로 몸을 숨겼습니다. 다행히도 한 농가의 주인이 그를 숨겨주었고 극진히 보살펴 주었습니다. 농장주의 아내 마리 아렐ᴹᵃʳⁱᵉ ᴴᵃʳᵉˡ은 요리 솜씨가 뛰어났습니다. 손수 만든 치즈를 신부에게 대접할 정도였으니까요.

'치즈의 고장' 브리 출신답게 고베르 신부는 치즈에 대해 상당한 식견을 가진 사람이었습니다. 그는 감사의 표시로 아렐 부인에게 브리 지방의 전통 치즈 만드는 비법을 전수해주었습니다. 치즈 제조 과정의 속도를 늦추고 응유를 좀 더 조심스럽게 다루며 유청을 완전히 걸러내는 것이 그 비법이었는데요. 이를 이용해 만든 아렐 부인의 치즈 맛은 훌륭했습니다. 뛰어난 요리 감각을 가졌던 아렐 부인은 꾸준히 맛을 개선했고 브리 치즈보다 더 맛좋은 치즈를 만들어냈습니다. 그 치즈는 마을의 이름을 따서 까망베르^{Camembert}라고 불렸습니다.

5
164쪽 '셰브르, 전쟁과 치즈' 참조.

6
나폴레옹 3세는 나폴레옹의 동생인 루이 보나파르트와, 나폴레옹의 첫 부인이었던 조세핀이 전남편과의 사이에서 낳은 딸인 오르탕스가 결혼해서 낳은 아들이다.

마리 아렐의 모습이 담긴 까망베르 치즈
(Camembert de Normandie/ AOP).

치즈를 사랑한 황제

한편 파리에서는 공화정이 무너지고 나폴레옹이 권력을 잡았습니다. 1804년 그가 스스로 황제의 자리에 오르면서 프랑스에는 제정이 시작되었습니다. 나폴레옹은 당시에도 치즈를 사랑하는 황제로 유명했나 봅니다. 노르망디의 여인들은 나폴레옹이 방문했을 때 까망베르 치즈를 대접했다고 하니까요. 나폴레옹은 진심 어린 칭찬으로 이에 화답했고요. 까망베르뿐이 아닙니다. 발랑세[5]와 에프와스도 나폴레옹과 관련된 일화가 있을 정도로 그는 다양한 치즈를 즐겨 먹었다고 합니다. 그런데 까망베르가 황제의 치즈로 널리 알려진 건 사실 나폴레옹의 '조카이지 손자[6]'라고도 할 수 있는, 나폴레옹 3세 때문입니다.

까망베르 치즈를 처음 만든 마리 아렐에게는 손녀가 있었습니다. 손녀는 1855년 파리에서 개최된 만국박람회에 할머니로부터 전수받은 비법으로 만든 까망베르를 출품했습니다. 박람회를 방문한 나폴레옹 3세가 이 치즈를 먹어보고 그 맛에 반해 자신의 궁전으로 까망베르를 조달하라는 명령을 했다고 하지요. 이때에는 이미 신문이 발행되고 있었습니다. 여러 신문들이 이 내용을 보도했고 파리 전체에 까망베르가 알려지게 됩니다. 또한, 식당들은 까망베르를 이용한 메뉴를 개발하고 이를 '황제가 사랑한 치즈'라는 이름으로 홍보했습니다. 까망베르가 공식적으로 '황제의 치즈'로 등극한 것이지요.

그때까지 까망베르가 브리보다 맛이 좋음에도 불구하고 파리에 보급되지 못했던 건 지리적 이유 때문입니다. 파리에서 50km 정도 떨어진 브리에 비해 노르망디에 위치한 까망베르는 파리까지 가는데 3일이나 걸렸으니까요. 그런데 1850년에 파리와 노르망디를 연결하는 철로가 생겼습니다. 까망베르에서 파리까지 가는데 6시간이면 충분해지자, 파리 시민들도 마음껏 까망베르를 즐길 수 있게 된 것이지요.

까망베르와 브리의 가장 큰 차이는 생산 지역과 크기입니다. 브리 지역에서 만들어지는 브리 치즈의 크기는 지름이 30~40cm 정도에 달합니다. 하지만 우리나라에서 먹을 수 있는 브리 치즈는 지름 11cm 정도로 까망베르와 같기 때문에 크기로는 둘을 구분하기 힘듭니다. 아쉽게도 우리나라에는 까망베르와 브리에서 각각 전통적인 방법으로 만들어져 AOP를 받은 치즈는 2020년 현재까지 수입이 되지 않고 있습니다.

전통적인 방법은 원유를 살균하지 않은 채로 치즈를 만드는데, 우리나라는 식품법상 살균하지 않은 우유로 만든 치즈는 수입할 수 없기 때문이지요[7]. 하지만 살균과정을 거쳐 만든 프랑스 치즈들은 수입되고 있습니다. 우리나라 제조사에서도 맛있는 까망베르와 브리를 만들고 있고요.

까망베르와 브리는 모두 연성 치즈이기 때문에 냉장실 채소칸에 보관하는 것이 좋습니다. 먹기 최소 1시간 전에는 냉장실에서 꺼내 놓아야 부드러운 맛을 즐길 수 있지요. 부채꼴 모양으로 잘라서 속과 겉, 껍질까지 모두 맛보아야 합니다. 속과 겉의 숙성 정도가 다르기 때문입니다.

까망베르는 강하지 않은 맛을 가지고 있어 케이크나 과자의 재료로 많이 쓰입니다. 견과류와 함께 구워서 부드럽게 먹거나 포장만 벗겨 그대로 와인 안주로 먹어도 좋습니다. 숙성을 오래하지 않기 때문에 역시 숙성 기간이 짧은 보졸레 누보나 로제 와인, 스파클링 와인, 향이 풍부한 화이트 와인(리슬링, 샤르도네 등)과 잘 어울립니다.

7
국내법 상 생유로 만든 치즈는 60일 이상 숙성된 제품으로 제한한다.

개인적으로 가장 좋아하는 마리아주는 까망베르와 오징어 채를 함께 먹는 겁니다. 까망베르의 콤콤한 맛과 오징어의 콤콤한 맛이 묘하게 어울리면서 차원이 다른 콤콤함이 느껴지지요. 부드러운 까망베르에 오징어채의 씹히는 맛도 잘 조화가 되고요. 이때는 와인보다는 시원한 맥주가 더 잘 어울립니다. 더운 여름날에 딱 좋은 조합이지요. 조리할 필요도 없어서 휴가지에서도 간단하게 즐길 수 있습니다.

치즈의 원산지 명칭 보호 정책

원산지 명칭 보호 또는 원산지 통제 명칭 등으로 해석된다. 유럽연합^{EU} 내의 국가에서 생산되는 농식품의 원산지 명칭을 법적으로 보호하기 위한 제도이다.

1935년 프랑스에서 와인생산자와 소비자 보호를 위해 AOC$^{Appellation\ d'}$ $^{Origine\ Contrôlée}$라는 이름으로 시작된 후 유제품 등 농수산물에까지 확장되었다. 이 규정에 따르면 특정 원산지에서 정해진 방법으로 생산된 식품에 한해서만 '원산지' 이름을 사용할 수 있도록 허락한다. 예를 들어, 노르망디 지역에서 생산된 원유를 사용해서, 정해진 방법에 맞게 생산된 치즈만 원산지^{Origine}가 노르망디인 까망베르, 즉 '까망베르 드 노르망디^{Camembert} $^{de\ Normandie}$'라는 이름을 붙일 수 있다.

AOC를 받았다는 것은 프랑스 정부가 뛰어난 품질을 보증한다는 의미이다. 인증을 받은 후에도 규정에 맞게 전통적인 방법을 지켜서 만드는지 꾸준히 관리, 감독하기 때문에 높은 품질이 유지될 수 있다. 당연한 이야기지만 AOC 인증을 받은 제품은 그렇지 못한 제품에 비해 가격이 비싸다. 비싼 가격일지라도 믿을 수 있는 품질이라는 점에서 소비자에게 인기가 있다.

생산자는 높은 가격에 판매할 수 있고, 소비자는 좋은 품질의 제품을 믿고 구매할 수 있다는 점에서 소비자와 생산자에게 모두 도움이 되는 정책이다.

프랑스의 성공 사례 이후에 유럽의 여러 나라에서 비슷한 제도를 시행했으나, 사용하는 명칭이 국가마다 달라 소비자에게 혼란을 주었다. 이런 불편함을 해소하기 위해 EU는 2012년에 관련 법규를 마련, GI^{Geographic} ^{Indication}라는 이름으로 EU국가 내에서 지역 명칭 인증 제도를 시행하고 있다. 이에 따른 등급은 아래와 같다. 단, 와인의 경우 계속해서 AOC 등

191

1
비슷한 산업 분야에 있는
기업끼리 경쟁을 피하고
이윤만 확보하려는
담합형태와 행위.

기존의 국가별 등급제를 사용하고 있다.
이 제도를 프랑스와 이탈리아는 자국 언어로 사용한다.

전통적 재배방법, 품질 보호, 생산자와 소비자 보호 등 좋은 기능이 많음에도 불구하고 비판도 늘고 있다. '원산지명칭보호'가 지리적 표시의 사용권을 생산자 단체에게 배타적으로 부여하기 때문에 경쟁의 제한, 보호주의, 카르텔[1] 금지법규의 위반이라는 주장이다. 또한, 체더 치즈와 같이 이미 보통명사처럼 사용되는 제품의 지정 여부를 둘러싸고 다툼이 많이 벌어졌다.

국가별 등급제	프랑스	이탈리아
PDO Protected Designation of Origin 가장 엄격하게 적용. 특정 지역에서 생산되어 지정된 방법과 기술을 사용하여 생산된 제품에 부여됨.	**AOP** Appellation d'Origine Protégée	**DOP** Denominazione di Origine Protetta
PGI Protected Geographical Indication 지리적 표시 보호. PDO보다는 한 단계 아래로 특정 지역에서, 특정 기준에 맞게 생산하지만 재료는 다른 지역의 것을 쓸 수 있다.	**IGP** Indication Géographique Protégée	**IGP** Indicazione Geografica Protetta
TSG Traditional Speciality guaranteed 조성 또는 생산방법이 전통적 특성을 가진 제품.	**STG** Spécialité Traditionnelle Garantie	**STG** Specialità Tradizionale Garantita

체더 & 웬즐리데일

🧀

치즈를 찾아
달로 간
사람과 개。

옛날 유럽 사람들은 달이 치즈로 만들어졌다고 믿었습니다. 둥근 형태와 표면에 구멍이 난 듯한 생김새, 특히 물에 비친 달의 모습이 치즈처럼 보였기 때문이지요. 이와 관련해서 전설이나 동화, 속담 등 재미있는 이야기들도 많이 전해 내려오고 있습니다. 그런데 인류가 진짜로 달에 가본 뒤 달에는 방아 찧는 토끼도, 치즈도 없다는 걸 알게 된 20세기 말에도 치즈를 찾아 달로 여행을 떠나는 사람과 개의 이야기가 있습니다.

달 은 치 즈 로 만 들 어 졌 대

"곧 휴가인데, 어디로 가야할 지 모르겠네. 따뜻한 차나 한 잔 마시면서 생각해볼까?"

"그로밋, 문제가 생겼어. 집에 치즈가 떨어졌어."

"음, 치즈 없이 크래커랑 차만 마시니까 정말 맛이 없네. 그래 바로 그거야. 치즈가 있는 곳으로 휴가를 떠나야겠어. 그런데 그게 어디지?"

"그래 맞아. 달에 가는 거야. 달이 치즈로 만들어졌다는 건 누구나 다 아는 상식이잖아."

영화 〈월레스와 그로밋〉

클레이메이션 〈월레스와 그로밋-화려한 외출〉의 한 장면.

〈월레스와 그로밋-화려한 외출Wallace & Gromit: The Grand Day Out〉은 클레이 애니메이션clay animation/claymation 입니다. 스톱 모션 애니메이션stop motion animation이라고도 부르는데요. 클레이로 모형을 만들어 형태를 조금씩 바꿔가면서 한 프레임씩 촬영한 후, 이미지를 연결해서 모형들이 움직이는 것처럼 보여주는 방식입니다. 자연스러운 움직임과 연결을 표현하기 위해 한 명이 하루에 3초 정도의 분량밖에 만들지 못한다고 합니다. 러닝타임이 23분 밖에 안 되는 〈월레스와 그로밋-화려한 외출〉은 닉 파커Nick Parker 감독이 6년의 작업 끝에 완성한 작품입니다.

주인공 월레스는 영국 맨체스터 근교의 위건Wigan이란 곳에 사는 50대의 싱글 남성입니다. 아마추어 발명가로 저절로 옷을 입혀주는 기계나 아침 식사를 만들어주는 기계 등을 만들어서 매일 이용합니다. 그의 발명품들은 기발하고 편리하긴 하지만 어딘가 허술하고 많이 부족합니다. '개를 위한 전자공학' 책을 읽고 뜨개질이 취미인 반려견 그로밋의 도움이 없었더라면, 월레스는 벌써 오래전에 2층 방의 침대에서 아래층 식탁으로 바로 내려오다가 엉덩이뼈가 부러졌을 겁니다. 어쩌면 뜨거운 죽을 눈에 맞아 실명 했을지도 모르겠네요.

어디로 휴가를 갈지 여행책을 뒤지며 고민하던 월레스는 잠깐 쉬며 티타임을 갖기로 합니다. 차와 함께 먹을 치즈와 크래커를 준비하려는데 마침 치즈가 똑 떨어졌네요. 치즈 없이 먹는 크래커와 차는 너무 맛이 없었습니다. 이때 한 가지 생각이 떠오릅니다.

"치즈가 많이 나는 곳으로 휴가를 가서 맘껏 치즈를 먹어야겠다. 랭커셔, 체더, 암스테르담, 필라델피아?"

유명 치즈 산지들이 떠오르지만 왠지 딱 맘에 들지는 않지요. 그런데 마침 달이 보입니다. 달은 치즈로 만들어졌다고 들었습니다. 달보다 더 많은 치즈를 먹을 수 있는 곳은 없겠지요. 그렇게 월레스는 달에 가기 위해 로켓을 만들고 그로밋과 함께 달로 여행을 떠납니다.

세 상 에 서 가 장 유 명 한 치 즈

애니매이션 속에서 월레스가 가장 좋아하는 치즈는 체더Cheddar와 웬즐리데일Wensleydale 입니다. 체더는 영국인들이 가장 많이 먹는 치즈입니다. 영국인뿐이 아니지요. 체더는 전 세계에서 제일 많이 소비되는, 가장 대중화된 치즈입니다.
99% 정도의 확신으로 제가 처음 먹어본 치즈도 체더였을 거라 봅니다. 우리나라 마트에서도 가장 많이 보이는 치즈가 체

더입니다. 정확히 말하면 체더 슬라이스 치즈, 즉 체더를 주재료로 해서 가공 치즈를 만든 후 얇게 자른 제품입니다. 영국 서머싯^{Somerset} 지방의 작은 마을, 체더에서 만들기 시작한 치즈가 어떻게 세계적으로 가장 유명한 치즈가 되었을까요?

첫째는 영국인들이 체더를 미국으로 전파했기 때문입니다. 17세기 초 종교의 자유를 찾아 영국을 떠나 미국으로 온 청교도들은 그곳에서 체더를 만들어 먹었습니다. 19세기 중반까지만 해도 농가에서 가내수공업 규모로 생산했지요. 그러다가 1851년 뉴욕주에 최초의 체더 공장이 생기면서 생산량이 급증했습니다. 1916년 크래프트^{Kraft}사가 가공 치즈의 대량생산에 성공했습니다. 그 후 체더를 바탕으로 만든 가공 치즈를 '체더 슬라이스 치즈'라고 부르면서 체더는 세계로 알려지고 대중화되었습니다.

또 다른 이유는 유럽의 다른 유명한 치즈와 달리 체더는 원산지 명칭 보호를 받지 못했기 때문입니다. 미국뿐 아니라 호주나 캐나다로 이주한 영국인들도 치즈를 만들어서 '체더'라고 불렀습니다. 그러다 보니 영어권 나라에서 소비되는 치즈의 절반 이상이 체더라는 이름을 갖게 되었습니다. 전 세계로 자국의 문화를 퍼뜨린 미국의 활약으로 체더는 가장 대중화된 치즈가 되었고, 유럽 이외 지역의 많은 사람이 가장 처음 먹게 되는, 치즈의 대명사가 되었습니다.

체더가 마치 미국의 치즈처럼 되어버리자, 원조 국인 영국인들은 자존심이 상했습니다. 그중에서도 체더가 위치한 남서부 지역 사람들은 '웨스트 컨트리 팜하우스 치즈 메이커West Country Farmhouse Cheesemaker'라는 단체를 만들어서 전통 제조법으로 치즈를 만들기 위해 노력했습니다. 노력의 결과로 1996년에 '웨스트 컨트리 팜하우스 체더West Country Farmhouse Cheddar'라는 이름으로 원산지 명칭 보호, PDOProtected Designation of Origin 등급을 받았습니다.

월 레 스 의 치 즈 사 랑 , 치 즈 의 운 명 을 바 꾸 다

"먹어보고 어떤지 말해줘."

"웬즐리데일인가?"

"아니라고? 그럼 스틸턴?"

"것도 아냐? 그럼 뭐지? 한 번도 먹어본 적 없는 치즈인 것 같은데…. 다른 곳의 치즈도 먹어보자."

"음 이건 좀 맛이 다른데. 까망베르인가?"

홈메이드 로켓으로 달에 도착한 월레스. 뭔가 모자란 듯 했지만 이번에도 그로밋의 활약으로 달 착륙에 성공했습니다. 마침내 발을 내딛은 달은 정말 치즈로 가득했습니다. 신선해 보이는 치즈를 크게 잘라서 크래커에 얹어 먹어봅니다. 웬즐리데일Wensleydale인지 스틸턴Stilton인지 헷갈립니다. 뭔지 몰라도 처음 먹어본 맛입니다. 자리를 옮겨서 다른 곳의 치즈를 먹어봅니다. 이번에는 까망베르 맛과 비슷하지만 그것도 잘 모르겠습니다. 어쨌든 월레스는 바구니 가득 치즈를 담아 흡족한 맘으로 지구로 돌아갑니다.

스틸턴은 영국의 푸른곰팡이 치즈로 이탈리아의 고르곤졸라, 프랑스의 로크포르와 함께 세계 3대 블루치즈로 불립니다. 체더와 더불어 월레스가 가장 좋아하는 웬즐리데일은 치즈의 한 종류이자 여러 가지 치즈와 버터 등을 만드는 유가공품 제조업체의 이름이기도 합니다.
웬즐리데일 치즈의 기원은 12세기 초로 거슬러 올라갑니다. 프랑스의 로크포르^Roquefort 지역에서 살던 시토회 수도사들이 웬즐리데일로 건너와 정착하면서 치즈를 만들기 시작했습니다. 로크포르는 양젖으로 만든 블루치즈입니다. 당연히 웬즐리데일도 처음에는 양젖으로 만든 푸른곰팡이 치즈였겠지요. 14세기 이후에는 소젖으로 치즈를 만들면서 치즈의 종류도 점차 달라졌습니다. 현재의 웬즐리데일 치즈는 체더와 비슷한데, 그보다는 덜 딱딱하고 부서지기 쉬우며 수분감이 좀 더 있습니다.

웬즐리데일 치즈의 역사는 그 자체가 한 편의 영화와 같습니다. 수도사들이 만들던 치즈는 1540년 시토회 수도원이 해체되면서 사라질 위기에 처합니다. 하지만 수도사들이 마을의 아낙들에게 치즈 만드는 법을 알려주면서 제조기술은 유지될 수 있었습니다. 이후 400년 동안 유지되어 온 웬즐리데일은 1950년대에 다시 사라질 뻔합니다.

2차 세계대전 중에 영국 정부는 치즈 배급을 실시하면서 체더 이외의 치즈는 전면 제조를 금지했습니다. 이 때문에 웬즐리데일을 포함한 많은 치즈의 생산이 중단되었지요. 이때 유일하게 만들어졌던 체더를 정부 체더^{Government Cheddar}라고 불렀습니다.

전쟁이 끝나고 9년이 지난 1954년까지 치즈 제조 제한은 계속됩니다. 이로 인해 웬즐리데일은 명맥이 끊길 뻔했지만, 킷 칼버트^{Kit Calvert}라는 인물에 의해 가까스로 살아납니다. 1990년대 초에 웬즐리데일은 또 한 번의 위기를 맞습니다. 이번에는 제조업체가 자금난을 겪으며 수십 명이 일자리를 잃고 파산을 눈앞에 두었습니다. 그런데 몇 달 후에 일자리를 잃었던 임직원과 지역 사업가들이 중심이 되어 웬즐리데일을 인수합니다. 1992년 12월, 크리스마스를 앞두고 기적적으로 부활한 것이지요. 그들은 웬즐리데일의 기적이 월레스 '덕분'이라고 말합니다. 모자란 듯하지만 착한 발명가, 그 월레스 말입니다. 도대체 무슨 일이 있었던 걸까요?

〈월레스와 그로밋-화려한 외출〉이 영국과 미국에서 성공하면서 주인공 월레스가 좋아하는 치즈인 웬즐리데일에 대한 대중의 관심이 커졌습니다. 관심은 구매로 이어졌습니다. 2편 〈월레스와 그로밋-전자바지 소동^{Wallace and Gromit: The}

Wrong Trousers〉과 3편 〈월레스와 그로밋-양털 도둑Wallace and Gromit: A Close Shave〉에는 본격적으로 웬즐리데일을 즐기는 월레스의 모습이 등장합니다. 게다가 이 두 편은 아카데미에서 단편 애니메이션 상을 수상하며 전 세계적으로 인기를 얻게 됩니다.

작품의 성공은 웬즐리데일의 대박으로 이어졌습니다. 전 세계적으로 치즈의 인지도가 높아지면서 수출도 급증했지요. 극장용 영화 〈월래스와 그로밋-거대토끼의 저주 Wallace and Gromit: The Curse of Were-Rabbit〉의 개봉을 앞두고, 2005년에는 웬즐리데일에서 월레스와 그로밋 치즈를 출시하고 함께 프로모션도 진행했습니다. 프로모션은 크게 성공했고, 2008년에는 월레스와 그로밋이 웬즐리데일의 전 세계 홍보대사가 되었습니다.

월레스와 그로밋이 그려진 웬즐리데일 치즈.

달콤한 티타임은 웬즐리데일과 함께

2018년 기준 웬즐리데일은 연매출액이 2,700만 파운드(한화 약 427억 원, 2020년 8월 기준)가 넘고, 200명 이상의 직원이 일하는 탄탄한 기업이 됐습니다. 일자리 창출뿐 아니라, 우유 소비, 관광객 유치 등으로 지역 경제에 기여하는 바도 연간

1,200만 파운드(한화 약 190억 원)에 이른다고 하니 그야말로 인생 역전입니다.

한 치즈의 운명을 바꾼 장면은 전혀 계산되지 않은 우연이었습니다. 감독 닉 파커는 '웬즐리데일'이라고 말할 때 월레스의 얼굴과 이를 모두 드러내는 모습이 재미있어서, 그 단어를 사용했다고 밝혔습니다. 웬즐리데일 치즈와 관계가 있는 것도, 좋아하는 것도 아니었다지요. 기발하지만 엉뚱하고, 착하지만 좀 모자란 듯한 50대의 대머리 아저씨 캐릭터가 한 지역의 경제를 살리고 치즈의 역사를 바꿀 거라고 누가 상상이나 했을까요.

치즈가 인기를 얻으면서 웬즐리데일이라는 이름을 사용하는 업체도 많아졌습니다. 웬즐리데일은 체더와 마찬가지로 원산지 명칭 보호를 받지 못했기 때문에 원산지인 요크셔Yorkshire 지역이 아닌 곳에서 만든 치즈도 웬즐리데일 이름으로 판매할 수 있었습니다. 웬즐리데일 업체는 원산지 보호를 받기 위해 많은 노력을 했고 마침내 2013년에 EU로부터 요크셔 웬즐리 데일Yorkshire Wensleydale이라는 PGIProtected Geographical Indication(지리적 표시 보호)를 획득합니다. PDO보다는 한 단계 아래이지만 이제 요크셔 지역에서, 특정 기준에 맞게 생산된 웬즐리데일만이 합법적으로 'Yorkshire Wensleydale'이라는 이름을 사용할 수 있게 된 것입니다.

웬즐리데일은 치즈의 종류이자 유가공품 제조업체의 이름이라고 했지요. 즉 웬즐리데일 치즈 메이커는 웬즐리데일 외에도 다양한 치즈를 생산합니다. 그중에서 가장 인기 있는 치즈는 웬즐리데일 치즈&크랜베리^{Yorkshire Wensleydale Cheese & Cranberries} 등 치즈에 과일이나 채소를 넣은 블렌디드^{blended} 치즈입니다. 웬즐리데일 치즈가 새콤한 과일과 잘 어울리니 아예 과일을 넣어 만든 치즈이죠. 새콤달콤한 맛이라 이것 하나만 있어도 디저트로 충분합니다.

웬즐리데일 치즈 & 크랜베리
(Yorkshire Wensleydale Cheese & Cranberries).

　　연한 잎채소와 발사믹 식초를 섞으면 상큼하고 가벼운 맛의 샐러드를 만들 수 있습니다. 신맛이 살짝 있고 드라이한 화이트 와인, 소비뇽 블랑과 잘 어울립니다. 신맛과 단맛이 잘 어우러진 리슬링과 먹어도 좋습니다. 어떻게 먹어도 맛있지만, 영국 치즈를 가장 맛있게 즐기는 방법은 영국인처럼 먹는 것 같습니다. 월레스처럼 웬즐리데일을 크게 잘라서 크래커와 차를 함께 먹으며 오후의 티타임을 즐겨볼까요. 그로밋처럼 좋은 친구와 함께한다면 없던 여유도 생길 것 같습니다.

　　그런데 달 치즈는 정말 어떤 맛이었을까요?

에
멘
탈

사람보다 앞서간
쥐를 위한
치즈。

'치즈cheese'라는 단어가 가장 많이 등장하는 책은 무엇일까요? 아마도 치즈가 250번 정도 언급되는 《누가 내 치즈를 옮겼을까?Who Moved My Cheese?》가 아닐까 합니다. 벌써 20년이나 지난 2000년 3월 출간된 《누가 내 치즈를 옮겼을까?》는 변화를 치즈에 비유해 그 중요성에 대해 이야기하는 책입니다. 그전에도 변화의 '중요성'을 역설하는 책은 많이 있었지요. 세기말과 '국가부도'라고 표현되는 불안과 고통의 시간을 지내 온 우리에게 변화는 절체절명을 탈출할 수 있는 유일한 '빛'과도 같았으니까요. 그런데 수많은 변화 관련 책 중에서 100페이지를 겨우 넘는 이 책이 230만 부가 넘게 팔린 초대박 베스트셀러가 될 수 있었던 건 무엇 때문이었을까요?

그간의 책들이 안그래도 두렵게 느껴지는 변화를 다소 무겁고 진지하게 다뤘다면, 이 책은 '변해야 산다'를 넘어 변하지 않으면 '굶어 죽을 수도 있음'을 너무도 가볍고 재치있게 말하고 있습니다.

쥐보다 못한 사람들을 위한 우화

《누가 내 치즈를 옮겼을까?》에는 네 명의 캐릭터가 등장합니다. 허Haw와 헴Hem이라는 꼬마 인간 두 명 외에도 스니프Sniff와 스커리Scurry라는 두 마리의 쥐가 주인공이지요. 이들의 이름은 그 자체로 성격을 보여줍니다. hem은 '음,

에헴', haw는 '어, 에' 등의 의성어로 'hem and haw'는 결정하거나 말하기 전에 우물쭈물하며 망설이는 것을 의미합니다. 어떤 사람들인지 짐작이 가지요. 'sniff'는 코를 킁킁거리며 냄새를 맡는 모습을 뜻합니다. 'scurry'는 '총총(허둥지둥)가다'라는 뜻이지요. 역시 이름처럼 스니프는 항상 치즈의 냄새를 맡아서 치즈가 상하지는 않았는지, 언제 새로운 치즈를 찾아야 하는지를 본능적으로 알고 있습니다. 스커리는 때가 되면 바로 새 치즈를 찾아 움직이는 행동파이고요.

이 넷은 커다란 미로 속에 살고 있습니다. 미로에는 치즈가 들어있는 방들이 있지요. 치즈 창고 C에는 치즈가 가득 쌓여 있습니다. 매일 집과 치즈 창고 C를 왔다 갔다 하는 일상. 그들은 반복된 일상에 만족하며 아름다운 집에서 아이를 키우고, 커다란 회사를 경영하는 행복한 꿈을 꿉니다. 영원할 것만 같았던 치즈 창고 C의 치즈. 하지만 어느 날 갑자기 치즈가 사라집니다.

스니프와 스커리는 즉각 새 치즈를 찾아 떠나고 얼마 지나지 않아 더 맛있고 신선한 치즈로 가득 찬 치즈 창고 N을 발견합니다. 그런데 꼬마 인간 허와 헴은 치즈가 사라진 걸 믿을 수 없었습니다. 망연자실한 허와 헴은 내일이면 치즈가 나타나리라 생각하고 다시 치즈 창고 C를 찾아옵니다. 누군가 장난치는 거라 생각하며 벽 뒤를 뚫어 살펴보기도 합니다. 그렇게 며칠간 치즈를 먹지 못하고 굶주리던 허는 현실을 깨닫고 새로운 치즈를 찾아 미로 속으로 떠나기로 합니다. 하지만 헴은 여전히 내일이면 치즈가 다시 나타날 거라 여기며 치즈 창고 C를 떠나지 못합니다.

새 치즈를 찾아 모험을 떠난 허는 미로 속을 헤매고 길을 잃어 절망하기도 하지만 결국 치즈 창고 N을 발견합니다. 맛있는 치즈를 즐기며 살이 통통히 오른 스니프와 스커리를 보며 좀 더 빨리 떠나지 못했던 걸 후회하지만 이내 맛있는 치즈 더미에 풍덩 빠져듭니다. 그렇다면 헴은 어떻게 되었을까요? 허는 헴을 위해 이곳에 오는 동안 깨달은 것들을 치즈 그림과 함께 벽에 그려 놓습니다. 헴이 그림을 따라 치즈 창고 N으로 오기를 바라면서 말이지요.

《누가 내 치즈를 옮겼을까?》의 치즈 그림.

꼬마 인간과 쥐의 이야기를 들은 친구들(진짜 사람들)은 자신은 그 넷 중의 누구인지를 고민해 봅니다. 그들이 살면서 맞았던 변화와 대응에 대해서도 생각해 봅니다. 스니프와 스커리까지는 아니어도 허는 되어야 할 텐데, 헴처럼 살았던 지난날이 떠오르는군요.

"나는 주어진 문제에 대해 불필요한 고민들을 첨가해서 심각하게 받아들였지. 현실에 집착하며, 일어나지도 않을 일에 대해 미리부터 걱정하고, 소심해지고…… 허Haw 역시 처음에는 나와 같은 생각을 했지만 자신의 어리석은 생각과 행동을 웃어넘겨 버린 후에 변화를 긍정적으로 받아들이게 되었잖아. 나도 나의 어리석음을 인정하고 변화의 바람에 나를 맡겨볼 거야."

《누가 내 치즈를 옮겼을까?》

이야기를 듣고 난 후 친구들은 이제 허처럼 살게 될까요. 아니면 여전히 헴처럼 살고 있을까요. 헴은 새로운 치즈를 찾아 떠나긴 했을까요?

치 즈 를 사 랑 한 쥐 들

《누가 내 치즈를 옮겼을까?》에는 체더, 까망베르, 모짜렐라, 브리 등 우리가 잘 알고 있는 맛있는 치즈들이 깨알같이 등장합니다. 그중에 가장 많이 나오는 치즈는 에멘탈Emmental입니다. 정확히 말하면 '에멘탈'이라는 말이 아니라 그림이 등장합니다.

사실 에멘탈은 세상에서 가장 유명한 치즈이기도 합니다. 처음 들어본 것 같다고요? 그럴 수도 있습니다. 하지만 에멘탈을 처음 들어본 사람은 있어도, 한 번도 안 본 사람은 별로 없을 겁니다.

애니메이션 '톰과 제리'에서 제리가 가장 좋아하는 치즈, 《누가 내 치즈를 옮겼을까?》에서 스니프와 스커리의 일용할 양식, 그리고 허가 미로를 이동할 때마다 벽에 자신의 깨달음과 함께 그려 놓는 치즈가 바로 에멘탈이기 때문입니다.

에멘탈의 고향은 스위스입니다. 스위스는 국토의 대부분이 알프스 산악지로 그중의 40%가 목축지입니다. 자연히 오래전부터 낙농업이 발달했겠지요. 우유뿐 아니라 산양(염소)의 젖 등을 이용해 다양한 종류의 치즈를 만들어 왔습니다. 알프스를 배경으로 한 TV 에니메이션, 〈알프스의 소녀 하이디〉에도 염소 떼를 몰고 다니는 목동과 염소 젖을 이용해 신선한 치즈를 만들어 먹는 장면이 자주 등장하지요.

그런데 궁금한 점이 하나 있습니다. 쥐는 정말 치즈를 좋아할까요? 애니메이션과 책에는 쥐들이 치즈를 무척 좋아하는 걸로 묘사되었지만, 실제로는 쥐가 치즈를 그리 좋아하지는 않는다고 합니다[1]. 물론 쥐는 잡식성이라 치즈도 먹겠지요. 하지만 쥐는 단맛을 제일 좋아해서 과일이나 곡물, 찾을 수만 있다면 사탕을 훨씬 잘 먹는다고 합니다. 쥐보다는 오히려 고양이가 치즈를 좋아한다고 하니 '톰과 제리'는 현실 반영에 실패했다고 봐야겠네요.

1
Do Mice Really Like Cheese: Fact or Fiction?
2019년 1월 17일
https://www.earthkind.com/blog/do-mice-like-cheese

2006년에 영국 맨체스터 메트로폴리탄 대학교 Manchester Metropolitan University의 데이비드 홈즈 교수Dr. David Holmes는 이와 관련해서 재미있는 실험을 했습니다. '어떤 음식이 동물을 유혹하고, 반대로 격퇴하는가'에 대한 연구에서 쥐는 치즈를 전혀 좋아하지 않는다는 사실을 발견했지요. 사실 쥐는 후각이 매우 예민하기 때문에 숙성된 치즈 특유의 냄새를 아주 싫어한다고 합니다. 다만 냄새가 심하지 않은 생 치즈 종류는 잘 먹는다고 하네요. 그런데 왜 쥐가 치즈를 좋아한다고 알려졌을까요?

먹을 것이 부족했던 과거에는 쥐가 부엌 바닥이나 창고에 남아 있는 음식이라면 뭐든 먹었을 겁니다. 치즈는 숙성하는 오랜 시간 동안 창고에 쌓여 있었고, 선택의 여지가 없었던 쥐가 치즈를 먹을 수밖에 없었겠지요. 이를 본 옛날 사람들은 쥐가 치즈를 좋아한다고 생각했고요.

쥐가 치즈를 사랑한다는 인간의 오해가 없었더라면 톰은 얄미운 제리를 뭘로 꼬시려 했을까요? 《누가 내 치즈를 옮겼을까?》의 똑똑한 행동파 쥐, 스니프와 스커리의 역할은 고양이가 했을지도 모르겠습니다.

치즈 중의 치즈, 에멘탈

2
Mystery of disappearing
Swiss cheese holes
solved! Mark Astley, 2015
5월 29일.
https://www.dairyreport
er.com/Article/2015/05/29
/Mystery-of-disappearing
-Swiss-cheese-holes-solv
ed!-There-s-not-enough-h
ay-says-study

낙농업 강국 스위스를 대표하는 치즈이자, 치즈를 대표하는 치즈, 에멘탈^{Emmental}. 치즈를 생각할 때 가장 먼저 떠오르는 치즈의 구멍은 '치즈의 눈^{cheese eye}'이라고 부릅니다. 과거에는 치즈의 눈이 생기는 이유가 치즈를 맛있게 숙성시키는 균 때문이라고 믿었습니다. 에멘탈을 만들 때 '프로피온산균'이라는 박테리아가 들어갑니다. 이 균이 숙성단계에서 활발히 활동하면서 배출하는 탄산가스가 치즈 밖으로 빠져나가지 못하고, 대신에 치즈 내부에 구멍이 만들어진다는 주장이었습니다. 치즈를 먹음직스럽게 만드는 치즈의 눈이 사실은 박테리아의 방귀나 마찬가지라는 것이었지요. 그런데 이를 반박하는 연구결과가 발표되었습니다.[2]

2015년 5월, 스위스 정부 산하 농업연구소인 아그로스코프^{Agroscope}와 연방재료시험소^{EMPA: The Swiss Federal Laboratories for Materials Science and Technology}, 루체른 대학교의 연구자들은 실험을 통해 치즈의 눈이 건초 먼지 때문에 발생한다고 밝혔습니다. 그동안 스위스의 에멘탈 제조업자들은 치즈의 눈이 점점 줄어든다며 원인이 박테리아가 아닐 것이라는 의심을 해왔습니다. 연구자들은 치즈 제조 공정이 현대화되고 깨끗해지면서 변화가 생겼을 거라 가정하고 이 가설을 증명하기 위한 실험을 했습니다. 에멘탈 치즈가 숙성되는 130일 동안 컴퓨터로 단층 촬영을 했고 그 결과 건초 먼지가 구멍의 원인이라는 것을 확인했습니다. 예전에는 우유를 모아둔 양동이 속에 빠진 건초 먼지가 치즈 숙성 동안에 큰 구멍으로 변했다면, 자동화된 착유 시스템을 사용하는 현대 치즈 제조 공정에서는 건초 먼지가 거의 들어가지 않게 된 것이죠. 이에 따라 치즈의 눈이 사라지고 있다는 것이고요.

에멘탈 제조업자들은 치즈의 상징과도 같은 치즈의 눈이 사라지면 상품성과 인기가 떨어지지 않을까 걱정했습니다. 그런데 이 연구결과를 통해 오히려 치즈 눈의 크기와 숫자를 조절할 수 있다는 걸 알게 되었습니다. 즉 눈을 많이 만들고 싶다면 건초 먼지를 일부러 더 넣어주면 되는 것이지요. 원하는 만큼의 눈을 가진 깨끗한 치즈를 먹게 되었지만 뭔가 아쉽습니다. 치즈의 눈이 박테리아의 방귀라고 믿었을 때보다 인간미가 좀 사라진 것처럼 느껴지네요.

치즈의 눈이 잘 생성된 에멘탈.

스위스 사람처럼 즐기는 에멘탈

만화나 책으로 많이 접해서 친숙하고 귀여워 보이는 에멘탈은 사실 직경 1미터에 무게는 100킬로그램이 넘는 커다란 치즈입니다. 우리가 흔히 보고 먹는 건 큰 에멘탈을 작게 잘라서 포장한 것이지요. 적어도 4개월 이상 숙성하는 에멘탈은 딱딱한 경성 치즈^{hard cheese}입니다. 하지만 다른 경성 치즈와 달리 짠맛이 강하지 않고 맛이 순해 부드러우며, 달콤한 향이 납니다. 덕분에 치즈에 익숙하지 않은 사람들도 편하게 먹을 수 있지요. 빵에 넣어 샌드위치로 만들어 먹거나 작게 잘라 와인과 함께 먹어도 맛있습니다. 특유의 모양 때문에 그냥 잘라 놓기만 해도 파티 분위기가 재미있어지는 즐거운 치즈입니다.

무엇보다도 가장 맛있게 즐기는 방법은 스위스 사람들처럼 퐁뒤^{fondue}로 먹는 것 같습니다. 퐁뒤는 치즈를 달지 않은 화이트 와인과 함께 냄비에 넣고 약한 불에서 따뜻하게 녹인 뒤 잘게 자른 빵을 찍어 먹는 스위스 전통 요리입니다. 에멘탈 외에도 그뤼에르^{Gruyère}나 아펜젤러^{Appenzeller} 같은 치즈도 사용합니다.

지역마다 많이 생산되는 치즈, 집집마다 좋아하는 치즈나 남아 있는 치즈를 적절히 섞어서 만들지요. 숙성이 덜 된 치즈를 사용할 경우에는 스위스 전통 술 키르슈를 넣고, 마늘과 후추를 첨가하면 풍미가 좋아집니다.

스위스 사람들이 치즈를 먹는 가장 흔한 방법, 퐁뒤.

겨울이 긴 알프스 지역의 사람들에게 퐁뒤는 춥고 지겨운 겨울을 따뜻하게 보내는 데 꼭 필요한 음식이었습니다. 우리가 테이블에 불판을 올려놓고 전골이나 탕을 끓여 먹듯이 스위스 사람들은 퐁뒤 냄비에 둘러앉아 함께 즐깁니다. 맛과 추억을 함께 나누는 소울푸드 이지요. 요즘에는 녹인 치즈에 빵뿐 아니라 고기나 소시지, 새우 같은 해물이나 채소를 찍어서 다양하게 먹습니다. 날씨가 추워지면 따뜻한 퐁뒤와 함께 와인 파티를 해보는 건 어떨까요. 특별한 준비 없이 불과 치즈, 냉장고 속 재료만으로도 재미있고 맛있는 파티가 될 것 같지 않나요?

에
프
와
스

와인으로
몸을 닦는
귀한 치즈。

프랑스 동부에 위치한 부르고뉴^{Bourgogne}의 영어 이름은 버건디^{Burgundy}, 곧 와인입니다. 지역 이름이 와인을 의미할 정도로 부르고뉴는 세계 최고의 와인 산지이지요. 와인의 대명사와 같은 이곳에서는 맛있는 치즈도 생산되고 있습니다.

부르고뉴의 코트 도르^{Côte-d'Or} 지역에는 에프와스^{Époisses}라는 작은 마을이 있습니다. 이 마을에서 생산되는 연성 세척 외피 치즈인 에프와스^{Époisses}는 겉모습부터, 향, 맛이 모두 '튀는' 치즈입니다.

어린 에프와스의 형태나 숙성되면서 변하는 모양은 언뜻 까망베르와 비슷합니다만, 눈에 확 띄는 오렌지색입니다. 이 독특한 색깔은 '리넨스균' 때문입니다. 과거에 에프와스는 볏짚 위에서 숙성했습니다. 이때 볏짚 속에 들어있던 건초균인 리넨스균이 스며들면서 오렌지색을 띠게 했다고 하네요.

현대에는 볏짚에서 숙성시키지 않기 때문에 만드는 과정에서 우유에 리넨스균을 첨가합니다. 숙성될수록 형태는 까망베르와 멀어집니다. 겉은 주름이 잡히고 쭈글쭈글해지며 속은 부드러운 크림 상태가 됩니다. 크기가 너무 작아졌거나 속이 지나치게 흐물흐물한 건 좋지 않은 상태이므로 피해야 합니다.

신의 발냄새 또는 돼지 발가락 냄새

1
《올어바웃 치즈》 무라세
미유키, 구혜영 옮김, 예문사,
2014(188).

　　　　　프랑스 사람들은 에프와스의 향을 '신의 발냄새'라고 부릅니다. 영국 사람들은 '돼지 발가락 사이의 냄새'라고 하고요. 어떤 향일지 짐작이 되나요? 신의 발냄새나 돼지 발가락 냄새를 맡아본 적이 없는 사람들을 위해 에프와스의 냄새를 보다 생생하게 알려주는 에피소드가 있습니다. 치즈를 사랑했던 나폴레옹은 에프와스도 무척 좋아했다고 합니다. 어느 날 잠이 든 나폴레옹을 급히 깨우기 위해 어느 병사가 강한 향의 에프와스를 그의 코에 갖다 댔습니다. 하지만 나폴레옹이 신의 발냄새를 부인 조세핀의 체취와 혼동했기에 그의 잠을 깨우는데 실패했다고 합니다[1].

왼쪽: 숙성이 덜 된 어린 에프와스.
오른쪽: 충분히 숙성되어 중심부까지 크림상태가 된 에프와스.

신의 발냄새든 돼지 발가락 사이의 냄새든 아니면 조세핀의 체취든 간에 별로 향기로운 냄새는 아니지요. 사실 에프와스는 치즈가 낯선 사람들에게 쉽지 않은 대상입니다. 게다가 가격도 비싼 편이고 파는 곳도 많지 않아서 우리나라에서 대중적인 치즈도 아닙니다. 그런데 제 소개로 에프와스를 처음 먹어본 사람들은 다들 냄새와는 달리 너무 맛있다며 칭찬을 하더군요. 특히 충분히 숙성되어 숟가락으로 떠먹어야 할 정도로 부드럽고 찐득한 질감을 최고로 꼽았습니다. 미식가들 사이에서 '모든 치즈의 왕'으로 꼽히는 이유가 있지요[2].

와인으로 목욕하는 고급 치즈

'연성세척외피'라는 이름에서 짐작할 수 있듯이 에프와스는 겉을 씻어주는 소프트치즈입니다. 세척외피 치즈는 숙성하는 동안 보통 물, 소금물, 알코올 등으로 닦습니다. 에프와스는 처음에는 물이나 소금물로 닦고 이후에는 부르고뉴에서 만든 술인 '마르 드 부르고뉴Le Marc de Bourgogne'로 닦습니다. 마르 드 부르고뉴는 와인의 고장답게 와인으로 만든 술입니다. 부르고뉴에서 만든 비싼 와인으로 닦아 만드는 치즈라니 도대체 얼마나 귀한 치즈길래 그런 걸까요.
마르 드 부르고뉴는 '비싼' 와인을 만들고 난 찌꺼기로 제조한 증류주입니다. 알코올이 40%인 독한 술이지요. 에프와스가 숙성을 마칠 때까지 이 술로 일주일에 1~3회 닦아줍니다. 찌꺼기일지라도 와인으로 매주 1~3회 목욕하는 치즈라니 귀한 대접이 맞는 것 같습니다.

에프와스는 어쩌다가 와인으로 목욕하는 치즈가 되었을까요? 15세기 말에 수도사에 의해 만들어지기 시작한 에프와스는 처음에는 만든 직후 볏짚 위에서 숙성했습니다. 볏짚에는 다양한 세균들이 살고 있고, 세균에게 에프와스는 영양 덩어리였죠. 자연히 에프와스에는 온갖 잡균들이 번식했지요. 깜짝 놀란 수도사들은 이를 제거하기 위해 뜨거운 물로 치즈 표면을 씻었습니다. 이후 살균 효과를 높이기 위해 소금물로 씻기도 하고, 이것저것 사용해보다가 와인 증류주로도 닦아 본 것이겠지요.

부르고뉴에서는 흔하디흔한 게 와인을 만들고 난 찌꺼기였으니 사실 처음에는 대단히 귀한 대접도 아니었을 겁니다. 그러다 와인 증류주의 뛰어난 세척력을 발견했고 그때부터 에프와스는 와인(증류주)으로 목욕하는 귀한 치즈가 되었습니다. 와인은 살균 효과도 있지만 에프와스 특유의 독특한 향을 만들어 줍니다. 즉 마르 드 부르고뉴로 자주 씻어줄수록 신의 발냄새도 짙어진다는 것이지요. 발냄새를 닮은 향은 대부분 껍질에서 납니다. 찐득하고 부드러운 에프와스를 먹어보고 싶은데 향이 너무 부담스럽다면 껍질을 벗기고 먹으면 됩니다.

숙성 중인 에프와스를 세척하는 모습.

귀한 에프와스는 20세기 들어 사라질 위기를 두 번이나 겪었습니다. 20세기 전반에 프랑스는 두 차례의 세계대전의 중심에 있었습니다. 많은 치즈 농가가 무너졌고 생산자도 줄어들었습니다. 그나마 다시 생산된 에프와스는 전통적

3
Wall Street Journal : U.S.,
France Clash Over
Curdled Milk; Defending
France's Smelliest
Cheese
https://www.wsj.com/art
icles/SB92776088110627517
6

인 방법으로 농가에서 만들어지는 것이 아니라 공장에서 만들어졌습니다.

이때 에프와스 마을의 청년 로베르 베르토Robert Berthaut는 이를 아쉬워하며 전통적인 방법으로 에프와스를 만들려고 노력했습니다. 그는 낙농학교가 아니라 나이든 농부들에게 직접 치즈 제조방법을 배웠습니다. 공장에 비해 훨씬 비효율적이고 고생스러웠겠지요. 특히 마르 드 부르고뉴로 일주일에 2~3회씩 표면을 닦아주는 것은 보통 일이 아니었을 겁니다. 다행히도 그의 노력은 결실을 맺었고, 전통방법으로 만들어진 에프와스는 많은 프랑스인의 사랑을 받게 됩니다.

전통방법을 지켰으니 당연히 AOC도 받았겠지요. 그런데 이 제조방법 때문에 두 번째 위기를 겪게 됩니다. 에프와스를 포함해 프랑스의 많은 AOC(현 AOP) 치즈는 우유를 살균하지 않고 생 우유로 치즈를 만들어야 합니다. 살균하면 나쁜 균뿐만 아니라 유익한 균까지 사라져 치즈 각각의 독특한 향과 풍미가 떨어지기 때문이지요. 나쁜 균에 오염되지 않기 위해서는 착유 후 빠른 시간 안에 제조하고 위생적으로 관리해야 합니다. 그런데 1999년에 일부 리스테리아균에 오염된 에프와스를 먹고 두 명이 사망하는 사건이 일어났습니다[3].

실은 진짜 규정에 맞게 만들어진 AOC 에프와스가 아니라 공장에서 생산된 가짜였지요. 책임자는 사기와 과실치사로 처벌을 받았고 공장도 문을 닫았습니다. 하지만 이 사건은 살균하지 않는 에프와스의 안전성에 대한 경각심을 일으켰습니다.

이로 인해 미국 등 여러 나라에서 에프와스의 수입을 중단했고, 소비자에게 외면 당했습니다. 생산량이 크게 감소하면서 베르토 사도 문을 닫을 위기에 처했습니다. 이대로 에프와스가 사라지도록 놔둘 수는 없었겠지요.

베르토 사는 우유를 짧게 저온 살균하여 에프와스를 만들기로 했습니다. 생우유로 만들 때와 맛은 좀 달라지겠지만 가장 중요한 건 안전이니까요. 덕분에 AOC 에프와스를 우리나라에서도 즐길 수 있게 되었습니다. 국내법상 무살균 우유로 만든 치즈는 60일 이상의 숙성 기간이 지난 제품만 수입 가능한데 에프와스는 살균을 했으니 수입이 가능합니다.

왕과 여왕이 만났을 때

에프와스는 강한 향과 부드러운 질감 때문에 요리를 하지 않고 먹는 경우가 많습니다. 요리해서 먹기에는 좀 아깝기도 하고요. 단맛과 짠맛이 잘 조화되어 에프와스만 먹어도 괜찮지만 짠맛이 강하게 느껴진다면 바게트나 크래커와 함께 먹는 것도 좋습니다.

부르고뉴 출신인 만큼 부르고뉴 와인과 가장 잘 어울립니다. 안타깝지만 부르고뉴에서는 치즈뿐 아니라 와인도 무척 귀한 몸들이라 다소 비쌉니다. 부르고뉴산 와인의 가격이 부담스럽다면 같은 품종의 다른 지역 와인과 먹어볼까요.

4
59쪽 '프랑스 부르고뉴,
살인을 부른 와인' 참조.

레드 와인 품종인 피노 누아[4]는 부르고뉴뿐 아니라 미국의 오리건이나 뉴질랜드, 호주산도 좋은 평가를 받고 있습니다. 가격은 훨씬 저렴하고요. 피노 누아는 미디움 바디의 우아하고 섬세한 와인입니다. 무겁지 않은 피노 누아의 맛이 에프와스 특유의 풍미를 더욱 한껏 살려줍니다.

에프와스와 피노 누아는 제가 가장 좋아하는 치즈와 와인입니다. 제일 즐기는 마리아주이기도 하고요. 피노 누아 외에도 달지 않고 무게감 있는 화이트 와인인 샤르도네도 에프와스와 잘 어울립니다.

치즈의 왕인 에프와스와 와인의 여왕이라 불리는 피노 누아의 마리아주. 상당히 특별할 것 같지 않나요?

임
실
치
즈

치즈로
만든
무지개。

1
《치즈로 만든 무지개》고동희
박선영 지음, 명인문화사,
2007.

우리나라에서 치즈를 가장 많이 생산하는 지역
은 어디일까요? 많은 사람들이 치즈 하면 '임실', 임실 하면
치즈를 떠올릴 겁니다. 요즘 학생들이 배우는 교과서에 지역
특산물로 당당히 등장한다고 하네요. 사과, 인삼, 굴비 등 전
통적 특산물과 달리 서양 식품이 지역 특산물이라는 게 조금
은 생소합니다. 도대체 어떻게 전라북도의 한 작은 산간마을
이 우리나라의 대표적인 치즈 생산지역이 되었을까요?

소년은 우편배달부가 되고 싶었습니다[1]. 편지를
배달하는 것이 좋아서 였을까요? 아닙니다. 다섯 남매의 막내
로 태어났던 소년은 집에 한 대 밖에 없던 자전거를 형, 누나
들과 나눠 타야 했습니다. 여간해서는 자신의 차례가 오지 않
자 자전거를 맘껏 탈 수 있는 사람이 되고 싶었습니다. 하루
종일 자전거를 타고 돌아다니는 우편배달부처럼 말이지요. 소
년의 꿈은 이후 자전거를 자유롭게 타게 되면서 바뀌었습니
다. 정말 다행이지요. 소년이 꿈꾸었던 대로 우편배달부가 되
었더라면 우리나라 치즈의 역사도 바뀌었을 테니까요.

우 편 배 달 부 를 꿈 꾸 던 소 년 의 아 름 다 운 도 전

소년의 이름은 디디에 세스테반스Didier t'Serstevens.
우리나라 이름은 지정환입니다. 그렇습니다. '지정환 임실치

224

즈피자'의 바로 그 지정환입니다. 처음에 이름을 듣고 당연히 한국 사람인 줄 알았습니다. 전국에 있는 피자 가게 체인의 사장이니 그저 돈 많이 번 사람인 줄로만 알았지요. 나중에 알고 보니 그는 벨기에에서 태어난 서양인이었습니다. 게다가 사업가나 요리사도 아닌 가톨릭 사제였네요.

우편배달부를 꿈꾸던 소년은 평생 가난하고 고통 받는 사람들과 함께 하는 삶을 꿈꾸게 되었습니다. 그가 선택한 직업⑦은 '신부'였습니다. 신학교를 졸업한 그는 한국에 가기로 결심했습니다. 지금에야 우리나라가 K-Pop이니 한류니 해서 전 세계에 알려졌지만, 그가 신학교를 졸업했던 1958년에는 이제 막 전쟁이 끝난 나라라는 것 말고는 알려진 바가 거의 없었습니다. 그가 한국을 알게 된 계기도 전쟁 때문이었지요. 가족들의 반대가 컸고 언어의 어려움이 있었지만 모든 걸 이겨내고 한국으로 왔습니다.

첫 부임지였던 전주에서 한국인들이 쉽게 부를 수 있는 '지정환'이라는 이름을 얻습니다. '정의가 환히 빛나게 하려고 지랄한다'는 의미라네요. 두 번째 부임지는 부안이었습니다. 그나마 도시였던 전주에 비해 부안은 그야말로 깡촌이었습니다. 가난하고 헐벗은 사람들이 넘쳐났지요. 농사지을 땅이 없어 굶고 있는 사람들에게 원조 받은 밀가루를 나눠주었지만 이는 해결책이 아니었습니다.

부안은 바다에 인접한 곳입니다. 그는 바다에 묻힌 땅을 개간해 농사 지을 땅을 만들기로 합니다. 그와 함께했던 부안 주민들의 노력으로 3년 동안 30만 평 가량의 땅을 개간했습니다. 대단한 성과였죠. 이것으로 부안 주민들은 농사를 지어 배불리 먹고 지낼 줄 알았는데, 안타깝게도 첫 해 농사에 실패하자 농민들은 땅을 팔아 술을 마셨고 노름에 빠졌습니다. 피, 땀, 눈물로 개간한 땅을 고리대금업자들에게 헐값에 내준 채 말이지요. 지정환 신부는 이 때 겪은 고생으로 인해 병을 얻었고 수술을 받기 위해 벨기에로 돌아갔습니다.

한국에서 무리한 생활을 하면서 몸이 불편해진 지정환 신부.

치료를 마치고 6개월 뒤 다시 한국으로 왔을 때의 발령지는 임실이었습니다. 바닷가였던 부안과 달리 임실은 두메산골이었습니다. '살 제 남원, 죽어 임실'이라는 말이 있을 정도로 산세가 빼어나고 아름다운 곳이었지요. 하지만 농사 지을 땅이 없었습니다. 이곳 주민들도 하루에 한 끼도 제대로 못 먹으며 굶주리고 있었습니다. 부안에서의 실패로 마음의 상처를 받았던 신부님은 '이제 한국인의 삶에 깊이 개입하지 않기로' 다짐했지만 굶주리는 사람들을 보자 마음이 아팠습니다.
개간할 땅도 없는 이곳에서 신부님은 어떤 계획이 있었을까요? 그는 마침 아는 신부님으로부터 산양 두 마리를 선물 받았습니다. 임실의 산골짜기와 목초지는 산양을 키우기에 적합해 보였습니다. 산양의 젖을 짜서 판매하면 수익이 생기고, 남은 젖으로는 치즈를 만들면 될 것 같았지요. 치즈는 일반 가정에서도 만들 수 있는 유제품이기 때문입니다. 그는 청년들과 함께 산양협동조합을 만들고 산양을 분양합니다. 그리고 직접 치즈를 만들어 보이기로 하지요. 유럽 출신이니 당연히 치즈를 만들 수 있을 거라 생각했습니다.

사실 그는 치즈를 별로 좋아하지 않았습니다. 하지만 우리나라 사람이 김치를 좋아하지 않아도 그 맛을 알기에 만들 수 있을 거라 생각하듯이 자신도 치즈를 만들 수 있을 거라 믿었지요. 그의 믿음은 첫 번째 시도에서 처절하게 부서졌습니다. 그가 만든 치즈는 '한여름에 발 썩는 냄새'라는 말을 들으며 사람들에게 외면 받고 결국 동네 개들의 차지가 되었습니다. 몇 번의 실패 끝에 성공을 거두기도 하지만 다시 실패를 거듭했습니다.

사람들은 점차 지쳐갔고 치즈 사업은 그대로 끝나는 건가 했습니다. 그러나 지정환 신부는 굴하지 않습니다. 오히려 치즈 만드는 법을 제대로 배우기 위해 유럽으로 갔죠. 3개월간 벨기에, 프랑스, 이탈리아의 치즈 공장을 견학하며 치즈 만드는 방법을 배웠습니다. 폐쇄적인 치즈 장인의 마음을 움직여 각종 치즈 제조 비법을 얻기도 합니다. 설레는 마음으로 한국으로 돌아온 지정환 신부. 이제 임실의 치즈 사업은 성공만 남았다고 생각했습니다.

한 국 치 즈 의 역 사 를 만 들 다

각종 치즈 제조 비법과 기대감을 가득 안고 3개월 만에 돌아온 임실. 하지만 그를 기다리고 있던 건 단 한 사람만 남고 모두 떠나버린 텅 빈 치즈 공장이었습니다.

"와보니 한 명 빼고는 다들 산양을 팔아 치우고 떠났더라고요. 그들 입장에선 앞날을 기약할 수 없었겠죠. 제가 돌아올지도, 치즈 만들기에 성공할지도 불투명했을 테니까요. 얼마나 절망적이었는지 몰라요. 하지만 포기할 수 없었어요. 이탈리아에서 받은 기적 같은 선물이 있었으니까요. 그 비법 덕분에 균일한 치즈를 만드는 데 성공했고 다시 사람들을 모을 수 있었어요." [2]

지정환 신부는 사람들이 모두 떠났다는 사실보다 자신을 믿지 않았다는 사실에 더 마음이 아팠습니다. 하지만 마냥 실망만 하고 있을 수는 없었습니다. 단 한 명이지만 자신을 믿고 남아 있는 사람이 있었기 때문입니다. 무엇보다도 힘들게 배워온 비법이 있었기 때문이지요.

의욕이 지나치게 앞서서인지 첫 번째 시도는 실패였습니다. 하지만 이후에는 성공이 이어졌습니다. 당연하지요. 어떻게 배워온 기술인데요. 그가 처음 만들었던 치즈는 포르살뤼Port Salut라는 프랑스 치즈였습니다. 반경성 치즈로 발효기간이 짧아 냄새가 순하고 맛이 강하지 않습니다. 치즈에 익숙하지 않은 우리나라 사람도 거부감 없이 먹기 쉬운 치즈였습니다. 그렇다고는 해도 1969년 당시 치즈를 사 먹는 한국인은 많지 않았습니다. 자연스럽게 한국에 살고 있는 외국인들에게 판매를 했지요. 치즈 판매가 점점 활발해지면서 새로운 치즈를 개발하기 시작했습니다.

첫 번째는 체더^{Cheddar}였습니다. 체더도 대 성공을 거두었습니다. 이제 외국인을 대상으로 하는 시장은 너무 작았습니다. 판매를 확대하기 위해 지정환 신부는 당시 서울에서 가장 규모가 컸던 조선호텔을 찾아갔습니다. 무작정 주방장을 찾아가 치즈를 맛보여 주었습니다. 주방장은 그 맛에 감탄했죠.

그때는 국내에서 치즈를 만드는 곳이 없었기 때문에 호텔 등에서 사용하는 치즈는 모두 미군 부대를 통해 불법 유통되는 치즈였습니다. 국내에서 한국인이 손수 만든 신선한 치즈라니 호텔 입장에서는 거부할 이유가 없었지요. 조선호텔과 거래를 트고 나자 그 다음 부터는 모든 일이 쉬웠습니다. 신라호텔 등 다른 유명 호텔에서도 임실의 치즈를 경쟁적으로 사용하기 시작했습니다. 이후 서울에 최초의 피자 가게가 생겼고, 그 곳에 공급하기 위한 모짜렐라 치즈도 생산했습니다. 1969년 포르 살뤼, 1970년 체더, 1972년 모짜렐라까지, 그가 만든 치즈는 그 자체로 한국 치즈의 역사가 되었습니다.

치즈는 잘 팔렸지만 마냥 쉬운 꽃길은 아니었습니다. '치즈'를 만드는 곳이 없다 보니 관련된 법이나 규정 등도 전혀 없었지요. 사업자등록을 하고 업체를 설립하여 판매 및 유통하는 것, 하나하나가 모두 도전이었습니다. 임실군청에서 보건소로, 다시 농림부를 거쳐 군수와 도지사까지 설득해야 했습니다. 마침내 '축산물 가공 처리법'이 만들어졌고 임실치즈 공장은 합법적인 치즈 생산업체가 되었습니다.

출가외인의 도움으로 살아난 임실치즈

12명의 조합원들과 함께 시작했던 산양협동조합은 이제 250명이 넘는 조합원들이 함께하는 커다란 공동체가 되었습니다. 임실치즈가 한국 치즈의 역사가 되고 농민들의 삶이 되는 동안 지정환 신부의 몸은 만신창이가 되어가고 있었습니다. 치즈 사업 초기부터 다리에 마비 증상이 나타나곤 했습니다. 그저 열심히 일해서, 피곤해서인 줄 알았는데 점점 걷는 게 불편해지더니 결국 오른쪽 다리가 마비되고 말았습니다. 병명은 '다발성신경경화증'. 국내에서는 치료가 어려워 벨기에로 가야 했습니다. 치즈와 관련된 일은 모두 임실 주민들에게 맡기고 말이지요.

1981년 지정환 신부는 20년간 살던 한국을 뒤로 하고 벨기에로 떠났습니다. 그가 떠난 빈자리는 컸습니다. 치즈는 계속 생산했지만 임실치즈 산업은 한동안 휘청했습니다. 까망베르 등 신제품을 개발했지만 역부족이었습니다. 신부님이 떠난 후 리더십의 부재도 원인이었지만 세상이 바뀐 탓도 있었지요. 86 아시안게임, 88올림픽을 거치며 외국 문물의 개방이 확대되고 치즈 등 서양 음식에 대한 수요도 커졌습니다. 대기업이 이를 놓칠 리가 없었지요. 90년대 중반 이후 치즈 시장이 개방되면서 값싼 외국 치즈가 수입된 것도 원인이었습니다. 최초의 국산치즈라는 이름만으로는 임실치즈가 버틸 재간이 없었지요. 1997년에 닥친 외환위기는 '눈 위에 내린 서리'와도 같았습니다. 그렇게 임실치즈는 사라지는가 했는데 다행히 솟아날 구멍은 있었습니다.

한국에 돌아와 있던 지정환 신부는 이러한 상황을 모두 가슴 아프게 지켜보고 있었습니다. 비록 자신은 '출가외인'이라며 치즈 사업에 거리를 두었지만 자신이 키운 아이가 죽어가는 걸 지켜보는 건 가슴 아픈 일이었지요. 이 때 한 가지 제안을 받게 됩니다. 임실에서 만드는 모짜렐라 치즈를 피자업체에 납품하자는 것이었지요. 그건 이미 하고 있는 일 아니었나요? 이번에는 좀 다릅니다. 그냥 치즈만 납품하는 것이 아니라 '지정환'이라는 이름을 넣자는 것이었습니다. 자신의 이름을 넣은 피자 브랜드라니…. 당연히 지정환 신부는 반대했습니다. 그는 애초에 사업가가 아니었습니다. 돈을 벌자고 한 일도 아니었습니다. 단지 임실 농민들의 삶을 바꿔보고

자 한 일이었는데, 자신의 이름을 건 피자 브랜드를 만들자니 기가 막혔지요. 하지만 임실치즈가 이대로 무너질 수도 있다는 설득에 지친 신부님은 마음을 바꿨습니다.

"나는 더 이상 모르겠습니다. 알아서들 하십시요."

'지정환임실치즈 피자'는 그렇게 만들어졌습니다. 지정환 신부가 이름 사용료로 받은 금전적 이익은 하나도 없었습니다. 그저 임실치즈를 살리기 위한 결정이었지요. 다행히도 아이디어는 적중했습니다. 임실에서 만든 신선한 치즈가 올라간 피자는 냉동 치즈를 쓴 피자보다 맛이 좋았고, '지정환임실치즈 피자'는 전국에 지점이 생겨났습니다. 피자 사업은 크게 성공했지만 임실치즈는 겨우 살아남을 수 있는 정도였습니다. 외부인이 만든 피자 브랜드에 치즈를 납품할 뿐이었기 때문이었지요. 애초에 임실치즈가 자체적으로 피자 브랜드를 만들었더라면 어땠을까요? 이런 의문을 가진 사람이 늘어났고, '임실치즈'를 넣은 브랜드들이 생겨나기 시작했습니다. 업체가 늘면서 원조 논란이 일어났고 지정환 신부에 대한 불만과 오해도 커갔습니다.

치즈로 만든 무지개

　　　　자신의 이름을 쓰게 하면서도 금전적 이익은 원치 않았지만, 오히려 돈에 눈이 먼 파렴치한이라는 오해만 받았던 지정환 신부. 배신감에 치가 떨리지는 않았을까요. 이것저것 다 버리고 벨기에로 떠나고 싶었을 것 같습니다. 하지만 그의 선택을 달랐습니다. 처음에는 계약서 없이 이름을 빌려주었지요. 이번에는 자신의 이름을 사용하는 피자 업체를 불러 수익금의 일정 부분을 장학금으로 제공하라고 했습니다. 대신에 다른 업체는 신부의 이름을 사용하지 못하게 하기로 했고요. 그렇게 받은 장학금은 장애인을 위한 장학재단에 사용되었습니다. 그는 2002년에 한 재단으로부터 사회봉사상을 받으며 1억 원의 상금을 받았습니다. 그 돈으로 장애인을 위한 장학재단을 설립했던 것이었지요.

　　　　지정환 신부는 다발성신경경화증으로 인해 점점 걷기가 힘들어졌습니다. 휠체어에 의존하는 장애인이 되었지만 희망을 잃지 않았습니다. 치즈는 완전히 잊어버리고 장애인을 위한 사목을 하기로 했지요. 자신이 치료받던 병원에서 장애인과 비장애인이 만나는 모임을 계기로 장애인 가족 공동체를 만들었습니다. 공동체의 이름은 '무지개 가족'이었습니다. 장애인의 자활을 돕고 가족을 만들어 주자는 취지로 만들어졌죠. 무지개 가족이었던 사람이 무지개 가족을 떠나

3
한국 치즈 대부 지정환 신부
불모의 땅에 피워낸 기적,
경향신문

4
벨기에에서 온
'한국 치즈의 아버지'
한국 땅에 묻히다.
지정환 신부 선종, 경향신문.

새로운 무지개를 만들기도 했습니다. 치즈로 시작됐던 지정환 신부의 사랑은 계속 무지개를 만들며 이어졌습니다.

장애인 가족 공동체인 '무지개 가족'을 이끌던 당시의 지정환 신부.

"음…, 하나 있긴 해요. 내 장례식에 노사연의 '만남'을 불러 줬으면 좋겠어요. 우리들의 모든 만남은 하나라도 우연이 없거든요. 그렇게 귀하게 만났으니 서로 사랑해야지요."[3]

'주변 사람에게 작은 바람이 없느냐'는 인터뷰의 마지막 질문에 대한 답이었습니다.

2019년 4월 13일, 작은 바람을 말했던 8개월 후, 지정환 신부는 오랜 지병으로 선종했습니다[4]. 그의 장례식에는 소원대로 '만남'이 울려 퍼졌다고 합니다. 그는 세상을 떠났지만 그가 시작한 무지개는 이후로도 오랫동안 아름답게 떠있을 겁니다.

우유를 마시면 배가 아프고 소화를 못 시킵니다. 치즈를 먹어도 될까요?

우유에 들어있는 유당(젖당)은 장에서 분해되어 소화, 흡수됩니다. 그런데 이 유당을 분해하는 효소가 없는 사람들이 있습니다. 이들은 우유를 먹으면 소화를 못 시켜서 복통이나 설사를 겪기도 하는데요. 이를 유당불내증이라고 합니다. 유당불내증이 있다면 생 치즈나 숙성을 오래 하지 않는 연성치즈(모짜렐라, 브리 등)는 피하는 것이 좋습니다. 하지만 6개월 이상 숙성시킨 경성치즈(체더, 파르미자노 레지아노 등)는 먹어도 괜찮습니다. 이들 치즈는 숙성되는 과정에서 발생한 효소가 젖당을 잘 분해하도록 돕기 때문입니다.

먹다가 남은 치즈는 어떻게 보관해야 하나요?

235

치즈는 개봉한 뒤 한 번에 모두 먹는 것이 좋습니다. 하지만 늘 남기 마련이지요. 치즈를 보관하는 데 적합한 장소는 어둡고 습하며 온도가 10℃ 정도 되는 곳입니다. 이런 조건에 가장 맞는 곳은 냉장실의 채소 칸입니다.

치즈는 다양한 미생물과 효소가 들어있는 '살아있는' 식품입니다(가공 치즈 제외). 치즈가 숨을 쉴 수 있도록 먼저 기름종이로 감싼 뒤 비닐 랩으로 너무 꽉 싸지 말고 느슨하게 포장해서 보관해야 합니다. 브리나 까망베르는 종이 포장 후, 원래 들어있던 나무 상자에 넣어서 보관하는 것이 가장 좋습니다.

연성치즈는 냉장실에 보관하더라도 가능한 빨리 먹어야 합니다. 경성치즈는 냉장실에서 한 달 정도 보관 가능합니다.

냉장고에 보관한 치즈에 곰팡이가 피었습니다. 아까운데 먹어도 될까요?

치즈를 보관하다 보면 곰팡이가 피는 경우가 종종 있습니다. 저도 처음에는 깜짝 놀라서 다 버리곤 했는데요. 치즈 종류에 따라서 버려야 하는 경우가 있고, 잘라내고 먹어도 괜찮은 경우도 있습니다.

 먼저 생 치즈(모짜렐라, 리코타, 크림치즈 등)와 작게 잘라 둔 치즈 조각, 슬라이스 치즈는 곰팡이가 생겼다면 아깝더라도 모두 버리세요. 곰팡이가 부분적으로만 보이더라도 이미 균이 속까지 퍼졌을 수 있고, 몸에 해로운 박테리아가 생성되었을 수도 있기 때문입니다.

 경성치즈(체더, 파르메산 등)에 곰팡이가 폈다면 곰팡이 주변을 1cm 가량 잘라낸 뒤 먹어도 괜찮습니다. 이때 한번 곰팡이를 잘라낸 칼은 반드시 세척 후 다른 부분을 잘라야 하며 치즈 포장도 새로 해야 합니다. 곰팡이가 속까지, 그리고 전체적으로 피었다면 이때는 주저하지 말고 버리는 것이 좋습니다.

 일부러 곰팡이를 키우는 치즈도 있습니다. 흰곰팡이를 배양하는 까망베르나 브리, 푸른곰팡이를 배양하는 블루치즈, 고르곤졸라 등이 그렇지요. 이런 곰팡이는 '당연히' 먹는 것입니다. 하지만 이런 치즈들도 너무 오랫동안 보관해서 속까지 말랐다거나 누런색 곰팡이가 보인다면 먹지 말고 버려야 합니다.

치즈와 와인의 조화는 어떻게 맞추는 것이 좋을까요?

와인을 치즈 등의 음식과 맞추는 것을 마리아주mariage(결혼, 결합이라는 뜻의 프랑스어)라고 합니다. 와인과 치즈의 가장 기본적인 마리아주는 생산 지역을 맞추는 겁니다. 같은 떼루아에서 생산되었기 때문에 잘 어울리는 것이지요. 하지만 부르고뉴 지역에서 생산된 에프와스를 부르고뉴 지역에서 만들어진 와인과 함께 먹는 건 금전적 부담이 상당하여 쉽지 않은 일입니다.

이럴 때는 음식의 맛을 조화시키는 세 가지 원칙을 참고하면 됩니다.

1. 서로 닮은 성질을 가진 것들로 맞추기
2. 서로 반대되는 성질을 가진 것들로 맞추기
3. 서로 보완되는 성질을 가진 것들로 맞추기

치즈와 와인을 맞출 때는 첫 번째 '서로 닮은 것끼리'를 적용하는 것이 가장 무난합니다. 즉 숙성을 하지 않은 생 치즈는 역시 숙성을 오래하지 않은 가볍고 산뜻한 화이트 와인과 잘 어울립니다. 숙성을 오래한 경성치즈는 숙성기간이 길어서 무게감이 느껴지는 레드 와인과 잘 어울리겠지요.

'서로 반대되는 성질을 가진 것들로' 맞출 수도 있습니다. 신맛이 강한 치즈를 단맛이 강한 와인과 먹으면 두 가지 맛이 어울리며 균형이 아주 잘 맞습니다. 짠 맛이 강한 치즈는 신 맛이 강한 와인과 먹으면 서로의 맛을 눌러주며 잘 어우러집니다.

이것은 기본 원칙일 뿐, 나의 입맛에는 신선한 모짜렐라와 무게감 있는 카베르네 소비뇽이 잘 맞는다면 그렇게 먹으면 됩니다. 규칙 보다는 자신의 입맛에 맞는 조화를 찾는 것이 보다 중요합니다.

세 번째 맛, 빵

시대와 사람을 보여주는 ____

와인과 치즈를 먹기 어려웠던 중세 시대에도 빵은 만들어 먹었습니다.

빵을 먹지 않는다는 건 굶겠다는 것, 즉 삶을 포기하겠다는 것과 같으니 빵은 꼭 먹어야 했겠지요.

이처럼 빵은 누구나 먹는 음식이었지만, 모두가 같은 빵을 먹는 건 아니었습니다.

시대에 따라서 어떤 인간은 짐승이 먹는 것보다도 못한 빵(?)을 먹는 경우도 있었습니다[1].

대부분의 인간이 희고 부드러운 빵을 먹을 수 있게 된 건

빵의 대량 생산이 이루어진, 불과 몇 십 년 전의 일입니다.

20세기 이전의 흰 빵은 부자들만 먹는 것이었습니다.

부자들은 충분히 하얗고 부드러운 빵을 먹으면서도 더 희고, 더 부드러운 빵을 먹고 싶어 했습니다.

빵은 음식일 뿐만 아니라 자신의 부를 과시하는 것이기도 했기에

남들보다 더 희고 부드러운 빵이 필요했던 것이지요.

빵은 이렇게 음식 뿐 아니라 사회적, 문화적 기능을 해왔습니다.

이런 이유로 이번 장에서는 와인이나 치즈처럼 종류별로 나누어 이야기하지 않습니다.

대신 사회적 표지로써의 빵의 역할과 이에 따른 빵의 역사를 인간의 역사와 함께 알아보겠습니다.

또한 빵이 이야기를 전개하는 역할로 등장하는 문학(및 영화) 이야기도 함께 나누어 보고요.

마지막으로 빵 때문에 삶이 바뀐 사람들의 이야기도 알아볼게요.

1
《빵의 지구사》, 윌리엄 루벨, 이인선 옮김, 휴머니스트, 2017(67~69).

거울 같은 빵。

어려울 것 같나요? 전혀 그렇지 않습니다.

고대 빵의 사회적 기능과 역사는 신화(길가메시 서사시, 오디세이아)를 통해 알아봅니다.

근대의 부자들과 가난한 사람들이 먹었던 빵의 차이는

이를 한 눈에 보여주는 그림으로 살펴보겠습니다.

그보다 가까운 19세기의 계급격차와 불평등한 빵의 소비는

TV애니메이션 〈알프스 소녀 하이디〉를 통해 알아보겠습니다.

또한 소설, 영화, 뮤지컬로 친숙한 〈레 미제라블〉로 보다 좋은 빵을 먹기 위해 노력한

인간의 투쟁에 대해서도 이야기 해볼까 합니다.

주인공보다 더 중요한 역할을 하는 빵으로는 책 《잃어버린 시간을 찾아서》의 마들렌과

영화 〈카모메 식당〉의 시나몬 롤을 소개할게요.

마들렌은 상큼한 레몬 향과 달콤한 맛으로, 봉인되었던 주인공의 기억을 되찾아 줍니다.

시나몬 롤은 진한 계피 향으로 사람들 마음의 문을 열고 친구가 되게 하지요.

아무리 인문학에 대한 내용일지라도 음식으로씨의 빵에 대한 이야기와

맛있게 먹는 방법을 빼놓을 수는 없겠지요.

빵에 관한 기본 상식, 잘못된 믿음 등을 소개해서 보다 맛있게 빵을 즐길 수 있는 안내도 해드릴게요.

빵은 와인이나 치즈보다는 훨씬 친숙하지요. 그만큼 더 쉽고 맛있는 글이 되기를 바랍니다.

푹 빠져서 읽다 보면 저처럼 빵 때문에 삶이 바뀔지도 모르니까요.

길
가
메
시   서
사
시

𓆸

짐승을
인간으로 만든
빵。

얼마 전에 제가 다니는 댄스 학원의 확장 이전 축하 파티가 있었습니다. 아쉽게도 미리 계획한 일이 있어서 참석을 못하게 되었습니다. 대신에 축하 케이크를 만들어 주기로 했지요. 건강한 식생활을 위해 빵을 만들어 먹기 시작했는데, 지금은 제가 먹기 위해 만드는 것보다 다른 사람을 위해 만드는 경우가 훨씬 많습니다. 고마움과 사랑의 마음을 말로 잘 표현하지 못하는 저에게 홈메이드 빵은 말을 대신하는 훌륭한 표현 수단입니다. 재료를 고르고, 반죽하고, 빵을 굽는 동안에는 오롯이 먹을 사람을 생각하며 정성을 들입니다. 제가 만든 빵을 맛있게 먹는 사람을 보면 제가 쏟은 마음을 느끼고 있다는 걸 알 수 있습니다. 말보다 훨씬 강력한 커뮤니케이션 수단이 아닌가요?

와인과 치즈에 관한 강의를 하면서 가장 많이 접하는 의외의 반응은 기원에 관한 것입니다. 많은 사람들이 인류가 수천 년 전부터 치즈와 와인을 먹어 왔다는 사실에 놀라곤 합니다. 그런데 빵의 기원은 그보다 훨씬 오래전인 2만 5000년 전으로 거슬러 올라갑니다[1]. 인간이 곡식을 재배하기 시작한 건 신석기혁명이 일어난 기원전 1만 년 전이 아니던가요?[2] 맞습니다. 그런데 인류는 농사를 짓기 1만 년쯤 전에 벌써 야생 곡물을 채집해 빵으로 '만들어' 먹었습니다. 물론 지금의 빵과는 매우 다릅니다. 우리의 조상들이 2만 년 전에 먹던 빵은 갈돌과 갈판을 이용해서 밀이나 보리를 간 뒤에 물을

1
이탈리아 피렌체 근처의 빌라리노 유적(기원전 2만3,000년 전으로 추정)과 이스라엘 갈릴리호 부근의 오할로Ⅱ 유적(기원전 2만1,000년 전으로 추정)에서 곡물을 갈아 먹는데 사용하는 갈돌과 갈판 사이에 보리, 밀, 귀리가 끼어 있고, 갈돌 근처에서 불에 그을린 돌무더기가 발견되었다. 이런 유적은 인간이 당시에 밀이나 보리를 갈아서 빵을 만들어 먹었다는 것을 입증한다. 《역사학자 정기문의 식사》 정기문, 도서출판 책과함께, 2017(50).

2
신석기혁명新石器革命은 오스트레일리아 출신의 고고학자, 고든 차일드Gordon V. Childe가 1936년에 출간한 책 《인간은 스스로를 만든다Man makes himself》에서 처음 제기한 개념이다. 그동안 수렵과 채집에만 의존하던 인류가 농경이라는 새로운 차원의 생산양식을 만듦으로써 여러 가지 사회·문화적 발전을 이루었다는 시각이 담겨 있다. 고든 차일드는 농경 시작을 하나의 혁명적 사건으로 본 것이다.

3
《길가메시 서사시》
N.K. 샌더스, 이현주 옮김,
범우사, 2000.

넣고 반죽해서 '그냥' 익혀 먹는 형태였습니다.

빵은 인간의 발명품

오늘날처럼 반죽한 후에 발효 과정을 거치는 빵은 6천 년 전 이집트인들이 처음 만들어 먹기 시작했습니다. 밀가루를 반죽해서 불에 구운 건 분명 인간의 발명입니다. 하지만 남은 반죽을 놔뒀더니 공기 중의 효모가 반죽에 들어가서 '발효'를 거쳐 더 맛있는 빵이 된 건 역시 '우연'이라고 봐야겠지요. 비슷한 시기에 또 다른 문명인 수메르에서도 빵을 먹었습니다. 이집트 사람들이 빵을 주식으로, 형편이 되는 사람 누구나 양껏 먹었다면, 수메르 사람들은 처지가 달랐습니다.

그녀는 자기의 옷을 둘로 나누어 한쪽으로 그의 몸을 가리고 다른 한쪽으로 자신의 몸을 가렸다. 그리고 마치 어린아이를 데리고 가듯 그의 손을 잡고 목장으로 가서 다시 천막 속으로 들어갔다. 그곳에 있던 목자들이 그를 보려고 몰려왔다. 그들이 그에게 빵을 내밀었으나, 엔키두는 다만 들짐승의 젖을 빨 줄 알 뿐이었다. 그는 무엇을 해야 할지, 빵은 어떻게 먹는 것인지, 독한 술을 어떻게 마시는 것인지 알지 못하여 쩔쩔매면서 하품만 하였다. 그때 여인이,
"엔키두, 이 빵을 먹어 봐요. 생명을 지탱해 주는 것이에요. 그리고 술도 마셔 봐요. 그게 이곳의 풍습이랍니다."
하고 빵과 술을 권하였다. 그는 결국 배부르도록 먹고 독한 술을 일곱 잔이나 마셨다. 그러자 기분이 유쾌해지며 가슴이 벅차오르고 얼굴이 붉어졌다. 그는 자기 몸에 났던 곱슬곱슬한 털들을 싹 밀어버리고 기름을 발랐다. 드디어 엔키두는 한 남자가 되었다.
《길가메시 서사시》[3]

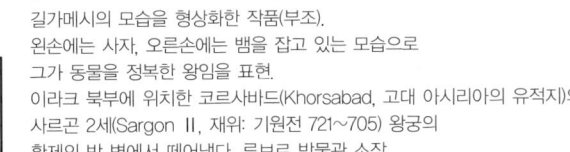

'길가메시 서사시^{The Epic of Gilgamesh}'는 기원전 2,000년경에 쓰인 인류 최초의 서사시입니다. 기원전 2,750년경에 실재했을 거라 여겨지는 우루크의 전설적인 영웅이자 왕인 반인반신^{半人半神}(정확히는 1/3 인간, 2/3 신), 길가메시에 관한 다양한 신화를 종합해 엮은 장대한 서사시이지요.

잘생기고 똑똑한 데다 엄청난 힘까지 가진 길가메시는 점차 오만해져 백성들을 괴롭히고, 신들에게 도전해서 세상을 어지럽혔습니다. 백성들의 원성이 자자하자, 길가메시를 혼내기 위해 신은 괴물 엔키두를 땅으로 내려 보냅니다.

창조의 여신 아루루^{Aruru}가 진흙과 물을 가지고 만든 엔키두는 길가메시만큼 강했습니다. 그의 몸은 온통 털로 뒤덮여 있었는데 짐승처럼 들판을 돌아다니면서 풀을 뜯어 먹고 살았습니다. 길가메시는 엔키두가 초인적인 힘을 가졌음을 알고, 그를 문명화시켜 친구로 삼으려고 했지요. 그리하여 여인을 시켜 엔키두를 유혹하여 그에게 빵과 포도주를 먹게 했습니다. 엔키두는 빵과 포도주를 먹은 후, 몸에 난 털을 싹 밀어버리고, '문명인'이 되었습니다.

이집트와는 달리 수메르에서는 왕이나 귀족들만 빵을 먹을 수 있었습니다. 수메르에서 문명인이란 소수의 귀족이나 부자들만을 의미했습니다. 아무나 빵을 먹기 어려웠던 이유는 빵 만드는 과정이 만만치 않았기 때문입니다. 빵을 만들기 위해서는 먼저 밀을 가루로 만들어야 하지요. 당시의 제분 기술이라고는 갈판에 밀을 놓고 갈돌로 비비는 방법 밖에 없었습니다. 노예나 여자 하인들이 하루 종일 무릎이 닳도록 고생해서 가루를 낸 뒤에야 빵을 만들 수 있었습니다. 밀을 가루로 만들 일꾼이 없는 집에서는 당연히 빵을 먹기 힘들었겠지요.

곡물을 갈고 있는 이집트의 여인, 이집트 고왕국 제5왕조.

하녀의 무릎 고름만큼 만들어지는 빵

빵은 이집트를 거쳐 그리스로 전해졌습니다. 그리스에서도 가루를 내거나 빵을 굽는 고된 노동은 역시 여자들의 몫이었습니다.

열 명도 넘는 여자들이 고생하며 밀과 보리를 빻아 음식을 만들었답니다. 밀을 빻은 여자들은 모두 잠들었건만, 가냘픈 소녀 혼자 끊임없이 일했답니다. 맷돌 돌리던 손을 놓고 소녀는 외쳤지요.

"만인의 아버지시여! 인간과 모든 영원한 것의 주인인 위대한 제우스여, 별이 반짝이는 드넓은 하늘에 당신이 내리는 천둥소리는 정말 크군요. 구름 한 점 보이지 않아요! 누군가에게 내리는 불길한 재앙이겠지요. 불쌍한 저를 굽어 살피셔서, 제 소원을 들어주소서. 오, 그들은 모두 즐겁게 매일 잔치를 벌이는군요. 여기 오디세우스의 집에서 구혼자들이 잔치를 벌이는군요.

보세요!

저의 무릎은 맷돌을 돌리는 고된 노동으로 짓물렀습니다. 제발 저들의 잔치를 영원히 끝내게 해주세요!"

《오디세이아》

4
144쪽 '페타, 신이 먹은 것과 가장 닮은 치즈' 참조.

오디세우스는 트로이 전쟁이 끝난 후 고향으로 가는 길에 10년 동안이나 바다를 헤맸습니다[4]. 천신만고 끝에 드디어 고향에 도착했지만, 그를 반겨주는 사람은 아무도 없었습니다. 사람들은 이미 오디세우스가 죽었다고 생각하여 그의 아내인 페넬로페에게 끊임없이 구혼했습니다. 그녀와 결혼하면 오디세우스가 지배하던 나라, 이타카를 차지할 수 있을 거라 믿었기 때문이지요.

정체를 들키면 구혼자들에게 죽임을 당할 수 있었기에 오디세우스는 거지로 변장하여 자신의 집에 들어갔습니다. 자신의 아내에게 구혼하는 자들의 행동을 보고 지치고 절망에 빠진 그는 신에게 용기를 달라고 애원했습니다. 그러자 동이 트기 전에 제우스는 오디세우스에게 번개로 화답했습니다. 그 직후 밀가루를 내기 위해 맷돌(갈판과 갈돌)을 돌리는 하녀의 한탄과 기도가 있었는데, 바로 위에 인용한 글이 그 내용입니다.

247

뻔뻔한 구혼자들이 매일 파티를 벌이며 맛있게 먹는 빵 뒤에는 어린 소녀의 무릎이 짓무르는 고된 노동이 있었습니다. 그리스 신화에는 변덕스러운 신들의 엽기적인 행각이나 영웅의 모험담만 있는 줄 알았는데, 이렇게 하층민의 고통과 그들에 대한 연민도 담겨 있었네요.

댄스 학원의 이전 파티 전날 밤, 스무 명 정도가 먹을 수 있는 커다란 가나슈 브라우니를 만들었습니다. 이렇게 큰 브라우니는 처음 만들어 봅니다. 그런 탓에 오븐에서 꺼내다가 떨어트릴 뻔했고, 군데군데 금이 갔네요. 겉은 타고 안은 좀 덜 익은 것 같습니다. 그래도 가나슈 초콜릿을 입히고 화려한 옷을 입은 댄서 모형을 꽂아 장식하니 그럴 듯해 보입니다. 무릎이 짓눌리는 노동은 아니었지만 밤을 새는 노력이 있었습니다.

함께 못하는 미안함과 동료에 대한 사랑의 마음을 표현해봤는데… 느낄 수 있었겠지요?

밀가루의 종류(강력분/ 중력분/ 박력분)

빵의 주재료인 밀가루는 크게 강력분, 중력분, 박력분, 세 가지로 나눌 수 있다. 이렇게 나누는 기준은 밀가루 속에 들어있는 단백질로, 단백질이 많이 들어있는 순서대로 강력분, 중력분, 박력분으로 구분한다[1].

밀가루로 반죽을 만들 때, 단백질이 물과 반응하여 글루텐이 생성된다. 글루텐은 치댈수록 많이 생기는데 반죽에 탄성을 주어 잘 부풀어 오르고 쫄깃하게 만든다. 즉 강력분을 많이 치대면서 반죽할 경우, 글루텐이 많이 형성되어 잘 부풀어 올라 부드럽고 쫄깃한 빵을 만들 수 있다. 반대로 바삭한 식감의 파이지나 부드러운 케이크 시트를 만들 경우에는 박력분을 사용하고, 글루텐이 형성되지 않도록 빠르고 가볍게 반죽해야 한다.
만들고자 하는 종류에 따라 적절한 밀가루를 사용해야 맛있는 빵과 과자를 만들 수 있다. 레시피에 따라 강력분과 박력분을 적절히 섞어서 사용하는 경우도 있다.

1
《잘 먹고 잘 사는 법 055, 빵과 과자》
김정원, 김영사, 2004(44).

249

밀가루 종류	단백질 함량(%)	식감	만드는 음식
강력분 (Bread flour)	11~13	쫄깃한 식감	식빵, 호밀빵, 시나몬 롤 등 이스트나 효모로 발효하는 빵
중력분 (All-purpose flour)	9~10	강력분과 박력분의 중간 식감	만두피, 국수, 부침개 등 대부분의 한식과 팬케이크 등 다양한 음식과 제과 가능
박력분 (Cake flour)	7~9	바삭한 식감	케이크, 파이, 쿠키, 튀김옷 등 바삭한 식감의 빵이나 과자

다섯 개의 빵과 두 마리의 물고기

기적의 빵을
먹은
사람들。

이집트 사람들이 먹던 빵은 이스라엘로 전해졌습니다. 당시에 이스라엘 사람들(유대인)은 양을 치는 유목민이었습니다[1]. 그들은 이집트인들이 빵을 먹기 위해 들이는 수고를 알고는 깜짝 놀랐습니다. 하루 종일 집에 머물며 밀을 갈고 빵을 만들 수는 없었기 때문이지요. 하지만 그들도 점차 농사를 짓기 시작했고, 정착생활을 하면서 빵을 구워 먹기 시작했습니다.

이집트인들은 빵을 만드는 방법뿐만 아니라 문화까지 전파했나 봅니다. 유대인들 또한 밀가루를 곱게 갈아 체에 내려 만든 좋은 빵은 부자들의 몫이었습니다. 가난한 사람들은 밀이 아니라 보리로 만든 빵을 먹었지요. 보리만으로 빵을 만들면 맛이 없습니다. 빵의 맛을 좋게 하기 위해 렌틸콩, 기장 등을 갈아 넣었습니다. 유대인들이 만든 빵의 특징은 발효를 하지 않고 구웠다는 것입니다. 발효를 하지 않으면 부풀지 않겠지요. 유대인들이 먹던 빵은 현대의 빵과는 다르게 동그랗고 납작했습니다. 이런 형태의 빵은 예수 시절에까지 지속되었습니다.

예수님께서는 눈을 드시어 많은 군중이 당신께 오는 것을 보시고 필립보에게, "저 사람들이 먹을 빵을 우리가 어디에서 살 수 있겠느냐?" 하고 물으셨다.
(중략)
필립보가 예수님께 대답하였다.
"저마다 조금씩이라도 받아 먹게 하자면 이백 데나리온어치 빵으로도 충분하지 않겠습니다."
그때에 제자들 가운데 하나인 안드레아가 예수님께 말하였다.
"여기 보리빵 다섯 개와 물고기 두 마리를 가진 아이가 있습니다만, 저렇게 많은

1
《빵의 역사》
하인리히 E. 야콥, 곽명단,
임지원 옮김, 우물이 있는 집,
2009(85).

251

2
《빵의 역사》
하인리히 E. 야콥, 곽명단,
임지원 옮김, 우물이 있는 집,
2009(166).

사람에게 이것이 무슨 소용이 있겠습니까?"

그러자 예수님께서 "사람들을 자리잡게 하여라."

하고 이르셨다. 그곳에는 풀이 많았다. 그리하여 사람들이 자리를 잡았는데, 장정만도 그 수가 오천 명쯤 되었다. 예수님께서는 빵을 손에 들고 감사를 드리신 다음, 자리를 잡은 이들에게 나누어 주셨다. 물고기도 그렇게 하시어 사람들이 원하는 대로 주셨다. 그들이 배불리 먹은 다음에 예수님께서는 제자들에게,

"버려지는 것이 없도록 남은 조각을 모아라!"

하고 말씀하셨다. 그래서 그들이 모았더니 사람들이 보리빵 다섯 개를 먹고 남긴 조각으로 열 두 광주리가 가득 찼다.

〈요한복음 6장 5~13절〉

오병이어의 기적을 형상화한 작품.
Coenraed van Norenberch 제작, 빅토리아 & 알버트 박물관 소장(영국).

오병이어의 기적을 일으킨 빵 다섯 개와 물고기 두 마리.
오늘날처럼 부푼 형태가 아닌 보리빵으로 추정.

빵 의 기 적 을 일 으 킨 신神

예수가 활동하던 시기는 로마 제정기였습니다. 황제는 자신의 권력을 지지해주는 사람만을 위해 빵을 정치적 수단으로 악용했습니다[2]. 게다가 투기꾼들의 곡물 매점매석이 횡행해서 가난한 사람들은 더욱 배가 고플 수밖에 없었지요. 그때를 살던 사람들이 예언자들에게 가장 크게 기대했던 것은 당연히도 배고픔의 해결이었습니다.

그날 예수는 위험을 피해 사막으로 향했습니다. 수천 명의 사람들이 그의 설교를 듣기 위해 따라오고 있었습니다. 갈릴래아 호수 근처에 이르렀을 때 이미 날이 저물고 있었습니다. 제자들은 사람들을 돌려보내자고 했지만 예수의 생각은 달랐습니다. 굶고 있는 사람들이 걱정되어 빵을 구해오라고 했지만 수천 명이 먹을 빵을 어디서 구할 수 있었을까요? 돈도 없었지만요. 제자 중 한 명이 빵 다섯 개와 물고기 두 마리를 가진 아이가 있다며 내보였지만, 수천 명이 먹기에는 턱없이 부족한 양이었습니다.

예수와 열 두 명의 제자만 먹기에도 모자라지 않았을까요? 어이없게도 그걸 보며 예수는 걱정하지 않았습니다. 사람들을 모아 앉으라고 한 다음 그들에게 빵과 물고기를 나눠줬습니다. 열 사람이나 받을 수 있을까 싶었는데 모두에게 돌아갔습니다. 여자와 아이를 제외한 남자들만 오천 명쯤 됐다는데 모두 배부르게 먹었습니다. 그러고도 남은 음식이 열두 광주리에 가득 찼다고 하네요. 어떻게 된 걸까요?

믿기 어렵지만 기적이 일어났습니다. 신이 하시는 일이라 사람의 머리로는 이해할 수 없는 일이지요. 사실 예언자가 배고픈 사람들을 먹이는 건 별로 새로운 일이 아니었습니다. 아니 가장 중요한 덕목이었습니다. 실제로 구약 시대에도 얼마 안 되는 식량으로 배고픈 군중을 배불리 먹게 한 엘리사 같은 예언자가 있었습니다[3]. 신이 예언자를 통해 하시는 일이니 머리로 이해하려 하지 말고 가슴으로 믿어야 합니다. 많은 기독교

3
《성경》 열왕기 하, 4장 42~44.
《성경》 주교회의 성서위원회/
한국천주교 중앙협의회,
분도출판사, 2010.

인이 그렇게 믿지요. 그런데 조금 다르게 생각하는 사람들도 있습니다. 하인리히 E. 야콥은 그의 저서 《빵의 역사》에서 엘리사와 예수의 기적에 대해 이렇게 주장했습니다.

사 람 이 만 든 빵 의 기 적

빵의 양은 전혀 증가하지 않았을지도 모른다. 오히려 군중은 심리적으로 준비가 되어있었기 때문에 포만감을 느꼈을지도 모른다. 빵과 하느님의 입에서 나온 말씀을 동시에 받았다면 충분히 그럴 가능성이 있다. 마찬가지로 예수도 빵을 증식시킨 것이 아니라, 어쩌면 정신의 충만함을 느낄 수 있는 분위기를 조성함으로써 포만감을 느끼게 했을지도 모른다. 그렇다면 그 기적은 '내부에서' 일어난 심리적인 기적이었을 것이다.

《빵의 역사》

　　　　하인리히 E. 야콥은 빵의 양이 물리적으로 증가한 것이 아닐 수도 있다고 말합니다. 반면에 먹지 않아도 배부르게 됐을 거라고 합니다. 포만감이 뇌의 작용인 걸 생각하면 그럴 수도 있을 것 같네요. 먹지 않고도 배부를 수 있게 정신적 충만함을 줬다는 것 역시 아무나 할 수 있는 일은 아니지요.

다른 주장을 하는 사람들도 있습니다. 근대에 계몽주의의 영향을 받은 신학자들은 성경을 이성적으로 해석하고 이해하려는 노력을 했습니다. 이 기적에 대한 그들의 해석은 매우 인간적입니다. 그들은 군중들이 혼자 먹기 위해 몰래 음식을 감추

고 있었다고 봤습니다. 그런데 어린 아이가 자기가 먹을 다섯
개의 빵과 물고기 두 마리를 나누려 하자, 부끄러운 마음에 숨
겼던 음식을 모두 꺼냈다는 것이지요. 그렇게 모인 음식으로
수천 명의 사람들이 나눠 먹을 수 있었다고 주장합니다. 우리
나라의 가톨릭에서도 정진석 니콜라오 추기경이 김수환 추기
경의 장례미사 추도사 중에 이를 언급했습니다. 자기만 생각
하던 이기적인 사람들의 마음을 녹인 아이의 따뜻한 마음, 이
것이야 말로 기적이라고 할 수도 있겠지요.

여러분은 어떤 기적을 믿으십니까? 신의 기적인가요, 심리적
기적인가요, 아니면 사람의 기적인가요?

체
스
판
이

있
는

정
물

VS

행
복
한

가
정

부자들의 빵,
가난한 자들의 빵.

흰 쌀밥에 고깃국이 차려진 밥상이 부자의 상징이던 적이 있습니다. 요즘은 건강이나 맛을 위해서 흰 쌀보다는 검은 쌀이나 현미 등을 섞은 잡곡밥을 많이 먹지요. 빵도 마찬가지입니다. 오늘날에는 통밀이나 통곡물로 만든 '검은 빵'이 건강한 빵으로 인식되어 흰 빵보다 비싸게 팔립니다. 그런데 빵이 공장에서 대량 생산되기 전만해도 검은 빵은 흰 빵을 살 돈이 없는 가난한 사람들이 먹는 음식이었습니다[1]. 반면 흰 빵은 부자들의 전유물이었지요. 좋은 빵의 정의는 시대에 따라 달라졌습니다. 하지만 좋은 빵을 부자와 상류층이 독점한 건 어느 시대에나 마찬가지였습니다. 더 좋은 빵을 먹기 위한 노력과 투쟁도 어느 시대에나 있었지요. 빵의 역사를 보면 인간이 보이는 이유입니다.

1
20세기 초 미국에서는 식품광고, 과학적인 연구 결과, 정치적 만화, 외국과 교류한 서신에서 검은 빵을 먹는 사람은 야만인과 이민자뿐이라는 메시지가 팽배했다. 《흰 빵의 사회학》 아론 바브로우 스트레인, 김선아 옮김, 비즈앤비즈, 2014(17).

2
242쪽 '길가메시 서사시, 짐승을 인간으로 만든 빵' 참조.

257

피, 땀, 눈물이 스며든 빵

그리스 신화 속에서 빵을 만들던 장면을 기억하시나요?[2] 오디세우스가 없는 오디세우스의 궁전에서 매일 같이 파티를 여는 사람들이 먹을 빵을 만들기 위해 어린 노예 소녀는 밤새 무릎이 닳도록 맷돌질을 했습니다. 밀을 가루로 만드는 일은 매우 고단한 작업이었습니다.

로마시대(2~3세기)가 되자 물의 힘을 이용한 수차를 활용해 제분하기 시작했습니다. 하지만 중세에 들어서면서 사용이 많이

3
《역사학자 정기문의 식사》
정기문, 도서출판 책과함께,
2017(68).

4
《역사학자 정기문의 식사》
정기문, 도서출판 책과함께,
2017(49).

5
《빵의 지구사》
윌리엄 루벨, 이인선 옮김,
휴머니스트, 2017(62).

줄었는데요[3]. 수차가 설치된 방앗간에 화재가 자주 났기 때문입니다. 수차는 두 개의 큰 돌이 맞돌면서 밀을 갈았습니다. 이때 마찰열이 생겼고, 열이 공기 중에 떠다니는 밀가루와 결합해 불이 나곤 했던 것이지요. 당시에는 보온을 위해 건물에 창을 만들지 않았습니다. 그러다 보니 밀가루가 방앗간 내부에 많이 떠다녔고 작은 마찰열에도 쉽게 불이 났던 것입니다. 화재의 이유를 알지 못했던 중세인들은 수차를 작동하기 위해 물길의 흐름을 인위적으로 막는 바람에 물의 요정이 분노하여 불을 냈다고 믿었습니다. 자연히 수차의 활용은 줄어들 수밖에 없었겠지요. 제분에 풍차를 본격적으로 이용한 12세기 전까지는 빵을 만들기 위해 인간의 엄청난 노동력이 필요했습니다[4].

　　　　중세 이후 제분 자체는 고대보다 쉬워졌지만 귀족이나 상류층이 먹는 흰 빵을 만드는 일은 여전히 고된 작업이었습니다. 밀 알곡을 희고 고운 가루로 만들기 위해서는 제분 후에도 고운 천으로 거르는 작업을 여러 번 반복해야 했습니다. 귀족과 상류층은 단순히 맛있는 빵을 먹기 위해서가 아니라 자신들이 가진 부와 능력을 보여주기 위해 흰 빵을 원했습니다[5].
흰 밀가루를 만들기 위해서 필요한 건 노동력뿐이 아닙니다. 희고 고운 가루를 만들기 위해 여러 번 체를 치다 보면 많은 밀가루가 버려집니다. 이를 감당할 수 있는 사람은 일부 지배

계급과 부자들 밖에 없었지요. 결국에는 흰 빵을 먹는 것 자체가 신분을 상징하게 되었고, 일부 귀족들은 부를 과시하기 위해 더욱더 흰 빵을 선호하게 되었습니다. 반면에 가난한 평민들은 제분 과정의 부산물이나 정제가 덜 된 밀가루로 빵을 만들 수밖에 없었지요. 그나마도 구할 수 없던 하층민들은 호밀, 귀리, 보리, 기장 등으로 빵을 만들었습니다. 그래서 그들이 먹던 빵은 거칠고 검은(또는 갈색)색이었습니다.

흰 빵 을 먹 는 사 람 들

'흰 빵을 먹는 사람들'은 그 시절 부자들을 부르는 또 다른 명칭이었습니다. 이들의 화려한 삶은 당시의 문학이나 그림 등에 잘 나타나 있습니다.

프랑스의 화가 뤼뱅 보쟁Lubin Baugin(1612~1663)이 1630년에 그린 〈체스판이 있는 정물Nature morte à l'échiquier〉입니다. ● 이 그림에는 당시의 지배계급이 사용하던 사치품들이 등장합니다. 체스판과 악기는 일을 하지 않고 취미를 즐기는 여유가 있음을 보여 줍니다. 아무나 마실 수 없던 귀한 음료인 와인도 보입니다. 당시에는 흔하지 않던 거울과 유리병까지, 17세기 바로크시대 귀족들의 화려하고 여유로운 삶을 보여주는 그림입니다. 여기에 흰 빵이 당당하게 한 자리를 차지하고 있습니다. 부드럽고 맛있어 보이는 빵은 속살뿐 아니라 겉도 하얗습니다. 좀

6
위키피디아 Lubin_Baugin.
https://en.wikipedia.org/
wiki/Lubin_Baugin

7
Raffaello Sanzio.
이탈리아의 화가이자
건축가이며 르네상스 시대의
중요한 인물로 꼽힌다.

8
Parmigianino.
세기의 이탈리아 화가
프란체스코 마촐라Girolamo
Francesco Maria Mazzola의
별명으로 '파르마에서 온 작은
사람'이라는 뜻이다.

덜 구워진 것처럼 보이기도 하지요. 실제로 당시의 귀족이 어찌나 흰 빵을 좋아했던지 껍질도 하얗게 만들기 위해서 살짝 덜 구웠다고 합니다.

뤼뱅 보쟁(Lubin Baugin),
〈체스판이 있는 정물(Nature morte à l'échiquier)〉(1630),
루브르 박물관 소장.

　　　뤼뱅 보쟁은 정물화로 유명하지만 종교나 신화적 의미가 담긴 그림도 많이 그렸습니다. 주로 성모 마리아나 아기 예수, 또는 성가정을 주제로 그렸지요. 그의 정물화와 종교화는 표현방법이 확연히 다릅니다. 정물화는 세밀한 관찰을 통해 물체를 배열하고 엄격한 양식에 맞춰 사실적으로 묘사한 반면 종교화는 양식화 되고 우아하게 표현했습니다[6]. 종교화의 경우, 이탈리아에서 공부하면서 라파엘[7]이나 파르미쟈니노[8]의 영향을 받은 것으로 보입니다. 두 가지 그림의 성격이 얼마나 달랐는지 후세 평론가들은 두 명의 다른 화가가 '뤼뱅 보쟁'이라는 하나의 이름을 사용한 것이 아닌가라는 의심을 하기도 했습니다.

　　　평론가 중에는 그의 정물화마저도 심오한 의미가 내포되어 있다고 보는 사람도 있습니다. 〈체스판이 있는 정물〉은 〈오감The Five Senses〉이라고도 불리는데, 그림 속의 사물이 각각 감정을 담고 있다고 해석하기 때문입니다. 즉 그림 속의 악기와 악보는 청각, 꽃과 거울은 시각, 카드와 부드러운 지갑은 손끝의 촉각을 자극하는 물체들이지요. 여기에 맛있는 빵과 와인은 미각과 후각을 자극합니다. 이들은 우리의 오감을 자극하고 만족시킵니다. 즉 세속적 삶의 쾌락을 표현하고 있습니다.

물체들의 배열과 구도를 볼까요. 즐거움을 상징하는 카드와 악기는 테이블에서 떨어질 듯 위태롭게 놓여 있습니다. 언젠가는 끝난다는 의미겠지요. 예수의 살과 피를 의미하는 빵과 와인은 뒤 쪽에 안정적으로 배치되어 있습니다. 감사와 사랑을 상징하는 카네이션도 마찬가지입니다. 쾌락은 잠깐이지만 영혼의 양식과 사랑은 영원하다는 걸 의미하는 것이겠지요. 이 그림은 놀랍게도 보쟁이 스물여덟 살에 그린 것입니다. '프랑스 정물화가 중에 가장 혁신적인 화가'라는 평을 받을 만한 것 같습니다.

검 은 빵 을 먹 는 행 복 한 가 족

　　　　루이 르냉Louis Le Nain(1603~1648)의 〈행복한 가족〉이라는 그림을 볼까요. 르냉 역시 프랑스 화가로 북동부에 위치한 라옹Laon 출신입니다. 형(앙투안)과 동생(마티외)까지 삼형제 모두 화가였습니다. 농촌에서 자란 그들은 소박한 농민의 삶을 그렸고, 검소한 농촌 가정이나 농민의 노동을 통한 인간적인 진실을 추구했습니다.

〈행복한 가족〉은 '세례 후의 귀가'라는 별칭이 있습니다. 그림 오른쪽, 엄마에게 안긴 아기가 세례를 받고 온 후의 행복한 모습을 표현한 그림이기 때문이지요. 이렇게 축복받고 행복한 날에 그들이 먹는 음식은 고작 딱딱하고 맛없어 보이는 커다란 갈색 빵입니다. 어쩔 수 없는 게 이 딱딱한 곡물빵이 당시 가난한 농부들의 주식이었기 때문입니다.

루이 르냉(Louis Le Nain),
〈행복한 가족(세례 후의 귀가) La Famille heureuse ou le retour du baptême)(1642), 루브르 박물관 소장.

오늘날 검은 빵을 먹는 사람과 흰 빵을 먹는 사람의 식탁은 어떨까요. 위의 두 그림과는 반대로 부자들의 식탁에는 통곡물이나 호밀로 만든 검은 수제 깜파뉴가 올라와 있겠지요. DRC^{Domaine de la Romanée-Conti}의 로마네 콩티나 샤토 마고 와인이 함께 놓여 있을 것 같기도 합니다. 가난한 사람의 식탁에는 공장에서 만든 하얀 식빵이 놓여있을 겁니다. AOC 등급은 아니어도 테이블 와인 정도는 놓여 있으면 좋겠습니다. 아니 가성비 좋은 칠레 와인도 괜찮겠네요. 하지만 맛있게 먹을 가족이 함께 한다면 그리 초라할 것 같지는 않습니다.

레 미 제 라 블

자유 평등
박애가 담긴
빵。

"빵 냄새 참 좋다."

오래전 빵집 TV 광고의 카피입니다. 광고 속 인물은 일을 마치고 집에 가는 길에 가족을 생각하며 빵을 삽니다. 갓 구운 바게트를 반으로 쪼개는 장면에서 위 대사가 흐르지요. 전문 성우가 아닌 광고 모델의 목소리가 구수해서였나 봅니다. 갓 구운 구수한 바게트 냄새가 TV 화면을 뚫고 나올 것처럼 맛있게 들렸지요.• 그 때에도 맛에 대한 호기심이 넘쳤기 때문에 광고 속의 빵집에 가서 바게트를 사 먹었습니다. 하지만 광고처럼 '참 좋은' 빵 냄새가 나지도 않고 맛도 실망스러웠습니다. 그날 이후 바게트는 겉은 딱딱하고 속은 질긴 맛없는 빵으로 기억에 남았습니다.

• 1993년 크라운 베이커리의 TV 광고.

20년쯤 뒤 파리에서 지낼 때였습니다. 그때 머물렀던 친구의 집 길 건너에는 동네 사람들에게 인기 있는 빵집이 있었습니다. 11시 반쯤 되면 점심 빵을 사려는 사람들이 길게 줄을 서던 곳이었습니다. 그런 빵집을 안 가볼 수 없겠지요. 느지막이 일어나 사람들이 줄을 서기 전에 빵을 사러 갔습니다.

빵집에 들어서기도 전에 구수한 냄새가 났습니다. '빵 냄새 참 좋다.' 저도 모르게 20년 전의 광고 카피를 중얼거렸네요. 문을 열고 들어가자마자 코와 눈을 사로잡는 빵이 한가득이었습니다. '사탕가게에 간 아이들'은 이럴 때 쓰는 표현인가 봅니다. 바게트는 물론 각종 페이스트리와 샌드위치까지 온갖 빵이 가득한 모습에 어찌나 설레던지요. 그런데 평소 좋아하던 달콤한 빵들은 다 놔두고 바게트에 눈이 갔습니다. 20년 전에 실망한 이후로는 안 먹던 빵이지만, 그래도 파리인데… 여기 있는 동안만큼은 여행자가 아니라 파리지엔느처럼 살고 싶었기에, 바게트를 달라고 했습니다. 구운지 얼마 안 되었는지 따뜻한 바게트를 종이봉투에 담아 주었습니다. 집까지 5분도 안 되는 거리를 걷는 동안 진짜 파리지엔느라도 된 것 같은 기분이 들었습니다.

파 리 에 서   맛   본   바 게 트

따뜻한 바게트를 작게 잘랐습니다. 그때처럼 맛이 없을까 봐 치즈와 버터, 각종 잼까지 준비했습니다. 먼저 그냥 한 입 먹어봤습니다. 겉은 딱딱하지 않고 기분 좋게 바스락거리며 씹혔습니다. 안은 쫄깃하면서도 부드러웠습니다. 20년 전에 제가 뭘 먹었던 걸까요? 한 조각 더 먹어 봤습니다. 갓 구운 바게트는 겉은 바삭하고 속은 촉촉하며 부드러운, 맛있는 빵의 정석이었습니다. 치즈도 버터도 달콤한 잼도 필요가 없었지요. 그렇게 큰 바게트 하나를 앉은 자리에서 다 먹었

1
《세계 음식명 백과》
김소영 외, 마로니에북스.
https://terms.naver.com/
entry.nhn?docId=3390430
&cid=48179&categoryId=
48244

네요. 다음날부터는 친구 것까지 두 개씩 사왔습니다.

까망베르 치즈와 함께 먹는 것도 아주 맛있었습니다. 미국인 친구는 파리에서 산 지 1년이 다 되어갔지만 그때까지 바게트와 치즈를 안 먹어봤다고 합니다. 제가 사온 빵을 먹어 본 후에 친구도 바게트와 까망베르의 팬이 되었습니다. 파리지엔느의 흉내를 낸다지만 파리에서 바게트만 먹을 수는 없었지요. 크루아상, 빵 오 쇼콜라, 브리오슈 등 매일 같이 다른 빵을 사먹었습니다. 나날이 뱃살이 두둑해져갔지만 살은 나중에 한국에 가서 빼도 되니까요. 하루는 사두고 먹지 않아 딱딱해진 바게트를 발견했습니다. 칼이 안 들어가 자를 수도 없는 상태였죠. 바게트의 어원이 막대기나 몽둥이라는데, 정말 몽둥이로 쓸 수 있을 것 같았습니다[1]. 아까웠지만 그냥 버릴 수밖에 없었죠. 그 이후로는 먹고 남은 건 냉동실에 보관했습니다. 다른 빵과 마찬가지로 바게트도 냉동실에 보관하고 먹기 전에 꺼내서 자연해동 하거나 오븐에 살짝 구우면 방금 사온 바게트처럼 맛있답니다.

빵과 맞바꾼 자유

친구의 집은 개선문과 지하철 빅토르 위고Victor Hugo역 사이에 있었습니다. 길 이름도 빅토르 위고가街, Avenue Victor Hugo였지요. 빅토르 위고(1802~1885)는 《레 미제라블Les

Misérables》(1862), 《파리의 노트르담Notre Dame de Paris》(1831) 등을 쓴 프랑스의 작가입니다. 자신의 이름을 딴 지하철역과 거리가 있을 정도로 프랑스 사람들의 존경을 받는 작가이자 정치가였습니다.

《레 미제라블》은 아마도 빵이 등장하는 문학 중에 가장 유명한 소설이 아닐까요. 다섯 권에 이르는 거대한 이야기는 '빵 한 덩어리'로부터 시작됩니다. 고작 '빵 한 덩어리' 때문에 주인공 장 발장Jean Valjean의 인생은 완전히 뒤바뀌고 맙니다.

혹독한 겨울이 왔다. 장 발장은 일거리가 없었다. 가족은 빵이 없었다. 빵이 없었다. 글자 그대로 거기에 일곱 아이들.
어느 일요일 저녁, 파브롤의 성당 앞 광장 쪽 빵집 주인 모베르 이자보가 막 자려고 하는데, 진열대의 창살 친 유리창에서 찰카닥하는 소리가 들렸다. 나와 보니 마침 창살과 유리를 한꺼번에 때려 부순 구멍으로 팔 하나가 쑥 들어와 있는 것이 눈에 띄었다. 그 팔은 빵 하나를 집어 가져갔다. 이자보는 급히 뛰어나갔다. 도둑놈은 전속력으로 달아났고, 이자보는 그를 쫓아가 붙잡았다. 도둑놈은 빵을 던져버렸으나, 팔에는 아직도 피가 흐르고 있었다. 그는 장 발장이었다.
(중략)
장 발장은 유죄 선고를 받았다. 법전의 규정은 명백했다. 우리들의 문명에는 무서운 시기가 있다. 형벌이 파멸을 선고하는 시기가 그렇다. 사회가 생각하는 인간을 회복할 길 없이 버리고 떠나갈 때, 그것은 얼마나 슬픈 순간인가! 장 발장은 5년 징역형을 선고받았다.
《레 미제라블》

　　　빵 한 덩어리를 훔쳤다고, 그것도 굶고 있는 어린 조카들 때문에 어쩔 수 없이 훔친 생계형 범죄에 5년이나 징역형을 선고 받은 건 좀 너무한 것 같지요. 사실 빵을 훔친 것 때문만은 아니었습니다. 그는 총 한 자루를 갖고 있었으며 뛰어난 밀렵꾼이었습니다. 당시 밀렵꾼은 밀수입자와 더불어 죄질이 나쁜 도적 취급을 받았습니다. 때문에 너무하다 싶게 높은 형량을 받은 것이었지요. 게다가 장 발장은 5년 동안 가만히 있지 않았습니다. 4년째 말에 그는 탈출을 시도했고 이틀 만에 잡혀왔습니다. 형기가 3년 연장되었지요. 이후에도 세 차례나 더 탈출을 감행했고 결국 19년이나 감옥에 갇히게 됩니다. 감옥에 갇혔을 때 20대 중반이었던 청년은 1815년, 40대의 중년이 되어서야 세상에 나왔습니다.

빵 이 아 니 면 죽 음 을 달 라 !

장 발장이 빵을 훔친 1795년은 프랑스 대혁명이 일어난 뒤 6년이 지난 해였습니다. 1789년에 시작된 프랑스 혁명은 왕정에 대항해 개인의 자유와 평등권을 확보하기 위해 싸운 시민혁명입니다. 볼테르, 루소 등 계몽사상가의 영향을 받은 부르주아 계층은 절대왕정과 계급사회의 모순에 불만이 쌓여 갔습니다. 시민들이 열심히 일해서 내는 세금은 무능력한 왕과 무위도식하는 귀족들을 살리는데 낭비되고 있었지요. 와중에 미국의 독립전쟁까지 지원하느라 막대한 돈을 퍼부어 국가 재정은 파탄 위기에 처했습니다. 재정 파탄을 막기 위해 꺼내든 해결책은 더 많은 세금을 거두는 것이었습니다. 분노한 파리 시민들이 7월 14일 바스티유 감옥을 습격하면서 프랑스 대혁명이 시작되었습니다.

　　　　혁명의 이념, 사상적 배경 등 어려운 말이 등장하지만 가난한 농민들에게 보다 직접적인 원인은 '빵'이었습니다[2]. 계층에 따라 다른 빵을 먹는 건 새로운 일은 아니었습니다[3]. 중세에도 그 이후에도 가난한 농민들은 겨나 톱밥, 나무껍질 등이 섞인 딱딱한 검은 빵을 먹었지요. 18세기가 되자 상황은 더 악화되었습니다. 1760년대에 루이 16세는 중농주의 정책[4]을 폈습니다. 이에 따라 농산물의 수출이 자유로워 졌으며 가격도 올라갔습니다. 하지만 이 정책은 농민에게는 전혀 도움이 안 되었고 지주들의 배만 불렸습니다. 수출로 인해 빵을 만들 재료가 부족해지고 빵값이 오르자 가장 타격을 입은 사람은 도시에 사는 평민들이었습니다. 1770년대에 이미 300차례가 넘는 폭동이 일어났고 이는 '밀가루 전쟁Flour War'이라고 불렸습니다.

엎친 데 덮친 격으로 1788년과 1789년에는 가뭄으로 인해 큰 흉년이 들었습니다. 농산물 가격은 폭등했고 가난한 평민과 농민은 검은 빵조차도 먹기 어려워졌지요. 굶주림을 견딜 수 없었던 사람들은 바스티유 감옥으로 달려갔습니다. 그들이 찾으려 했던 건 무기만이 아닙니다. 그곳에 빵을 만들 곡물이 있기를 간절히 바라고 있었습니다. 이때에도 귀족들은 여전히

2
How Bread Shortages Helped Ignite the French Revolution :
https://www.history.com/news/bread-french-revolution-marie-antoinette

3
256쪽 '체스판이 있는 정물VS행복한 가정, 부자들의 빵 가난한 자들의 빵' 참조.

4
중농주의重農主義 정책: 18세기 후반 프랑스의 케네를 중심으로 전개된 경제이론과 경제정책. 국민의 대다수를 차지하는 농민의 희생으로 강행되고 있는 중상주의 정책에 반대하고, 농업을 유일한 생산적 산업이라고 생각하여 농업의 자본주의화(영국형 대농 경영제도의 창출)에 의해 농업을 파멸상태에서 살리고 절대왕정의 재정적 위기를 극복하자는 정책.
출처- 두산백과: https://terms.naver.com/entry.nhn?docId=1143474&cid=40942&categoryId=31818

5
A Brief History of the
French Baguette :
http://www.lepetitfrancai
s.com/history

6
The History of the
Baguette :
https://www.vienna.je/b
akers-blog/the-history-of-
the-baguette

희고 부드러운 빵을 먹고 있었습니다[5]. '빵이 아니면 죽음을 달라!'는 혁명의 외침은 빵을 달라는 배고픔의 호소이자, 차별 없는 빵을 먹게 해 달라는 목숨을 건 부르짖음이었습니다.

빵 앞에 누구나 평등한 나라

혁명은 성공한 듯 보였습니다. 완전한 성공을 위한 가장 큰 과제는 역시 빵이었습니다. 혁명정부는 이를 해결하기 위해 1793년 '빵 평등권The Bread of Equality'을 선언했습니다. 모든 사람이 같은 빵을 먹을 수 있도록 한 가지 종류의 빵만 만들어야 한다는 것이 선언의 핵심입니다. 즉 밀가루 3/4과 호밀 1/4을 섞은 가루로만 빵을 만들어야 했습니다. 재료 뿐 아니라 크기와 무게도 제한되었지요. 이제 더 이상 부자들을 위한 희고 부드러운 빵도, 가난한 사람들이 먹던 검은 빵도 만들면 안 되었습니다[6].

누구나 같은 빵을 먹게 되었지만 모두가 빵을 먹을 수 있었던 건 아니었나 봅니다. '빵 평등권The Bread of Equality'이 만들어진 2년 후에 장 발장은 조카들을 위해 빵을 훔쳐야 했으니까요. 장 발장이 훔치려 했던 빵은 크고 둥근 빵이었을 겁니다. 막대기 모양의 바게트는 19세기에 만들어졌거든요. 바게트의 기원에는 몇 가지 설이 있는데, 그 중 가장 그럴 듯한 건 제빵사들의 '인권 보호설'입니다. 1920년에 프랑스에

270

서는 밤 10시부터 새벽 4시까지 제빵사들이 일하는 걸 금지하는 노동법이 통과되었습니다. 당시 제빵사들은 아침 식사 시간에 맞춰 빵을 구워내기 위해 밤새 빵을 만드는 중노동에 시달렸는데, 이로부터 보호하기 위해서지요. 밤샘 작업을 안 하는 건 좋았지만 문제가 생겼습니다. 새벽 4시부터 일을 시작해서는 둥근 빵의 속까지 익히는 건 불가능했습니다. 빵을 빨리 익히기 위해 그들은 반죽을 가늘고 길게 만들었지요. 그리고 막대기와 닮은 빵은 '바게트'라는 이름을 얻게 되었습니다. 오늘날의 바게트는 이처럼 노동자 보호와 맛있는 빵을 만들기 위한 제빵사들의 노력에 의해 탄생되었다는 이야기 입니다. 갓 구운 맛있는 바게트에는 프랑스의 기본 정신 '자유, 평등, 박애'가 담겨 있었습니다.

막대기와 닮은 빵, 바게트

빵, 조금 더 건강하고 맛있게 먹는 법

종류에 따라 조금씩 차이는 있겠지만 빵은 기본적으로 충분한 단백질과 지방, 비타민 B1을 갖고 있다. 반면 다른 비타민이나 미네랄은 부족한 편이다. 빵을 먹을 때 채소, 과일 등 다른 식품과 함께 먹으면 균형 잡힌 영양소를 섭취할 수 있다.

샌드위치로 만들어서 먹는다
호밀빵이나 치아바타, 바게트 등 단맛이 적은 빵을 고른다.
미네랄을 섭취하기 위해 토마토, 양상추 등의 채소를 빵 사이에 넣는다.
또는 에멘탈 치즈를 빵 사이에 넣고 오븐에 굽거나 프라이팬에 구워 치즈를 살짝 녹여 먹는다.

녹차와 함께 먹는다
녹차에는 폴리페놀과 카테킨이 많이 들어있어 항산화 작용을 한다.
단맛이 강한 빵이나 케이크 종류와 함께 먹으면 녹차의 쌉싸래한 맛과 잘 어울린다.

치즈와 함께 먹는다
단맛이 적은 호밀빵이나 바게트는 경성치즈(체더, 에멘탈 등)와 잘 어울린다. 치즈를 빵 사이에 끼워 구워 먹는다.
담백한 베이글에는 크림치즈나 마스카르포네 같은 생 치즈를 발라 먹는다.

채소, 과일을 넣어 만든다
식빵이나 파운드 케이크 등을 만들 때 반죽에 채소나 과일을 넣는다.
파이 크러스트를 구운 후 그 위에 채소나 과일을 올려 먹는다.

272

알
프
스

소
녀

하
이
디

🦢

할머니의
버킷
리스트。

'세 살 버릇 여든 간다'는 말이 있지요. 늦게 자고, 늦게 일어나는 야행성 습관이 여든까지 갈 것 같은 저의 '세 살' 버릇입니다. 초등학생 때부터 낮에 놀고 밤늦도록 숙제를 하느라, 아침에 못 일어나서 지각을 참 많이도 했습니다. 그런데 정작 학교에 가지 않는 일요일 아침에는 깨우지 않아도 일찍 일어났습니다. 바로 일요일 아침 8시에 시작하는 세계명작만화 때문이었지요. 《소공녀 세라》, 《작은 아씨들》, 《톰 소여의 모험》 같은 다양한 문학 작품을 만화로 먼저 접했는데, 그 중에서도 가장 재미있게 봤던 만화는 〈알프스 소녀 하이디Heidi, Girl of the Alps〉입니다.

1974년 후지TV가 애니메이션으로 만든 〈알프스 소녀 하이디〉의 원작은 스위스의 소설가 요한나 슈피리Johanna Spyri가 쓴 《하이디의 배움과 방황의 날들Heidis Lehr-und Wanderjahre》(1880)과 《하이디는 배운 것을 유익하게 사용한다Heidi kann brauchen, was es gelernt hat》(1881)입니다.

주인공 하이디는 부모를 잃고 이모와 함께 사는 꼬마 소녀입니다. 다섯 살이 되던 해에 이모가 도시로 일을 하러 가면서 하이디는 알프스 산 속에 사는 할아버지에게 맡겨집니다. 할아버지는 다른 사람과는 교류하지 않고 산에서 홀로 염소(산양)를 키우고, 그 젖으로 만든 치즈를 팔며 살아가는 고독한 사람이었습니다. 그의 유일한 대화 상대는 매일 산으로 염소를 몰고 갔다 오는 염소치기 소년, 피터뿐일 정도로, 그는 세상과

담을 쌓고 사는 완고한 노인이었습니다.

알프스의 품에서 마냥 행복한 소녀

　　　　할아버지는 처음에는 하이디를 맡지 않으려 했지만 밝고 순수한 하이디에게 점차 마음의 문을 열게 됩니다. 그리고 웃음도 점점 커져갔지요. 하이디도 피터를 따라 알프스를 뛰어 다니고, 할아버지의 사랑을 받으며 행복하고 건강하게 자랍니다. 하이디가 매일 먹는 음식은 검은 빵과 신선한 염소 젖, 그리고 염소 젖 치즈 입니다. 갓 짠 젖으로 만든 치즈이니 당연히 맛있었겠지요.

하이디의 하나 밖에 없는 친구, 피터의 집은 형편이 안 좋았습니다. 아빠가 일찍 돌아가시는 바람에 눈이 안 보이는 할머니와 어머니, 피터 이렇게 셋이 사는 집은 염소를 키울 형편이 안 되있죠. 신선한 염소 젖이나 치즈도 먹을 수 없었고, 먹을 거라고는 검은 빵뿐이었습니다.

19세기에 가난한 사람들이 먹던 검은 빵은 오늘날 우리가 먹는 건강식품 '검은 빵'과는 완전히 다릅니다. 19세기의 검은 빵에는 밀가루 외에도 기장, 보리, 호밀, 조 같은 각종 곡물이 들어 있었습니다. 이런 곡물은 발효가 잘 안 되기 때문에 빵이 부풀지 않아 딱딱했지요. 곡물뿐이 아닙니다. 제분 과정의 부산물인 곡물 껍질이나 밀기울, 심지어 지푸라기까지 들어가는 경우도 있어서, 검은 빵은 거칠고 맛이 없었습니다. 이가 나쁜 피터 할머니는 이렇게 딱딱한 빵을 먹을 수가 없었지요. 할머니의 소원은 '부드러운 흰 빵을 한 번 먹어 보는 것'이었습니다.

할아버지, 피터 가족과 함께 알프스에서 소박하고 행복한 삶을 살던 하이디에게 도시로 갔던 이모가 찾아왔습니다. 하이디를 데려가기 위해서이지요. 하이디는 할아버지를 떠나고 싶지 않았지만 도시에 가면 흰 빵을 사올 수 있다는 이모에게 속아 알프스를 떠납니다. 하이디가 도착한 곳은 19세기 말 유럽 대도시 중의 하나였던 독일의 프랑크푸르트 입니다. 하이디는 이 도시에서 가장 부잣집 딸이었던 클라라의 말동무가 돼 함께 교육을 받기로 되어 있었지요.

검은 빵이 놓인 식탁 VS 흰 빵이 놓인 식탁

클라라네 집에서 처음 먹는 저녁 식사 시간. 할머니의 평생 소원인 흰 빵이 가득 담긴 바구니가 나옵니다. 프랑크푸르트의 부자들이 먹는 흰 빵은 알프스 피터네 집에서 먹던 검은 빵과는 완전히 다른 빵이지요. 만화영화의 장면만으로는 부드러움의 차이까지 느껴지지 않지만 크기는 바로 비교가 되더군요. 검은 빵은 커다란 빵을 자른 겁니다. 흰 빵은 작은 롤빵이예요. 검은 빵은 값싼 재료로 쉽게 만들기 위해서 크게 한 덩이로 만들어서 잘라 먹었습니다. 반면에 흰 빵은 작은 크기로 하나하나 빚는 정성을 들여 만들지요. 그러니 당연히 부드럽고 맛이 있었을 겁니다.

알프스, 피터네 집에서 검고 딱딱한 빵을 먹는 하이디,
희고 부드러운 작은 빵이 놓인 클라라네 저녁 식탁이 대조적이다.

식탁 위의 모습은 또 어떻게 다를까요. 할아버지와 하이디가 함께한 알프스에서의 식탁에는 빵과 염소 젖, 치즈 밖에 없습니다. 식사 도구라고는 우유를 떠먹기 위한 숟가락이 전부입니다. 다른 도구가 있을 필요도 없지요. 소박한 식탁이지만 두 사람은 행복해보입니다. 프랑크프루트 부자의 식탁에는 빵, 치즈, 과일, 고기가 다양하게 놓여 있고, 음식을 먹기 위한 포크, 나이프, 스푼도 여러 가지가 있습니다. 개인 접시도 따로 있네요. 다양한 식기를 사용하는 식사 예절이 알프스에서 자란 어린 하이디에게는 어렵기만 합니다. 하이디는 예절을 몰라 손으로 고기를 집어 먹다가 크게 혼이 납니다. 혼이 난 뒤 하이디는 그만 풀이 죽고 말죠.
식탁 위의 음식만큼이나 하이디의 모습도 달라 보입니다. 거칠고 검은 빵이지만 사랑하는 가족과 함께 먹으며 웃음이 가득한 하이디. 부드럽고 맛있는 하얀 빵이 가득하지만 시무룩한 하이디. 어느 식탁에서 같이 저녁을 먹고 싶으신가요?

적막과 엄숙함만이 넘치는 부잣집의 식탁에 한 가지 재미있는 비밀이 숨어 있습니다. 하이디가 식탁 아래로 뭔가를 숨기고 있습니다. 바로 흰 빵입니다. 기특하게도 하이디는 알프스에 있는 피터 할머니에게 가져다 드리기 위해 흰 빵 하나를 몰래 숨기고 있습니다. 속아서 왔지만 흰 빵을 사기 위해 프랑크푸르트에 왔으니 목표 달성 중이라고 할까요.

　　　　　하이디는 이 빵을 할머니께 갖다 드릴 수 있을까요? 아니 그보다 알프스에서 자연인처럼 살던 하이디가 대도시의 삶을 견딜 수 있을까요? 오랜만에 동심으로 돌아가 동화책이나 애니메이션을 보며 확인해 보고 싶지 않으신가요? 삼십여 년 전에 일요일 늦잠을 포기하고 봤던 〈알프스 소녀 하이디〉 전편은 물론 최근에 만들어진 3D 버전의 하이디도 유튜브에서 볼 수 있습니다. 요즘처럼 유튜브로 언제든지 볼 수 있었더라면 아침잠을 놓치고 일찍 일어나는 일은 없었을지도 모르겠습니다.

잃어버린 시간을 찾아서

빵이
불러일으키는
추억, 기억.

1
《잘 먹고 잘사는법 054, 케이크》
조민영, 김영사, 2004(23).

연말에 늘 참여하는 송년회가 하나 있습니다. 40여 명의 작가와 작가지망생이 모여 그해 출간한 작가들을 축하하고, 어떻게 지내는지 일상을 공유하는 모임입니다. 몇 해 전 열린 송년회의 형식은 참가하는 모두가 음식을 들고 오는, 즉 포틀럭 파티potluck party였습니다. 저는 마들렌madeleine을 만들어 갔습니다. 마들렌은 프랑스의 구움과자로 가운데가 볼록 튀어나온 독특한 가리비 모양으로 유명하지요. ●

가리비 모양을 한 마들렌.

영국에 애프터눈 티타임이 있다면 프랑스에는 '르 구테le goûter'라는 티타임이 있습니다. 영국의 티타임에는 주로 홍차와 스콘을 먹습니다. 프랑스의 르 구테에는 마들렌과 홍차 또는 커피를 마십니다. 르 구테는 오후 4시 경으로 아이들이 학교에서 돌아와 간식을 먹는 시간이기도 하지요. 그런 이유로 프랑스에서 마들렌은 아이들 간식으로도 애용됩니다.

마들렌의 유래에는 여러 가지 가지 설이 있습니다[1]. 그 중에서 가장 널리 알려진 건, 마들렌이 마들렌을 만들었다는 이야기입니다. 18세기 중반, 프랑스 북동부에 위치한 로렌Lorraine이라는 지방에 마들렌이라는 이름의 소녀가 살고 있었습니다. 마들렌은 요리사의 조수였지요. 어느 날 로렌의 공작이 가든파티를 열었습니다. 그런데 하필이면 그날, 디저트를 담당하던 요리사가 요리장과 크게 말싸움을 한 뒤에 파티장을 떠났습니다. 할 수 없이 마들렌이 대신 디저트 케이크를 구웠습니다. 달콤하고 귀여운 케이크를 처음 맛 본 손님들의 반응은 폭발적이었다고 합니다. 그 케이크는 만든 사람, 즉 마들렌의 이름을 따서 마들렌이라고 부르게 된 것이지요.

2
전 세계 128개의 '가장 좋은 책 추천' 리스트 (언론이나 문학 사이트에서 작가, 전문가, 독자 등이 선정)를 모아 언급된 횟수와 중요도를 환산해 만든 리스트에서 1위로 선정됨. The Greatest Books : https://thegreatestbooks. org

3
앙드레 모루아[André Maurois] (1885~1967) 프랑스, 작가.

가장 위대한 현대소설을 탄생시킨 케이크

프랑스 시골 마을 출신의 작은 구움과자 마들렌이 전 세계적으로 유명한 음식이 되기까지는 프랑스 작가 마르셀 프루스트[Marcel Proust](1871~1922) 덕이 큽니다. 그의 자전적 소설 《잃어버린 시간을 찾아서》에는 마들렌을 먹는 장면이 나옵니다. 《잃어버린 시간을 찾아서》는 읽기 쉬운 책이 아닙니다. 전체 분량이 4,000페이지가 넘습니다. 게다가 복잡한 문체와 우아한 표현, 복잡하게 엮여 있는 긴 문장은 어렵기로 악명이 높지요. 그럼에도 불구하고 많은 작가와 문학 전문가들이 이 책을 20세기를 대표하는 가장 위대한 소설로 손꼽습니다[2]. 심지어 '세상에는 프루스트를 읽은 사람과 읽지 않은 두 종류의 사람만이 있다'고 말한 작가도 있습니다[3]. 방대한 분량의 대하소설에서 고작 몇 번 언급된 마들렌이 그토록 유명해진 이유는 무엇일까요? 그것은 이야기를 전개하는

데 가장 중요한 매개체가 바로 마들렌이기 때문입니다.

이처럼 콩브레에서 내 잠자리의 비극과 무대 외에 다른 것은 더 이상 존재하지 않게 된 지도 오랜 어느 겨울 날, 집에 돌아온 내가 추워하는 걸 본 어머니께서는 평소 내 습관과는 달리 홍차를 마시지 않겠느냐고 제안하셨다. 처음에는 싫다고 했지만 왠지 마음이 바뀌었다. 어머니는 사람을 시켜 생자크라는 조가비 모양의, 가느다란 홈이 팬 틀에 넣어 만든 '프티트 마들렌'이라는 짧고 통통한 과자를 사오게 하셨다. 침울했던 하루와 서글픈 내일에 대한 전망으로 마음이 울적해진 나는 마들렌 조각이 녹아든 홍차 한 숟가락을 기계적으로 입술로 가져갔다. 그런데 과자 조각이 섞인 홍차 한 모금이 내 입천장에 닿는 순간, 나는 깜짝 놀라 내 몸속에서 뭔가 특별한 일이 일어나고 있다는 사실에 주목했다. 이유를 알 수 없는 어떤 감미로운 기쁨이 나를 사로잡으며 고립시켰다.

(중략)

도대체 이 강렬한 기쁨은 어디서 온 것일까? 나는 그 기쁨이 홍차와 과자 맛과 관련 있으면서도 그 맛을 훨씬 넘어섰으므로 맛과는 같은 성질일 수 없다고 생각했다. 그 기쁨은 어디서 온 것일까? 무엇을 의미하는 걸까?

기억의 끝에서 이미 시작된 이야기

책의 화자이자 주인공이 따뜻한 차에 살짝 적신 마들렌을 한 입 맛보는 순간, 그는 뭐라 설명할 수 없는 쾌감에 빠집니다. 오래선에 잊었다고 여겼던 유년기의 기억이 떠오르기 시작한 것이지요. 작은 마을 콩브레에서 가족과 함께 보냈던 휴가의 추억부터 시작해서 사춘기의 첫사랑, 결혼과 또 다른 사랑이 플래시백처럼 지나갑니다.

기억 속의 시간이 흘러 제1차 세계대전이 발발합니다. 전쟁이 끝난 후 그는 문득 시간이 흐르는 것을 기억을 통해 극복할 수 있다는 것을 깨달았고, 이 깨달음을 소설로 쓰겠다고 다짐합니다. 마들렌을 먹고 있는 현재의 마르셀 프루스트가 작가가 된 것이지요. 그리고 그는 기억을 소설로 쓰기 시작합니다. 독자가 지금 읽고 있는 바로 그 소설, 《잃어버린 시간을 찾아서》가 탄생되는 순간입니다. 매우 짧게 요약했지만 이 기억의 흐름과 회상이 4,000페이지가 넘고 7권으로 구성되는 긴 책이 됩니다. 홍차에 적신 마들렌 한입으로부터 이 모든 게 시작되었으니 마들렌이 정말 중요한 역할을 했지요.

그러다 갑자기 추억이 떠올랐다. 그 맛은 내가 콩브레에서 일요일 아침마다(일요일에는 미사 시간 전에 외출할 수 없었다.) 레오니 아주머니 방으로 아침 인사를 하러 갈 때면, 아주머니가 곧잘 홍차나 보리수차에 적셔서 주던 마들렌 과자 조각의 맛이었다. 실제로 프티트 마들렌을 맛보기 전 눈으로 보기만 했을 때에는 아무것도 생각나지 않았다. 그 이유는 아마도 빵집 진열창에서 자주 보면서도 먹은 적이 없었기 때문에 그 이미지가 콩브레에서 보낸 나날과 멀리 떨어져 보다 최근 날들과 연결되었기 때문일 것이다. 아니면 오랫동안 기억 밖으로 내던져진 추억들로부터 아무것도 살아남지 않아, 모든 것이 다 붕괴되어 버렸기 때문인지도 모른다.

(중략)

그것이 레오니 아주머니가 주던 보리수차에 적신 마들렌 조각의 맛이라는 것을 깨닫자마자(그 추억이 왜 나를 그렇게 행복하게 했는지 당시에는 알지 못했고, 그 이유를 알아내는 일도 훨씬 후로 미루어야 했다.) 아주머니 방이 있던 길 쪽으로 난 오래된 회색 집이 무대장치처럼 다가와서는 우리 부모님을 위해 뒤편에 지은

4
《잃어버린 시간을
찾아서(사람이 읽어야 할 모든
것)》크리스티아네 취른트,
조우호 옮김, 도서출판 들녘,
2010.

5
《잃어버린 시간을 찾아서》
마르셀 프루스트, 김창석 옮김,
국일미디어, 2001. 작품 해설
중에서.

정원 쪽 작은 별채로 이어졌다. (내가 지금까지 떠올린 것은 단지 그 잘린 벽면뿐이었다.) 그리고 그 집과 더불어 온갖 날씨의, 아침부터 저녁때까지의 마을 모습이 떠올랐다. 점심 식사 전에 나를 보내던 광장이며, 심부름 하러 가던 거리며, 날씨가 좋은 날이면 지나가곤 하던 오솔길들이 떠올랐다. (중략)
이제 우리 집 정원의 모든 꽃들과 스완 씨 정원의 꽃들이, 비본 냇가의 수련과 선량한 마을사람들이, 그들의 작은 집들과 성당이, 온 콩브레와 근방이, 마을과 정원이, 이 모든 것이 형태와 견고함을 갖추며 내 찻잔에서 솟아 나왔다.

《잃어버린 시간을 찾아서》는 평범한 사람에게만 어려운 책은 아니었나 봅니다. 1913년에 1권 《스완네 집 쪽으로》를 완성했을 때 그의 글은 여러 곳에서 출간을 거절당했습니다. 한 출판인은
"나는 아마도 아주 멍청할지 모른다. 하지만 내가 이해할 수 없는 것은 한 신사가 잠들기 전에 침대에서 이리저리 뒤척이는 장면을 묘사하기 위하여 30페이지나 사용할 수 있는지 하는 것이다."
라고 말하며 출간을 거부했습니다[4]. 결국 프루스트는 자비로 출판할 수밖에 없었습니다. 그때 그의 책을 거절했던 출판사 중 한 곳의 관계자는 훗날 노벨문학상을 받은 《좁은 문》의 저자 앙드레 지드[André Gide]입니다[5]. 앙드레 지드는 원고를 읽던 중 여성 인물을 묘사하는 단어가 맘에 안 들자 바로 덮어 버렸다고 합니다. 지드는 나중에 1권이 출판된 뒤 전체를 읽어봤고, 즉시 프루스트에게 사과 편지를 보냈다고 하네요.

"이 책을 거절했던 일은 N.R.F[6]가 범한 최대의 과오이며, 또한(나는 그것에 매우 큰 책임이 있다고 자책하므로) 내 생애의 가장 뼈아픈 후회, 가장 큰 양심의 가책의 한 가지로 남을 것입니다.

(중략)

이 책에 대해 그리고 대형(大兄)에 대해 일종의 특이한 애정, 존경, 편애로 강하게 끌리고 있음을 느낍니다."

5년 후인 1918년, 2권 《꽃피는 아가씨들의 그늘에》는 N.R.F.에서 앙드레 지드의 지원을 받으며 출간되었습니다. 2권은 다음해에 공쿠르 상을 받았고, 프루스트는 프랑스 최고 작가의 반열에 들어서게 되었지요. 이후 그가 사망한 지 5년이 지난 1927년에 마지막 7권 《되찾은 시간》이 출간되면서 이 방대한 책이 완성되었습니다.

6
La Nouvelle Revue Française(신 프랑스 평론)의 약칭. 20세기 프랑스의 대표적 월간잡지로, 1909년 앙드레 지드를 중심으로 J. 슐룅베르제, G. 갈리마르 등이 참가하여 창간됨. 현재 프랑스에서 가장 영향력 있는 출판사로 꼽히는 갈리마르 출판사(editions Gallimard)의 전신.
두산백과 :
https://terms.naver.com/entry.nhn?docId=1125721&cid=40942&categoryId=31773

마르셀 프루스트(왼쪽)와 어머니(가운데), 동생 로버트 프루스트(오른쪽). 동생은 프루스트의 사후, 그의 초고를 책으로 출판하는 데 큰 기여를 했다.

《잃어버린 시간을 찾아서》가 20세기 가장 위대한 소설로 손꼽히는 데는 여러 가지 이유가 있습니다. 프루스트는 이 책에서 액자 형식, 회상을 이용한 의식 흐름, 무의식에 대한 탐구, 시간과 공간을 무시한 구조 등 다양한 현대 소설 기법을 실험했습니다. 또한 기존의 고정적 캐릭터가 아니라 시간의 흐름에 따라 변화하는 입체적인 캐릭터를 만들었

7
Scent marketing allowing you to remember space with its scent.
https://news.hyundaimotorgroup.com/Article/scent-marketing-allowing-you-to-remember-space-with-its-scent

습니다. 미술에 빗댄 고상한 문체와 우아한 표현 등이 독자를 괴롭히긴 하지만, 이 또한 위대한 소설이 된 이유 중의 하나이지요.

제 기준에는 프랑스인만 먹던 마들렌을 세계인들이 즐기는 디저트로 만든 것이 가장 큰 이유라고 봅니다. 책의 성공 이후 마들렌은 '프루스트의 마들렌'이라 불리며 프랑스인들에게 지나간 아름다운 시간에 대한 향수를 자극하는 상징물로 등극합니다. 이는 나중에 '프루스트 효과Proust Effect'란 이름으로 불리며 향기로 기억이 환기되는 현상을 일컫는 심리학 용어가 됩니다. 된장찌개 냄새를 맡으면 어린 시절 엄마가 맛있는 저녁을 만들어 주시던 게 떠오른다거나, 떡볶이를 먹으며 함께 뛰어놀던 친구들이 떠오르는 것 같은 현상들 말입니다. 요즘에는 이 효과를 이용해 제품을 만들거나 마케팅에 활용하는 경우도 증가하고 있습니다[7].

송년회에 마들렌을 가져가니 처음 먹어본다는 사람이 대부분이었습니다. 그들은 다음번에 마들렌을 먹게 되면 제가 만들어갔던 마들렌을 떠올리겠지요. 그때 떠오르는 건 마들렌의 달콤한 맛뿐 아니라 함께했던 시간에 대한 기억일 겁니다. 그 기억들이 부디 따뜻하고 아름다운 추억이기를 바라봅니다.

가장 맛있는 성탄절 케이크

크리스마스
빵 빵 빵。

겨울에는 빵이며 과자를 자주 만들게 됩니다. 여름과는 달리 오븐의 온기가 기분 좋은 따뜻함을 주기 때문입니다. 크리스마스, 연말 파티 등을 위해 케이크나 과자를 많이 굽기도 하고요. 무엇보다도 가족의 생일이 겨울과 이른 봄에 몰려 있기 때문이지요.

크리스마스를 우리보다 훨씬 큰 명절로 여기는 유럽에서는 나라별로 다양하게, 특별한 크리스마스 케이크를 먹습니다. 그중에서도 특히 독특한 모양과 맛을 지닌 스페인, 프랑스, 이탈리아, 독일의 크리스마스 케이크를 알아보겠습니다.

어쩌면 왕이 될 수도 있는 로스콘 데 레예스

스페인에서 살던 첫 해, 크리스마스를 앞두고 동네 제과점에는 알록달록한 케이크가 진열되기 시작했습니다. 제과점뿐 아니라 마트의 갓 구워 내는 빵 코너나 공장에서 만드는 빵 코너에도 케이크가 가득 놓였습니다. 어떤 맛일지 궁금했지만 지나치게 알록달록해서 선뜻 손이 안 가더군요. 그런데 이상하게도 크리스마스가 지난 뒤에도 그대로 진열되어 있는 것입니다. 그때까지 안 팔려서 그냥 놔둔 건가 했는데, 다른 곳에서도 여전히 판매히고 있있습니다.

알고 보니 로스콘 데 레예스^{Roscón de reyes/ Ring of the kings}라는 이름의 화려한 케이크는 크리스마스가 아니라 1월 6일, 주현절主顯節,

Epiphany에 먹는 것이었습니다. 주현절이란 아기 예수가 태어난 지 12일 뒤에 동방박사 세 명이 그를 찾아와 경배한 것을 기념하는 날입니다. 서양에서는 원래 성탄절이 아니라 주현절에 케이크를 먹었다고 합니다. 시간이 흐르면서 주현절을 기념하는 사람들이 줄어들자 대신 성탄절에 케이크를 먹게 된 것이지요. 스페인에서는 아직도 주현절에 기념 케이크를 먹고 있었습니다.

화려한 모양이 눈길을 끄는 로스콘 데 레예스(Roscón de reyes).,

자주 보니 정이 든 걸까요. 결국 동네 제과점에서 로스콘 데 레예스를 사고야 말았네요. 맛이 어땠는지 기억이 안 나는 걸 보면 화려한 겉모습에 비해 인상적이지 못했나 봅니다. 사실 로스콘 데 레예스는 맛보다도 전통이나 재미로 즐긴다고도 할 수 있지요. 이 케이크를 구울 때 안에 작은 동방박사 인형이나 콩, 반지 등을 넣습니다. 지역마다 조금씩 다르지만 특별한 의미가 있습니다. 인형을 찾은 사람은 하루 종일 왕 대접을 받고 반지를 찾은 사람은 그 해에 결혼할 운이 있다고 하네요. 이것도 기억에 없는 걸 보면 저는 아무것도 못 찾았던 것 같습니다.

1
위키피디아 Bûche de Noël.
https://fr.wikipedia.org/
wiki/B%C3%BBche_de_
No%C3%ABl

장작을 닮은 부쉬 드 노엘

크리스마스 케이크 중 가장 독특한 모양을 꼽으라면 프랑스의 부쉬 드 노엘[Bûche de Noël]일 겁니다. 부쉬 드 노엘은 '크리스마스의 장작'이라는 의미입니다. 이름처럼 장작 또는 통나무 모양으로 생겼습니다. 장작이라니 언뜻 크리스마스와 관련이 없는 것처럼 보이지요. 부쉬 드 노엘에는 몇 가지 설이 전해져 내려옵니다.

프랑스인들은 다음 해의 풍작을 기원하면서 오래 탈 것 같은 장작을 골라 크리스마스 이브부터 최소한 삼일 밤낮, 최대 새해 첫날까지 불을 피우는 전통이 있었습니다[1]. 장작불이 사라지면서 전통은 사라졌지만 이를 상징하는 의미로 장작을 닮은 케이크를 만들기 시작했다고 합니다. 비슷한 설로 새해가 되면 전해에 사용하고 남은 땔감을 모두 태워 새로운 해의 액땜을 하는 풍습에서 유래되었다고도 합니다. 다른 하나는 줄 것 없던 가난한 사람이 사랑하는 사람에게 나무 땔감을 선물로 주면서 따뜻한 마음을 전하기 위해 장작 모양 케이크를 만들어 전했다는 이야기도 있습니다. 크리스마스다운 전설이지요. 어떤 설이 맞는지 몰라도 모두 따뜻한 크리스마스를 기원한다는 공통점이 있습니다.

부쉬 드 노엘은 모양은 특이하지만 우리에세노 익숙한 맛입니다. 단면을 자른 조각을 보면 초콜릿 롤 케이크와 비슷합니다. 롤 케이크 위에 초콜릿 크림을 듬뿍 바르고 포크로 긁어 나뭇

결무늬를 만들어 장작의 느낌을 살려줬을 뿐이지요. 슈거파우더를 뿌려서 눈이 온 것처럼 만들고 아몬드 페이스트로 호랑가시 나뭇잎을 만들어 올리면 좀 더 크리스마스 분위기를 낼 수 있습니다.

우리에게 익숙한 맛이며 만들기도 어렵지 않아 주변의 빵집이나 디저트 카페에서 만나볼 수 있는 케이크입니다. 매번 먹는 둥근 케이크가 지루해졌다면 올해는 장작 모양 케이크로 크리스마스를 축하하는 건 어떨까요.

장작과 꼭 닮은 부쉬 드 노엘(Bûche de Noël),

사 랑 하 는 사 람 의 마 음 을 얻 는 파 네 토 네

유럽에서 크리스마스는 가장 큰 명절답게 화려하고 떠들썩합니다. 12월초부터 거리는 커다란 트리와 요란한 전구로 장식되고, 상점들은 각종 크리스마스 용품과 선물로 가득찹니다. 이런저런 이벤트나 파티도 많지요. 그런데 정작 크리스마스이브에는 가게들이 일찍 문을 닫고 거리는 조용합니다. 밤 늦도록 크리스마스 이브를 즐기는 우리와는 반대이지요. 유럽의 크리스마스는 가족끼리 보내는 명절이기 때문입니다. 유럽 출신 친구들의 경우 2주 정도의 휴가를 내서 크

2
i-Itlay.org : The legend
of Panettone.
http://www.iitaly.org/ma
gazine/focus/life-people/
article/legend-panettone

리스마스 2~3일 전부터 1월초까지 고향에 다녀오는 경우가 많았습니다. 이탈리아인이었던 제 룸메이트도 그랬지요. 크리스마스는 가족과 함께 보냈지만 새해는 친구들과 보내기 위해 연말에 돌아왔습니다. 고향에서 돌아온 친구는 늘 이탈리아의 크리스마스 케이크를 선물로 가져왔습니다.

파네토네^{Panettone}라 불리는 이탈리아의 크리스마스 케이크는 둥글게 부풀어 오른 모양이 왕관 또는 요리사의 모자처럼 보입니다. 파네토네는 크리스마스 케이크답게 모양도 맛도 향기도 아주 화려하고 달콤합니다. 버터와 달걀, 설탕을 듬뿍 넣어서 부드럽고, 여러 가지 말린 과일이 들어가 향긋하고 풍부한 맛이 나지요.

파네토네에도 여러 가지 전설이 있습니다[2]. 그 중에서도 가장 유력한 설은 15세기 밀라노에 살았던 귀족, 아텔라니$^{Ughetto\ degli\ Atellani}$가 만들었다는 이야기입니다. 그는 토니라는 이름의 가난한 제빵사의 딸, 아달기사^{Adalgisa}에게 한눈에 반했습니다. 신분의 차이로 인해 둘의 사랑은 반대에 부딪혔지요. 아버지, 토니의 허락을 얻기 위해 그는 가난한 제빵사로 변장했고, 좋은 재료와 정성을 담아 맛있는 케이크를 만들었습니다. 케이크를 맛본 토니는 맛에 반했을 뿐만 아니라 딸과 귀족의 결혼까지 허락했다고 하네요. 이후 케이크는 토니의 빵$^{pan\ del\ Toni}$으로 불렸고, 지금의 파네토네라는 이름이 되었다는 설입니다.

또 다른 이야기도 있습니다. 가난한 토니는 요리사의 보조였습니다. 어느 해 크리스마스였습니다. 궁중 요리사가 만든 케이크는 맛이 없었습니다. 그런데 디저트로 내놓을 만한 게 없 있죠. 이때 요리사의 보조였던 토니가 주방에 있던 모든 재료를 가지고 케이크를 만들었습니다. 부드럽고 달콤한 맛에 모든 사람이 반했고, 이후 그의 이름을 따서 토니의 빵il pan de Toni 으로 불리게 되었다는 전설입니다.

현대의 파네토네는 밀라노의 젊은 제빵사였던 안젤로 모타 Angelo Motta(1890~1957)에 의해 재탄생되었고 널리 알려졌습니다. 그는 종이로 된 틀을 개발해서 지금과 같은 높고 둥근 돔dome 모양을 만들었습니다. 또한 세 번에 걸쳐 반죽을 발효해서 가볍고 부드러운 맛을 냈지요. 모타가 만든 파네토네는 유럽뿐 아니라 미국, 남미, 호주 등 세계적으로 인기를 얻었습니다. 그가 창업한 모타 제과는 현재 이탈리아에서 가장 유명한 브랜드가 되었습니다.

커다란 빵처럼 생긴 이탈리아 크리스마스 케이크, 파네토네(Panettone).

아기 예수를 닮은 슈톨렌

슈톨렌stollen은 독일에서 먹는 크리스마스 케이크입니다. 제게는 요리는 잘 못하지만 정성을 다해 음식을 만드는 독일인 친구 마리온이 있었습니다. 마리온은 몸살로 누워

3
21쪽 '포도주의 시작,
디오니소스가 밟아 으깬 포도'
참조.

있던 저에게 글뤼바인을 만들어주기도 했었지요[3]. 친구는 크리스마스 때 고향에 다녀오면서 독일의 크리스마스 음식이라며 크고 묵직한 빵을 가져 왔습니다.

슈톨렌stollen이라는 이름의 넙적한 빵은 하얗게 슈거파우더를 뒤집어 쓴 게 마치 포대기로 감싼 아기를 닮았습니다. 빵이라고는 하지만 딱딱한 질감이 거의 과자에 가깝지요. 파네토네처럼 슈톨렌에도 여러 가지 말린 과일을 브랜디나 럼에 절였다가 넣습니다. 하루 이틀이 아니라 1년 정도 절인 뒤에 넣기 때문에 깊고 풍부한 향을 느낄 수 있습니다. 하지만 너무 달기 때문에 한 번에 많이 먹기는 힘들고, 얇게 잘라서 겨울 내내 두고 먹습니다. 커피나 차와 같이 먹어도 좋지만 저는 따뜻한 글뤼바인과 먹는 것이 가장 맛있었습니다.

● 왼쪽: 눈으로 감싼 듯 새하얀 슈톨렌(Stollen).
오른쪽: 빵 위에 햄과 치즈, 파인애플을 올려 만든 하와이안 토스트.

어느 해에 독일에 가지 않은 마리온과 함께 크리스마스를 보낸 적이 있습니다. 자기 집에서 파티를 연다며 독일식 크리스마스 요리를 해주겠다고 하더군요. 독일의 크리스마스 가정식 요리라니 잔뜩 기대를 품었죠. 그런데 식탁에 오른 음식은 와인과 기이한 토스트뿐이었습니다. 빵 위에 햄과 파인애플, 슬라이스 치즈 그리고 절임 체리 한 개가 전부인 토스트였지요. 아무리 요리를 못한다고 해도 그렇지 이게 뭔가 싶었습니다.

이야기를 들어보니, 진짜로 어렸을 때 가족들과 함께 먹던 크리스마스 특별식이라네요. 토스트 하와이 또는 하와이안 토스트라고 불리는 이 음식은 1970~80년대에 독일에서 크게 유행했던 음식이라고 합니다.

어떤 유명 요리사가 텔레비전 요리 프로그램에서 만들었던 음식인데 쉽게 만들 수 있고 맛도 괜찮아서 특히 어린이들 사이에서 선풍적인 인기를 얻었다고 합니다. 마리온도 어렸을 때 형제, 자매들과 함께 만들어 먹던 추억의 음식이었지요. 성인이 된 후에는 더 이상 만들지 않지만, 일 년에 하루, 가족들이 모두 모이는 크리스마스에 빼놓지 않고 먹는 '특별식'이 되었답니다. 마음을 열고 맛을 보니 달콤한 파인애플과 고소한 치즈가 바삭한 빵과 어울리는 먹을 만한 음식이더군요. 어린이들에게 인기가 있었고, 어느 독일 가족의 특별식이 된 이유를 알 것 같았습니다.

맛있는 음식은 무엇일까요? 좋은 재료를 사용해서 정성껏 요리한 음식이 맛있는 음식이겠지요. 솜씨가 좋은 요리사가 만든 음식이라면 더욱 맛있을 겁니다. 좋은 기억이 있는 음식도 맛있는 음식인 것 같습니다. 별것 아닌 재료로 만들었던 하와이안 토스트가 달콤한 슈톨렌은 물론 파네토네나 부쉬 드 노엘보다도 맛있는 크리스마스 케이크로 기억에 남아 있는 걸 보면 말입니다.

다양한 빵의 모양이 감춘 비밀

빵은 굽고 나면 굽기 전보다 훨씬 커진다. 마들렌이나 파운드케이크의 경우 특히 가운데 부분이 부풀어 오르고, 터지는 경우도 있다. 부푼 정도는 발효가 잘 되었는지, 잘 구워졌는지 판단하는 기준이 된다. 이에 반해 부풀지 않게 주의를 해야하는 빵도 있다. 빵이 부푸는 정도와 독특한 모양에는 발효와 열에 관련된 과학적 원리가 숨어있다.

일반 발효빵

천연 효모나 이스트로 발효하면 굽기 전부터 부풀어 오른다[1]. 밀가루에 이스트나 천연 효모를 넣어 반죽한 뒤 따뜻한 곳에 둔다. 효모가 설탕을 이용해서 발효하는데 이때 발생하는 탄산가스가 밀가루 반죽 속에 갇히면서 부푼다. 원래 반죽의 두 배로 부풀어 오르면 발효를 멈추고 가스를 뺀뒤 다시 발효를 한다. 보통 2~3회에 걸쳐 발효한 뒤에 굽는다.

마들렌

마들렌의 뒷부분(조개껍데기 모양의 홈이 팬 곳이 앞쪽)은 가운데가 볼록하게 튀어나와 있다. 이를 마들렌의 배꼽이라 부른다. 마들렌의 배꼽은 오븐 속 열의 이동에 의해 생겨난다. 오븐 속에서 반죽은 가장자리부터 익는다. 이 과정에서 수분이 중앙으로 몰리며 가운데가 튀어 나온다. 온도가 너무 높으면 배꼽이 터질 수 있다[2].

파운드케이크

가운데가 부푸는 원리는 마들렌과 같다. 하지만 파운드케이크는 마들렌보다 훨씬 크기 때문에 굽는 시간도 길어서 오븐 속에 그냥 두면 윗부분이 터지고 만다. 파운드케이크는 15분 정도 구운 뒤 어느 정도 모양이 잡히면 꺼내서 1cm 깊이로 칼집을 내준다. 이렇게 하면 갈라진 틈으로 수분이 배출되면서 자연스럽게 틈이 벌어지며 터지지 않는다.

파이지(파이 크러스트)와 건빵

구운 후 속에 주재료를 담거나(파이 크러스트), 보관과 이동의 편리(건빵)를 위해 부풀지 않게 구워야 한다. 굽기 전에 반죽에 구멍을 내면 굽는 동안 구멍으로 수분이 빠지면서 크게 부풀지 않는다. 파이 크러스트의 경우 구울 때 반죽 위에 누름돌을 얹어 부풀지 않게 만들기도 한다.

1
그랑 라루스(Grand Larousse) 요리백과
강현성 외, 시트롱마카롱.
https://terms.naver.com/entry.nhn?docId=5807107
&cid=63025&categoryId=63777

2
《잘 먹고 잘사는법 054, 케이크》 조민영, 김영사, 2004(23),

카
모
메
식
당

마음의 문을
여는
빵。

저의 가장 오래된 기억은 엄마의 손을 잡고 어디론가 가는 장면입니다. 5월쯤 되었을까요. 따뜻하고 나른한 봄날 오후였던 것 같습니다. 엄마는 어린 저의 손을 잡고, 등에는 동생을 업고 있었습니다. 동생은 저보다 세 살 어리니까 아마도 그 때 저는 대여섯 살 정도였겠네요. 한 손은 엄마 손을 잡고 다른 한 손에는 빵인지 과자인지를 쥐고 먹으면서 기찻길을 따라 걷다가 건널목도 건너고 한참을 걸었던 것 같습니다. 그렇게 엄마랑 동생과 함께 나들이 가듯 신나게 걷던 기억만 나지 한참을 걸어서 어디에 갔었는지는 생각나지 않습니다.

어른이 된 뒤에 물어보니 우리가 갔던 곳은 '요리 교실'이었다고 합니다. 당시 30대 초반이던 젊은 엄마는 남편과 두 아이 외에도 시아버지와 세 명의 시동생까지 함께 사는 대가족의 유일한 성인 여자였고, 집안 살림과 육아를 홀로 맡아 하셨답니다. 고된 대가족 살림을 하던 중에도 요리하는 것만큼은 즐거웠다고 합니다. 그래서 제대로 배우고 싶어서 집에서 좀 떨어진 곳에 있던 요리 교실을 찾아간 것이지요. 차가 없어서 먼 길을 걸어야 했고, 아이들을 맡길 데가 없으니 두 아이를 업고 걸리며 다녔습니다. 하지만 그 시절 엄마의 유일한 즐거움이자 숨통이었던 터라, 그런 수고를 마다하지 않았던 것 같습니다.
요리교실에서 엄마는 한식 조리도 배우고, 양식 조리도 배우고 나중에는 베이킹도 배워서 빵도 굽고 과자도 만드셨습니다. 30년이 훨씬 넘었지만 지금도 기억이 납니다. 저와 동생들은 엄마가 만들어 주는 사브레, 버터쿠키 등의 과자와 슈크림 빵 등 동네 아이들이 쉽게 맛볼 수 없던 엄마표 홈메이드 간식을 먹으며 자랐습니다.

처음이자 마지막 엄마표 생일 케이크

어느 해 저의 생일이었습니다. 어쩐 일인지 엄마는 큰딸의 생일 파티를 열었습니다. 처음 보는 2단 케이크를 만들고 동네 아이들을 모두 초대했지요. 동네 아이들은 엄마가 만든 이런저런 간식과 2단 케이크를 보며 부러워했는데, 사실 저는 엄마가 만든 다소 투박한 케이크가 부끄러웠습니다. 다른 아이들 생일파티처럼 제과점의 예쁜 케이크를 사줬으면 하고 바랐으니, 참으로 돼지 목에 진주 목걸이가 따로 없었네요.

그 때 처음이자 마지막, 한 번의 생일파티 이후로는 엄마의 케이크를 맛볼 수 없었습니다. 엄마가 베이킹에 흥미를 잃은 것도 같고, 어쩌면 대가족 살림에 시아버지 병수발 들며 세 아이까지 키우느라 더이상 빵을 구울 여유 따위는 없었을지도 모르겠네요. 그렇게 엄마표 빵과 과자는 기억 속에서 점점 희미해졌고, 저는 바라던 대로 제과점에서 만든 빵과 수퍼마켓에서 산 과자를 먹으며 자랐습니다.

자라면서 저는 더이상 다를 수 없다 싶을 만큼 성격, 재능, 취향, 지향점, 외모 등 모든 것이 엄마와 달라졌습니다. 특히 엄마의 가장 큰 특기인 '요리'를 서른이 다 되도록 한 번도 해본 적이 없었지요. 엄마가 좋아하는 '많이 만들어 나눠 먹기'도 이해가 안 됐습니다. 간혹 '친엄마 맞느냐?'고 농담을 할 정도로 우리 둘은 달랐습니다. 엄마도 '어떻게 너 같은 애가 나한테서 나왔느냐'며 다름을 인정하셨지요. 하지만 엄마처럼 미련하고 답답하게 살지는 않겠다고 다짐했던 터라 엄마를 닮지 않았음이 전혀 아쉽지 않았습니다. 오히려 안심이 되고 다행이라 여겼지요. 그러면 도대체 어쩌다 저는 매주 식빵과 스콘을 굽고, 가족과 친구들의 생일에 케이크를 만들어 선물하는 사람이 되었을까요? 이런 저런 이유가 있겠지만 '피는 못 속인다'는 말이 가장 맞을 것 같습니다.

시작은 한국을 떠나 외국에서 살 때입니다. 저를 위해 요리를 해주는 사람이 없으니 어쩔 수 없이 생존을 위해 음식을 만들기 시작했습니다. 인터넷에서 레시피를 찾아 봤고, 그래도 모르겠는 건 엄마에게 국제전화를 걸어 물어봤습니다. 통화를 할 때마다 굶어 죽지는 않겠다며 안심하셨다네요. 가끔은 친구들과 포틀럭 파티^{potluck party}를 하며 한국 음식을 나눠 먹었는데, 맛있다는 칭찬을 듣기도 했습니다. 김밥이나 잡채 정도였지만 한국 음식을 처음 먹어보는 외국인들에게는 신기한 맛이었나 봅니다.

파티에 올 때 파이나 케이크를 직접 만들어 오는 친구들이 있었습니다. 집에서 케이크를 만들다니! 케이크는 제과점에서 사먹는 음식으로만 알았으니 손수 만들어 오는 친구들이 대단해 보였지요. 그런데 그들은 마트에서 구입한 케이크 믹스로 만든 것이라며 오히려 김밥이 예쁘다며 신기하게 여겼습니다. 마침 제가 살던 집에도 오븐이 있었습니다. 저도 친구들처럼 '믹스'를 사다가 우유를 넣고 모양을 내어 머핀을 만들어 보았습니다. 우유만 섞어서 구웠을 뿐인데 방금 막 오븐에서 꺼낸 향긋한 머핀 맛이 나더군요. 하긴 오븐에서 꺼내자마자 먹었으니 그 맛이 날 수 밖에요. 맛이 나는 것이 신기해서 이것저것 만들어 봤지만 '믹스'의 수준에 늘 머물렀을 뿐 몇 번 만들어보니 신기함이 사라지며 새로운 취미도 사그라들었습니다.

영화 속 인물과 영화 밖 관객을 흔든 시나몬 롤

본격적으로 베이킹을 하게 된 건 10년 쯤 지난 후였습니다. 그 10년 동안 많은 일들이 있었습니다. 유럽에서 회사를 다니다가 미국에 있는 학교를 갔고, 졸업한 뒤 한국에 돌아와서 새로운 회사에 취업을 했습니다. 그 회사에서 6년 쯤 열심히 일을 하다 그만뒀고, 제2의 인생을 꿈꾸며 쉬고 있을 때였습니다. 심심할 때 보라며 친구가 권해준 〈카모메 식당かもめ食堂: Kamome Diner〉이라는 영화를 보고 있었습니다.

"저기 식당 말인데요. 계속 이렇게 손님이 안 오면 헬싱키 안내서에 일식집으로 광고를 내면 어떨까요? 손님이라 봐야 토미밖에 없고…. 사실 손님이라 할 수도 없죠. 늘 와서 공짜 커피만 마시고 가는데."

"토미는 우리 식당 첫 손님이니까 커피는 계속 무료에요."

"일본 사람은 외국에 나가도 일본 음식을 제일 좋아하잖아요. 저도 그렇고요. 그래서 외국에 여러 날 있으면 일본 음식이 엄청 먹고 싶어질 거예요. 그런 사람들에게 이 가게를 알리면 손님이 많이 늘어날 것 같은데요."

"하지만 안내서를 보고 찾아오는 일본 사람이나 일식하면 초밥이나 정종 밖에 모르는 사람은 우리 가게 분위기하곤 안 맞는 것 같아요."

"분위기요?"

"여긴 레스토랑이 아니라 동네 식당이에요. 근처를 지나가다 가볍게 들어와 허기를 채우는 곳이죠. 열심히 하다 보면 손님도 차츰 늘 거예요. 그래도 안 되면 그때는 문 닫아야죠. 하지만 잘 될 거예요."

〈카모메 식당〉

302

　　　　일본인 사치에는 핀란드의 수도 헬싱키에서 작은 일본 가정식 식당을 운영하고 있습니다. 사치에는 돈을 벌 생각이 없는 걸까요. 식당은 오픈한지 한 달이 지났지만 파리만 날리고 있습니다. 아니 손님이라고 하나 있기는 한데, 와서 공짜 커피만 마시고 갈 뿐입니다. 시내 서점에서 우연히 만나 사치에의 집에 머물며 식당 일을 도와주게 된 미도리는 미안하고 답답한 마음에 일본 관광객을 겨냥해 광고라도 내보자고 하지만 사치에는 단호하기만 하네요. 그녀가 운영하는 식당은 관광객들이 힌 빈 왔다 가는 곳이 아니라 동네 사람들이 지나가다 들러서 밥 먹고 놀다 가는 그런 편한 장소였으면 합니다. 그런데 동네 사람들은 낯선 외국인인 그녀를 보고 식당 밖에서 수군거리기만 할 뿐, 식당 문을 열고 들어오지는 않습니다. 정말 열심히만 한다고 잘 될까요?

사람과 음식이 따뜻하게 어우러지는 영화 〈카모메 식당〉.

"미도리상 내일 시나몬 롤을 만들어 볼까요?"

미도리와 운동을 하다가 사치에는 뜬금없이 시나몬 롤을 만들자고 합니다. 갑자기 시나몬 롤이 먹고 싶어진 걸까요? 아무래도 일본 가정식으로는 안 되겠다는 걸 깨달은 걸까요? 다음날 사치에와 미도리는 시나몬 롤을 만듭니다. 손님이 오든 말든 자기들이 먹으려고 재료를 아끼지 않고 구운 시나몬 롤은 먹음직스럽습니다. 강렬한 계피 향은 식당 밖으로 퍼져 나갔고, 밖에서 구경만 하던 동네 사람들은 드디어 식당 문을 열고 안으로 들어옵니다. 빵과 커피를 맛있게 먹으며 사치에와 친구가 되는 동네 사람들. 맛있는 빵은 식당 문과 함께 냉랭했던 동네 사람들 마음의 문까지 열고 말았습니다.

시나몬 롤을 만드는 모습만 봐도 향이 나는 것 같다.

그런데 시나몬 롤의 강렬한 유혹을 견딜 수 없었던 건 영화 속 동네 사람들만이 아니었습니다. 세 여인이 식당 문을 열고 들어가는 장면을 보면서 저도 따라 들어가고 싶었습니다. 그들과 함께 오븐에서 막 꺼낸 계피향이 폴폴 나는 시나몬 롤이 먹고 싶어서였지요. 당장 사먹으려 했지만 제가 사는 동네에는 시나몬 롤을 구워서 파는 빵집이 없었습니다. 별 수 없어 포기하려 했는데, 잊으려 할수록 점점 더 생각이 나더군요. 상사병에 걸린 느낌이 이런 걸까요? 참을 수 없어서 결국 직접 만들어 먹기로 했습니다.

레시피를 찾아보니 시판 호떡 믹스로도 만들 수 있다고 합니다. '믹스'라면 10년 전에 많이 해봤지요. 별로 어렵지 않았던 기억이 났습니다. 제일 싼 미니 오븐을 구입하고 호떡 믹스를 사서 시나몬 롤을 만들었습니다. 모양은 좀 어설펐지만 딱 제가 생각했던 계피향 폴폴 나는 따뜻한 시나몬 롤의 맛이었습니다. 얼마나 기뻤는지 다른 사람에게도 맛을 보여주고 싶었습니다. DVD를 빌려줬던 친구와 시나몬 롤을 나눠 먹으며 다시 한 번 〈카모메 식당〉을 봤습니다.

"좋아 보여요. 하고 싶은 일을 하고 사는 거."
"하기 싫은 일을 안 할 뿐이에요."

항공사에서 짐을 잃어버려서 어쩔 수 없이 헬싱키에 머무르게 된 마사코. 그녀도 매일 카모메 식당에 놀러 옵니다. 20년 동안 병든 어머니와 아버지를 간호했는데, 1년 사이에 두 분이 모두 돌아가셨다네요. 유감을 표하는 미도리에게 20년 만에 족쇄가 풀린 것 같다고 말합니다. 20년 만에 자유의 몸이 된 마사코는 앞으로 뭘 해야 할지 모릅니다. 다만 하고 싶은 일을 하며 즐겁게 사는 사치에가 부러울 뿐이었습니다.

"핀란드엔 언제까지 머물 계획이세요?"
"아직 잘 모르겠어요."
"관광 오신 건가요?"
"그게 말이죠. 그럴 수도 있고… 아닐 수도 있고… 아직 모르겠어요."
(중략)
"계속 이 옷만 입고 다닐 수는 없겠네요. 쇼핑 좀 하고 올게요."

핀란드에 온 목적도, 언제까지 머물지도 모르던 마사코. 며칠이 지나는 동안 곧 짐을 찾을 수 있을 거라 생각하고 매일 같은 옷을 입고 지냈는데요. 드디어 마사코는 현실을 받아들이고 새로운 도전을 시도합니다. 첫 번째 도전은 그동안 교복처럼 입고 있던 무채색 옷을 벗고 '튀는' 옷을 입는 거였지요.

내 삶으로 자연히 들어온 빵

　　　　힘들게 일했던 직장을 그만둘 때, 처음에는 몇 달 쉬었다가 다시 직장을 다닐 생각이었습니다. 같이 일했던 친구들이 사는 스페인과 프랑스에 놀러 갔다가 터키와 모로코를 여행하고 6개월 만에 돌아와서 전에 일했던 곳과 비슷한 회사에서 일하려고 했습니다. 그런데 취업이 안 되었습니다. 당황스러웠지요. 전에 일했던 곳보다 좋은 조건으로 금세 취직하여 일할 수 있게 될 줄 알았는데, 현실의 저는 그냥 일찍 퇴직한 뒤에 재취업이 안 되는 40대일뿐이었습니다.

스스로 족쇄를 벗어 던지는 선택이라고 생각했는데, 어느새 던져버린 족쇄를 그리워하고 있었습니다. 그리워해도 다시 돌아갈 수도 없었습니다. 제2의 인생을 꿈꾼다고 했지만 사실은 하고 싶은 일이 뭔지도 모르겠고, 뭘 잘 하는지도 모르겠는 마사코와 같은 상태였습니다. 하기 싫은 일을 안 하는 건 사치에와 같았네요. 그런데 왜 저는 즐겁지도 않고 좋아 보이지도 않았을까요?

아! 시나몬 롤을 만들 때는 즐거웠습니다. 나눠 먹을 때 행복했고요. 다른 것도 만들어 보기로 했습니다. 기왕에 오븐도 샀으니까요. 난이도 '하'의 머핀과 쿠키 종류부터 시작했습니다. 30여 년 전의 엄마처럼 '제대로' 배우고 싶어서 베이킹 수업도 들었습니다. 프리 믹스^{premix}로 미리 준비된 재료가 아니라 밀가루와 여러 재료를 계량하고 발효하는 귀찮고 까다로운 작업까지 배웠습니다.

이제 친구들과 가족의 생일에는 당연하게 케이크를 만들어서 선물합니다. 말을 하지 않으면 제과점에서 산 걸로 알 정도로 모양도 그럴 듯 해졌습니다. 지금은 빵을 굽는 시간 자체가 즐겁고 행복합니다. 지난번에 망쳤던 빵을 이번에는 제대로 만들어 내며 한 단계 도약했다는 성취감도 느끼고 있습니다. 무엇보다도 제가 만든 빵을 먹으며 좋아하는 사람들을 보며 다시 한 번 행복해집니다.

그렇다면 이제 저는 사치에처럼 살고 있을까요? 아쉽게도 하기 싫은 일을 안 하지는 못 합니다. 영화와 현실은 다르지요. 어쩔 수 없이 하기 싫지만 해야만 하는 일들이 있습니다. 하지만 하고 싶은 일을 하며 즐겁게 살고 있습니다. 그런 것 같습니다. 무엇보다 이 책이 그 증거가 아닐까요.

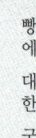

빵을 너무 좋아해서 매일 먹습니다. 영양이 결핍되는 건 아닐까요?

밀가루는 같은 양의 쌀에 비해 단백질의 양이 거의 2배가량 됩니다[1]. 비타민 B1
은 쌀보다 2배, 지방은 7배 정도 많으며 칼슘과 인, 철분 등도 훨씬 많이 들어
있습니다. 다만 다른 비타민이나 미네랄 등은 부족하기 때문에 빵만으로는 충
분한 영양을 얻기 어렵습니다. 그런데 우리가 밥만 먹는 경우가 있던가요. 쌀도
부족한 영양 때문에 다른 반찬과 함께 먹지요. 빵도 마찬가지입니다. 빵 하나만
먹으면 영양이 충분하지 않지만, 채소나 치즈 등과 함께 먹으면 균형 잡인 영양
소를 섭취할 수 있습니다. 신선한 채소와 생 치즈가 듬뿍 들어간 샐러드와 같이
먹거나, 체더나 에멘탈 등의 경성치즈, 채소를 넣어 샌드위치로 만들어 먹는다
면 빵으로도 영양소가 충분한 한 끼 식사를 할 수 있습니다.

천연 효모로 만든 빵과 이스트로 만든 빵은 뭐가 다른 가요?

천연발효 빵이란 곡물, 과일 등을 이용해 만들어진 천연 효모로 발효한 빵을 말
합니다. 천연발효 빵은 이스트를 이용한 빵에 비해 오랜 시간 발효하기 때문에
전분이 좀 더 분해됩니다. 이 때문에 소화가 잘 되고 속이 편하다고 느낄 수 있습
니다. 또한 풍미가 좋아지고 조직감이 잘 형성돼 맛있는 빵을 만들 수 있습니다.
그렇다면 이스트로 만든 빵은 나쁜 빵일까요? 천연발효 빵의 좋은 점이 알려지
면서 이스트로 발효한 빵은 마치 '패스트 푸드'와 같은 이미지를 갖게 되었는데
요. 이스트는 살아있는 효모를 쉽게 사용할 수 있도록 상업적으로 배양한 것일

1
《잘 먹고 잘사는법 055, 빵과 과자》 김정원, 김영사, 2004(44).

뿐, 화학 첨가물은 아닙니다. 당연히 이스트로 만든 빵이 나쁜 빵도 아니고요. 실제로 대부분의 식품학자 및 영양학자들은 천연 효모로 발효한 빵과 이스트로 발효한 빵의 영양성분에 차이가 없다고 말합니다[2].

다만 천연 효모는 다루기가 까다롭고 손이 많이 가기 때문에, 빵을 오랫동안 만든 전문가나 '잘' 만드는 사람들이 만드는 경우가 많습니다. 그런 사람들이 '정성'을 다해 만든 빵이니 맛있을 수밖에 없겠지요.

글루텐 프리 빵은 몸에 좋은 건가요?

글루텐은 밀가루의 단백질이 물과 만나 형성됩니다[3]. 글루텐은 밀가루(특히 강력분) 반죽을 치댈수록 많이 생기며 빵을 쫄깃하게 합니다. 최근에 글루텐이 몸에 해롭다고 알려지면서 글루텐 프리gluten-free(글루텐이 없는) 음식이 인기를 얻고 있습니다. 글루텐 프리 음식은 일반 밀가루로 만든 음식보다 비싼 값에 팔리는데도 불구하고 말이지요. 글루텐이 해롭다는 말은 맞기도 하고 틀리기도 합니다. 실제로 글루텐에 민감해서 알레르기 반응을 일으키거나 소화를 못 시키는 사람들이 있습니다. 심하게는 장내 염증이 발생해 심하게 영양 결핍 상태가 되는 셀리악 병Celiac Disease[4]으로 고생하는 경우도 있지요. 셀리악 병의 경우 대부분 밀

2
《빵의 지구사》 윌리엄 루벨, 이인선 옮김, 휴머니스트, 2017(8).

3
249쪽 빵 상식 참조.

4
KISTI(한국과학기술정보연구원) 과학 향기 칼럼 : 밀가루 속 글루텐(gluten), 먹어? 말아?
https://terms.naver.com/entry.nhn?docId=3410215&cid=60335&categoryId=60335

을 주식으로 하는 서양인들에게 나타날 뿐 우리나라를 포함, 동양인들에게는
거의 발견되지 않는다고 합니다. 또한 최근에는 글루텐 프리 음식이 영양이 우
수하거나 건강에 더 좋다는 근거가 없다는 연구도 잇따라 발표되고 있습니다[5].
글루텐에 민감할 경우에는 당연히 글루텐이 함유된 음식을 먹지 말아야합니다.
하지만 그렇지 않은 많은 사람이 글루텐이 해롭다는 말만 듣고 밀가루의 쫄깃
한 맛을 포기할 필요는 없어 보입니다. 게다가 더 많은 값을 지불하면서 그럴
필요는 더욱 없어 보입니다.

먹고 남은 빵은 어떻게 보관하나요?

치즈나 와인보다는 덜 하지만 빵도 다 못 먹고 남는 경우가 있지요. 빵 역시 냉
장고에 넣어야 합니다. 단 치즈와 와인과는 달리 냉장실이 아니라 냉동실에 넣
어야 됩니다. 냉장실에 넣으면 수분이 날아가면서 빵이 노화하기 때문에 뻣뻣
해지고 맛이 없어집니다.
냉동한 빵은 실온에서 해동해서 먹을 수 있습니다. 실온에서 해동될 때까지 기
다릴 수 없거나 방금 구운 빵 맛을 재현하고 싶다면 오븐이나 토스터, 에어 프
라이어를 이용해서 구우면 됩니다. 이중 아무것도 없다면 프라이팬에 구워도
괜찮습니다.

5
Study debunks 'myth' that lifestylers benefit from going gluten free.
https://www.foodnavigator.com/Article/2019/09/26/Study-debunks-myth-that-lifest
ylers-benefit-from-going-gluten-free

한동안 '죽은 빵도 살린다'는 토스터가 인기가 있었습니다. 덕분에 20만원이 넘는, 토스터 치고는 매우 고가임에도 많이 팔렸다고 하지요. 이 토스터의 비밀은 스팀입니다. 토스터에서 바삭하게 구워지는 동안 스팀을 분사해서 촉촉하게 만드는 것이지요. 이 원리를 이용하면 프라이팬으로도 겉은 바삭하고 속은 촉촉한 빵을 만들 수 있습니다.

냉동실에서 꺼낸 빵을 잘 달군 팬에 올립니다.
얼음 한 개를 프라이팬에 놓습니다.
얼음이 끓으면서 증기가 될 때 팬에 뚜껑을 덮어줍니다.
증기가 다 날아가면 불을 끕니다.

이렇게 하면 바로 구운 것 같은 빵 맛을 재현할 수 있습니다.
귀찮더라도 전자레인지는 이용하지 마세요. 전자레인지에 데우면 눅눅하고 질겨지므로 가급적 사용하지 않는 것이 좋습니다.

책을 닫으며.

"어머나, 내가 이런 것을 할 수 있으리라고는 생각도 못 했었는데!"

트리나 폴러스^{Trina Paulus}가 쓴 《꽃들에게 희망을》은 나비가 되기로 결심한 애벌레의 이야기입니다.

노랑 애벌레는 나비가 되기 위해 상상도 못했던 일을 하는 자신을 보며 저렇게 말합니다.

가끔이지만 제가 스스로에게 하는 최고의 칭찬이기도 합니다.

빵이라면 먹을 줄밖에 몰랐는데 그럴듯한 케이크와 마카롱까지 만들어 맛있다는 칭찬을 들었을 때,

춤은 딴 세상 얘기 같았던 몸치가 어느덧 벨리댄스를 즐기게 되었을 때,

그리고 뛰는 게 싫어서 지각을 하던 게으름뱅이가 마라톤 대회에 참여해

10km를 1시간 안에 완주했을 때… 스스로에게 칭찬을 합니다.

정말이지 제가 이런 것들을 할 수 있으리라고는 몇 년 전만 해도 상상도 못 했기 때문이지요.

책을 쓴다는 건 지금까지 했던 어떤 일보다도 가장 어려운 작업이었습니다.

아니 이번 생에는 없다고 생각했던 일이었습니다.

글을 쓰는 것도 싫어했고, 뭘 써야 하는지도 몰랐거든요.

그런데 1년이 넘게 매주 한 편씩 글을 썼고 드디어 마지막, 에필로그를 쓰고 있습니다.

직장을 그만둔 뒤 두 번째 삶을 살겠다고 결심했지만 뭘 해야 할지는 몰랐습니다.

요리, 여행, 영어, 이야기, 춤, 달리기 등을 좋아했고 잘한다고 생각했습니다.

그런데 직업으로 삼을 만큼 잘하는 건 없었습니다. 취미 수준의 잘하는 것으로는 부족했지요.

되려 너무 여러 분야에 시간과 노력을 낭비하는 것처럼 보였습니다.

쓸데없어 보이는 일들을 정리해야 할 것 같았습니다.

유럽, 미국, 칠레, 캐리비언, 호주 등 여러 나라에서 오래 살았습니다.

덕분에 다양한 인종과 국적의 친구들을 만났습니다.

친구들과 사귀며 그들의 삶과 문화, 그중에서도 음식을 가장 많이 나눴던 것 같네요.

음식과 음식 이야기는 모든 이들이 좋아했습니다.

그렇게 빵과 와인, 그리고 치즈는 가장 좋아하며 즐겨 먹는 음식이 되었습니다.

두 번째 삶을 준비하는 동안 새로운 친구들과 만날 때면 제가 좋아하는 것들을 나누기 시작했습니다.

자연스럽게 모임의 음식 준비는 매번 제가 하게 되었는데요. 그 일이 힘들지 않고 재미있었습니다.

준비한 음식에 숨겨진 이야기와 저의 경험을 들려주는 것도 즐거웠지요.

어느새 저는 친구들 사이에서 음식 전문가가 되었습니다.

친구뿐 아니라 더 많은 사람에게 음식과 이야기를 나누어 주면 좋겠다는 의견에 강의도 하게 되었고,

글도 썼습니다. 그렇게도 두려워하던 글쓰기의 소재가 매일 먹는 음식이 될 줄은 몰랐습니다.

그리고 보니 스티브 잡스의 말처럼 '인생에 쓸모없는 우연'은 없나 봅니다.

시간 낭비라 생각했던 일들이 하나하나 엮여 이제는 새로운 삶을 살아갈 힘이 되고 있으니까요.

"제대로 되는 것 같아서 기운도 나고,
나의 내부에 고치를 만들 수 있는 재료가 들어있다면,
나비가 될 수 있는 자질도 어쩌면 있을 거야."

노랑 애벌레처럼 제게도 나비가 될 수 있는 재료는 있었습니다. 다만 못 알아볼 뿐이었지요.

알아차린 후에도 불확실한 나비의 삶을 위해 편안한 애벌레의 삶을 포기할 자신이 없었습니다.

떠밀려서 어쩔 수 없이 애벌레의 삶을 포기했지만 불안함과 원망은 끝이 없었네요.

빛이 보이지 않는 고치 속에 갇혀 후회도 많았었고요.

이제 고치에서 벗어날 시간이 된 것 같습니다.

새로운 삶은 훨씬 자유롭고 아름다울 거라 기대합니다.

315

나비가 될 가장 큰 재료를 나눠 주신 엄마와

애벌레 속의 나비를 알아봐 준 친구들에게

감사와 사랑을 드립니다.

와인 치즈 빵에 관한 책과 영화

와인, 치즈, 빵이 처음일 때

와인

《와인은 어렵지 않아》 오펠리 네만, 박홍진, 임명주 옮김,
그린쿡, 2020 개정판
《와인 바이블》 캐빈 즈랠리, 정미나 옮김, 한스미디어, 2020
개정판

치즈

《올어바웃 치즈》 무라세 미유키, 구혜영 옮김, 예문사, 2014
《치즈 이야기》 박승용, 살림출판사, 2015

빵

《빵은 인생과 같다고들 하지》 윌리엄 알렉산더, 김지혜 옮김,
바다출판사, 2019
《잘 먹고 잘사는 법 055, 빵과 과자》 김정원, 김영사, 2004

와인, 치즈, 빵을 좀 더 알고 싶을 때

와인

《와인 바이블》 캐빈 즈랠리, 정미나 옮김, 한스미디어, 2020
개정판
《와인 인문학 산책》 장홍, 글항아리, 2020

치즈

《프로마제가 알려주는 치즈를 맛있게 즐기는 방법》 파비앙
드구레, 고정아 옮김, 그린쿡, 2020
《치즈 소믈리에가 되다》 구보타 게이코, 용동희 옮김, 그린쿡,
2018

빵

《빵의 과학, 행복한 냄새와 식감의 비밀》 요시노 세이이치,
조민정 옮김, 터닝포인트, 2020
《흰 빵의 사회학: 빵의 내밀한 역사와 권력》 애런 스트레인,
김선아 옮김, 비즈앤비즈, 2014

와인, 치즈, 빵의 역사를 알고 싶을 때

와인

《와인의 역사》 로드 필립스, 이은선 옮김, 시공사, 2014
《와인에 담긴 역사와 문화》 최영수, 북코리아, 2005

치즈

《역사학자 정기문의 식사》 정기문, 도서출판 책과함께, 2017
《치즈의 지구사》 앤드류 댈비, 강경이 옮김, 휴머니스트, 2011

빵

《빵의 지구사》 윌리엄 루벨, 이인선 옮김, 휴머니스트, 2017
《빵의 역사》 하인리히 E. 야콥, 곽명단, 임지원 옮김, 우물이
있는 집, 2009

와인 파티를 준비할 때

《와인은 어렵지 않아》 오펠리 네만, 박홍진, 임명주 옮김,
그린쿡, 2020 개정판
《와인에 어울리는 요리》 우진영, 부즈펌, 2012

와인, 치즈, 빵으로 인해 인생이 바뀐 사람들

와인

〈와인 미라클Bottle Shock〉 랜달 밀러 감독, 2008
《프랑스 와인여행》 엄정선, 배두환, 꿈의지도, 2019

치즈

《치즈로 만든 무지개》 고동희, 박선영, 명인문화사, 2007
《나는 치즈가 좋다》 매트 페로즈, 홍상현 옮김, 이책, 2013

빵

《맛있는 빵을 드세요!》 타나카 츠카사, 한나리 옮김, 미우,
2011
《레 미제라블》 빅토르 위고, 정기수 옮김, 민음사, 2012
(민음사 번역본은 다섯 권으로 구성되어 있다. 책 전체를 읽기
힘들다면 이를 바탕으로 만든 영화를 권한다.)
〈레 미제라블〉 톰 후퍼 감독, 2012

참고문헌

《그리스 로마 신화The Age of Fable》 토머스 불핀치,
박경미 옮김, 혜원출판사, 2017
《길가메시 서사시》 N.K. 샌더스, 이현주 옮김, 범우사, 2000
《낙원》 마노 다카야, 임희선 옮김, 도서출판 들녘, 2000
《내 미각을 사로잡은 104 가지 치즈수첩》 정호정, 우듬지,
2011
《누가 내 치즈를 옮겼을까?》 스펜서 존슨, 이영진 옮김,
진명출판사, 2000
《데카메론》 조반니 보카치오, 박상진 옮김, 민음사, 2012
《데카메론: 중세의 그늘에서 싹튼 새로운 시대정신》 박상진,
살림출판사, 2006
《레 미제라블》 빅토르 위고, 정기수 옮김, 민음사, 2012
《로마네 콩티 살인사건》 장 피에르 알로 & 노엘 발렌,
임명주 옮김, 한스미디어, 2017
《명화 속 그리스 신화》 이민수, 2011
《바이블 키워드》 J. 스티븐 랭, 남경태 옮김, 도서출판 들녘,
2007
《벌핀치의 그리스 로마 신화》 토머스 불핀치, 이윤기 옮김,
창해, 2009
《빵 와인 초콜릿》 심란 세티, 윤길순 옮김, 도서출판 동녘,
2017
《빵의 역사》 하인리히 E. 야콥, 곽명단, 임지원 옮김,
우물이 있는 집, 2009
《빵의 지구사》 윌리엄 루벨, 이인선 옮김, 휴머니스트, 2017
《살아있는 세계사 교과서》 전국역사교사모임, 휴머니스트,
2011
《샤를마뉴 황제의 전설》 토머스 불핀치, 이성규 옮김, 범우사,
1998
《성경》 주교회의 성서위원회/ 한국천주교 중앙협의회,
분도출판사, 2010
《세계 음식명 백과》 박성연, 마로니에북스
《시사상식사전》 pmg 지식엔진연구소, 박문각
《역사학자 정기문의 식사》 정기문, 도서출판 책과함께, 2017
《올 댓 와인》 조정용, 해냄, 2006
《올 댓 와인2: 명작의 비밀》 조정용, 해냄, 2009

《올어바웃 치즈》 무라세 미유키, 구혜영 옮김, 예문사, 2014
《와인》 김준철, 백산출판사, 2003
《와인 바이블》 캐빈 즈랠리, 정미나 옮김, 한스미디어, 2020
개정판
《와인, 어떻게 즐길까》 김준철, 살림출판시, 2006
《와인에 담긴 역사와 문화》 최영수, 북코리아, 2005
《와인에 어울리는 요리》 우진영, 부즈펌, 2012
《와인은 어렵지 않아》 오펠리 네만, 박홍진, 임명주 옮김,
그린쿡, 2020 개정판
《와인의 역사》 로드 필립스, 이은선 옮김, 시공사, 2014
《와인 인문학 산책》 장홍, 글항아리, 2020
《와인&커피 용어해설》 허용덕, 허경택, 백산출판사, 2009
《이야기 영국사》 김현수, 청아출판사, 2006
《잃어버린 시간을 찾아서》 마르셀 프루스트, 김희영 옮김,
민음사, 2012
《잘 먹고 잘사는 법 046, 치즈》 이영미, 김영사, 2004
《잘 먹고 잘사는법 054, 케이크》 조미영, 김영사, 2004
《잘 먹고 잘사는법 055, 빵과 과자》 김정원, 김영사, 2004
《잘 먹고 잘사는 법 097, 와인》 김국, 김영사, 2007
《죽기 전에 꼭 먹어야 할 세계 음식 재료》 프랜시스 케이스,
박누리 옮김, 마로니에북스, 2009
《치즈로 만든 무지개》 고동희, 박선영, 명인문화사, 2007
《치즈 소믈리에가 되다》 구보타 게이코, 용동희 옮김, 그린쿡,
2018
《치즈의 모든 것, 치즈도감》 NPO법인 치즈 프로페셔널 협회,
송소영 옮김, 한스미디어, 2017
《치즈의 지구사》 앤드류 댈비, 강경이 옮김, 휴머니스트,
2011
《파블로 네루다 자서전: 사랑하고 노래하고 투쟁하다》
파블로 네루다, 박병규 옮김, 민음사, 2008
《프랑스 미식 기행》 심순철, 살림출판사, 2006
《프랑스 혁명에서 파리 코뮌까지 1789~1871》 노명식,
책과함께, 2012
《한국현대문학사전》 권영민, 서울대학교 출판부, 2004
《흰 빵의 사회학: 빵의 내밀한 역사와 권력》 애런 스트레인,
김선아 옮김, 비즈앤비즈, 2014
《500 치즈》 로베르타 뮤어, 구소영 옮김, 도서출판 세경,
2012

참고 영화와 영상

〈월레스와 그로밋: 화려한 외출Wallace & Gromit: A Grand Day Out〉 닉 파크 감독, 1989

〈카모메 식당〉 오기가미 나오코 감독, 2007

〈알프스 소녀 하이디〉 후지 TV, 9174

〈포도나무의 피Le sang de la vigne〉 시리즈 마크 리비에르 감독 외, 2015

〈와인 미라클Bottle Shock〉 랜달 밀러 감독, 2008

〈구름 속의 산책A Walk in the Clouds〉 알폰소 아라우 감독, 1994

참고 웹사이트

318

https://www.dummies.com/food-drink/special-diets/annual-cheese-consumption-by-country/

https://katilifox.wordpress.com/2009/11/24/cockaignecocaine/

https://en.wikipedia.org/wiki/Summary_of_Decameron_tales

https://en.wikipedia.org/wiki/Cockaigne

위키피디아: http://en.wikipedia.org/wiki/Camembert

Wikimedia Commons https://commons.wikimedia.org/

Wallace & Gromit 공식 웹사이트: https://wallaceandgromit.com/

Wensleydale Creamery: https://www.wensleydale.co.uk/about/

https://en.wikipedia.org/wiki/The_Moon_is_made_of_green_cheese

https://www.cooksinfo.com/government-cheddar-cheese

https://www.telegraph.co.uk/finance/personalfinance/2947250/The-guardian-of-the-one-true-whey....html

Alcohol in the Bible/ Wikipedia: https://en.wikipedia.org/wiki/Alcohol_in_the_Bible

가톨릭 뉴스, 지금여기 http://www.catholicnews.co.kr/news/articleView.html?idxno=18334

문화콘텐츠닷컴_세계의 와인문화:

http://www.culturccontent.com/content/contentMain.do?search_div=CP_THE&search_div_id=CP_THE005
&cp_code=cp0523

Casella Family Brands for Yellow Tail: https://www.casellafamilybrands.com/

https://winesdirect.ie/blog/corks-vs-screw-caps-debate/

TIME: How America Kicked France in the Pants And Changed the World of Wine Forever
http://time.com/4342433/judgment-of-paris-time-magazine-anniversary/

Yellow Tail campaign targets 'wine snobbery' in new local work:
https://mumbrella.com.au/yellow-tail-campaign-targets-wine-snobbery-in-new-local-work-425950

[yellow tail] TV commercial 2017 https://vimeo.com/246052692

Behind the [yellow tail] Phenomenon: How it Happened and What's Next?:
https://www.beveragemedia.com/2006/03/01/behind-the-yellow-tail-phenomenon-how-it-happened-and-whats-next/?redirected=Y

[yellow tail] Facts: http://www.deutschfamily.com/the-deutsch-family-our-brands/yellowtail-facts/

세계의 유명 와인산지: https://terms.naver.com/list.nhn?cid=58884&categoryId=58900

Wine Folly: https://winefolly.com/tutorial/corks-vs-screw-caps/

파이낸셜 뉴스, 와인의 경제학: http://www.fnnews.com/news/201907041859277982

오미나라: 이종기 교수의 술 이야기: https://www.omynara.com/

Business Insider: https://www.businessinsider.com.au/is-moldy-cheese-bad-for-you-2015-8

https://en.wikipedia.org/wiki/Heidi

https://www.youtube.com/watch?v=m07KYuN98CA&list=PLUwJIEAMQFnMJceJmLhg4OaPJVk_RAoe&index=35

뤼뱅 보쟁 〈체스판이 있는 정물〉: https://en.wikipedia.org/wiki/Lubin_Baugin

루이 르 냉 <행복한 가족>: https://en.wikipedia.org/wiki/Le_Nain

Georges Duboeuf: https://en.wikipedia.org/wiki/Georges_Duboeuf

Hameau Duboeuf: https://www.hameauduvin.com/anglais/index-en.html

How Bread Shortages Helped Ignite the French Revolution:
https://www.history.com/news/bread-french-revolution-marie-antoinette

The History of the Baguette: https://www.vienna.je/bakers-blog/the-history-of-the-baguette/

두산백과: https://terms.naver.com/entry.nhn?docId=1159573&cid=40942&categoryId=40457

https://terms.naver.com/entry.nhn?docId=1257026&cid=40942&categoryId=33371

한국일보, [기억할 오늘]: 프루스트의 마들렌
https://news.naver.com/main/read.nhn?mode=LSD&mid=sec&sid1=110&oid=469&aid=0000440806

Epiphany: https://en.wikipedia.org/wiki/Epiphany_(holiday)

Concha y Toro: https://conchaytoro.com/en/vinos/casillero-del-diablo-cabernet-sauvignon/

• 이 도서는 한국출판문화산업진흥원의 '2020년 우수출판콘텐츠 제작 지원' 사업 선정작입니다.

인문학으로 맛보다
와인 치즈 빵

펴낸 날　초판 2020년 11월 26일
　　　　　3쇄 2024년　1월 15일

지은이　이수정
펴낸이　김민경

기획　이진아콘텐츠컬렉션
편집　김민경
디자인　이윤임
교정·교열　조순진
인쇄　도담프린팅
종이　디앤케이페이퍼

펴낸곳　팬앤펜(PAN n PEN)출판사
출판등록　제307-2015-17호
주소　서울 성북구 삼양로43 IS빌딩 201호
전자우편　panpenpub@gmail.com
전화　02-6384-3141
팩스　02-6442-2449

온라인 에디터　조순진
블로그　blog.naver.com/pan-pen
인스타그램　@pan_n_pen

ISBN 979-11-965125-7-6 13590
값 15,000원